从历史到未来

CONGLISHI DAIWEILAI

⑱ 孔子德育思想理论研究

李丽娜 著

中央编译出版社
Central Compilation & Translation Press

图书在版编目(CIP)数据

从历史到未来：孔子德育思想理论研究／李丽娜著. —北京：中央编译出版社，2021.1
ISBN 978-7-5117-3899-8

Ⅰ.①从… Ⅱ.①李… Ⅲ.①孔丘教育思想-德育-研究 Ⅳ.①G41-092

中国版本图书馆 CIP 数据核字（2021）第 006464 号

从历史到未来：孔子德育思想理论研究

责任编辑：李媛媛
责任印制：刘　慧
出版发行：中央编译出版社
地　　址：北京西城区车公庄大街乙 5 号鸿儒大厦 B 座（100044）
电　　话：(010) 52612345（总编室）　　(010) 52612335（编辑室）
　　　　　(010) 52612316（发行部）　　(010) 52612346（馆配部）
传　　真：(010) 66515838
经　　销：全国新华书店
印　　刷：北京紫瑞利印刷有限公司
开　　本：710 毫米×1000 毫米　1/16
字　　数：266 千字
印　　张：18.75
版　　次：2021 年 3 月第 1 版
印　　次：2021 年 3 月第 1 次印刷
定　　价：75.00 元

网　　址：www.cctphome.com　　邮　　箱：cctp@cctphome.com
新浪微博：@中央编译出版社　　微　　信：中央编译出版社（ID：cctphome）
淘宝店铺：中央编译出版社直销店（http://shop108367160.taobao.com）　(010)55626985

本社常年法律顾问：北京市吴栾赵阎律师事务所律师　闫军　梁勤
凡有印装质量问题，本社负责调换。电话：(010)55626985

目 录

绪 论 ………………………………………………………… 1
 一、研究缘起及意义 ……………………………………… 3
 二、研究现状与创新点 …………………………………… 11
 三、研究思路与研究方法 ………………………………… 28

第一章 孔子德育理论界定 …………………………………… 32
 一、孔子德育的相关概念 ………………………………… 32
  （一）为政与从政 …………………………………… 33
  （二）教与教民 ……………………………………… 37
  （三）现代语境下孔子德育理论的概念 …………… 41
 二、孔子德育理论的基础 ………………………………… 42
  （一）天命观 ………………………………………… 42
  （二）人性观 ………………………………………… 46
  （三）中庸观 ………………………………………… 51
 三、孔子德育理论的特征 ………………………………… 56
  （一）人文性与平等性相结合 ……………………… 56

（二）政治性与伦理性相结合 ·················· 57
　　（三）现实性与超越性相结合 ·················· 60

第二章　孔子关于德育目标的论述 ············ 63
　一、确立德育目标的依据 ······················ 63
　　（一）时代发展的趋势 ······················ 63
　　（二）对人的自觉反思 ······················ 80
　二、以培养"成人"为根本目标 ·················· 86
　　（一）"成人"之提出 ······················ 86
　　（二）"成人"之要求 ······················ 90
　　（三）"成人"之特征 ······················ 104

第三章　孔子关于德育内容的论述 ············ 112
　一、以"为政以德"为核心的政治教育 ············ 112
　　（一）"为政以德"的治国路线教育 ············ 113
　　（二）惠民教民的民本观教育 ················ 123
　　（三）孝亲报国的爱国主义教育 ·············· 134
　二、以"传道闻道"为根本的思想教育 ············ 137
　　（一）不论鬼神的世界观教育 ················ 139
　　（二）积极救世的人生观教育 ················ 146
　　（三）见利思义的价值观教育 ················ 153
　三、以"志道尚德"为基础的道德教育 ············ 162
　　（一）志于道据于德 ······················ 162
　　（二）依于仁是道德教育的基本要求 ············ 167
　　（三）"四德"是道德教育的主要内容 ············ 172

第四章 孔子关于德育原则与方法的论述 …… 183
一、孔子德育原则 …… 183
（一）坚持有教无类原则 …… 184
（二）贯彻因材施教原则 …… 190
（三）把握尚中贵和原则 …… 196
二、孔子德育途径 …… 203
（一）"学"是基本途径 …… 204
（二）"思"是重要途径 …… 211
（三）"行"是关键途径 …… 221
三、孔子德育方法 …… 225
（一）循循善诱的疏导教育法 …… 226
（二）以身作则的榜样教育法 …… 232
（三）里仁为美的环境教育法 …… 238
（四）为仁由己的自我教育法 …… 241

第五章 孔子德育理论的价值与启示 …… 249
一、孔子德育理论的贡献 …… 249
（一）确立德育至上地位 …… 250
（二）奠定了德育理论基础 …… 252
（三）形成了志士仁人的独特精神 …… 254
二、孔子德育理论的局限 …… 256
（一）维护等级观念 …… 256
（二）混同公德私德 …… 259
（三）轻视生产劳动 …… 262

三、孔子德育理论的现实启示 …………………………… 265
    （一）促进德育返本开新 …………………………………… 266
    （二）推动德育复归人本 …………………………………… 268
    （三）增强德育文化认同 …………………………………… 273

结　语 …………………………………………………………… 279
参考文献 ………………………………………………………… 282
后　记 …………………………………………………………… 294

绪　论

"每个时代都有每个时代的精神，每个时代都有每个时代的价值观念。"① 孔子生活在春秋末期动荡的时代，这个时代的显著特征是政治失序，礼崩乐坏。这为孔子深入反思时代问题提供了有利条件。历史赋予了孔子教育和引导人提升思想政治品德的伟大使命。他在长期教育实践中，将教育、道德和政治紧密联系在一起，提出了一系列关于德育的基本观点。德育有狭义和广义之分。狭义的德育仅指道德教育。广义的德育范围广，是"大德育"的概念，包括政治教育、思想教育和道德教育。在以育人为目的时，广义的德育概念与思想政治教育是一致的。思想政治教育随着阶级的产生而产生、发展而发展，是人类社会普遍存在的一种教育实践活动，"是指一定的阶级、政党、社会群体遵循人们思想品德形成发展规律，用一定的思想观念、政治观点、道德规范，对其成员施加有目的、有计划、有组织的影响，使他们形成符合一定社会、一定阶级所需要的思想品德的社会实践活动"②。本书所阐明的孔子德育理论，是从思想

---

①　习近平：《习近平谈治国理政》，北京：外文出版社2014年版，第168页。

②　张耀灿、郑永廷、吴潜涛等：《现代思想政治教育学》，北京：人民出版社2006年版，第50页。

政治教育学科角度进行探究的。思想政治教育这门学科是中国共产党首创的、具有中国特色的学科，是适应时代发展、社会进步而不断充实完善的新兴学科。思想政治教育从初步探索建立到逐渐成熟完善，经过30多年的发展，在马克思主义的指导下，实现了从无到有、从经验到科学的跨越式发展，形成了相对稳定的研究概念、范畴、方法、术语和研究队伍等。目前，思想政治教育学科主要围绕着思想政治教育基本原理、思想政治教育学的相关分支学科和思想政治教育史来进行研究。尽管构建了思想政治教育学的研究范畴，但某些领域还有待进一步深入研究。当相关的兄弟学科如政治学、伦理学和教育学等都已有了自己的历史研究时，作为理论自觉的回应，思想政治教育发展至今同样需要有历史研究的支撑。大多数人认为思想政治教育是我党的首创，只需要系统梳理和阐释中国共产党的思想政治教育史即可。我们当然要把中国共产党思想政治教育的历史研究透、阐释清，但也应关注中外不同国家和不同时期的教育史。思想政治教育史是以历史资源为依托，把握思想政治教育产生、变化、发展规律，总结经验和教训的科学。当前，国内对中国共产党思想政治教育史的研究成果较多，关于中国古代教育史的研究成果有限。孔子德育理论研究属于中国古代教育史研究的范畴。本书遵循孔子重人、爱人这一逻辑线索，以他的教育实践活动为基础，以文献典籍《论语》为依据，以思想政治教育学理论为架构，以期弥补现有研究的不足，不断完善思想政治教育的学科建设。运用马克思主义的基本观点和方法挖掘、梳理、阐释、总结孔子的德育思想，不仅能为加强和改进新时代思想政治教育提供丰富的宝贵资源，还能更好地发挥思想政治教育传承优秀中华文化的基础作用。

一、研究缘起及意义

孔子是公认的世界级思想家和教育家，研究孔子德育思想是为了返本开新，以求巩固德育的根本，夯实德育的基础，彰显德育的效果。返本是为了德育能够从源头及其发展历程上进行深切的把握，正所谓温故而知新，了解越深入就越能焕发出德育的强大生命力。返本是为了更好地开新，结合当前的时代特征，充分挖掘吸收孔子德育思想的营养成分，进一步为当前经济社会面临的重大问题提供精神动力和智力支持。

（一）研究缘起

将孔子德育思想研究纳入理论研究的视野绝非偶然，这是缘于孔子的影响力、孔子思想中蕴含着丰富的德育理论资源和德育回应现实问题的理论自觉。

首先，缘于孔子的影响力。在中华文明发展进程中，孔子是中华文化最具代表性的杰出人物，他的思想是中华文化的源头活水。中华文明源远流长，是世界上唯一没有中断的文明体系，历经五千多年，这在世界文明史上的确是个奇迹。在中华文化传承中起到承前启后、继往开来作用的人物就是孔子。钱穆先生曾说过："孔子为中国历史上第一大圣人。在孔子以前，中国历史文化当已有两千五百年以上之积累，而孔子集其大成。在孔子以后，中国历史文化又复有两千五百年以上之演进，而孔子开其新统。"① 孔子不仅学习在他之前的各种历史文化思想，还重视收集、保存、整理历史文化典籍，并传播历史知识等，集以往文化思想之大成。他整理删定《诗》

---

① 钱穆：《孔子传》，北京：生活·读书·新知三联书店2002年版，第1页。

《书》，修订《礼》《乐》，喜好《易经》，完成我国第一部编年体史书《春秋》的写作。这些历史文献资料使人们了解到前世兴衰的原因以及中国早期的历史文化传统。同时也奠定了他之后中国文化的格局，形成了以儒家思想为主流的中国传统文化。孔子已经成为中华文化的代表，他的思想已经融入到每一个中国人的血脉之中，塑造了中国人的民族性格。无论站在什么立场、抱有什么态度，赞扬崇拜也罢，蔑视批评也罢，想要了解中华文化，无论如何都是绕不开孔子的。因此，考察德育产生和发展的进程同样也是绕不过孔子及其思想的。与此同时，研究孔子德育思想也是研究儒家及其他思想家们德育思想的关键。

孔子对世界的影响也是巨大的。孔子及其思想名声传入西方归功于来华的传教士。利玛窦是中华文化传入西方的先驱者，他直接阅读中文古籍，探求孔子学说的真意，并将中国经书译为拉丁文传入欧洲。这些传教士们来中国的目的是传播基督教，征服中国，但在思想上他们反被中国征服，深深地被孔子及其思想吸引，与孔子相关的书被译为拉丁文、英文、法文、德文、意文等，引发了欧洲研究中国文化的兴趣，极大地宣传了孔子思想和中华文化。莱布尼茨、伏尔泰等人都成了孔子的信徒，用中国的文化思想去攻击教会神学。1795年法国宪法中关于人民权利义务的条文中写着"己所不欲，勿施于人；欲人施己，先施于人"。20世纪以来，西方诺贝尔得奖者们认为，新世纪人类社会的发展要从孔子那里汲取智慧。因此，研究孔子德育思想，能够使德育更好地融入中华优秀传统文化教育的内容，凸显民族特色，还有助于推动思想政治教育的国际化发展。

其次，缘于孔子思想中包含着很多德育理论。孔子生活的春秋末期，阶级矛盾尖锐，社会动荡不安，各诸侯国高度重视德育，以此维护其统治地位和政治利益。孔子在长期的教育实践中，十分关注德育，将教育、伦理和政治紧密联系在一起，形成了独具特色的德育思想。孔子以人为出发点和落脚点，将培养全面发展的"成人"作为德育根本目标，以传授为政以德的政治教育、传道闻道的思想教育和志道尚德的道德教育为德育内容，提出了一整套带有人文性的、行之有效的德育方法。认真发掘、梳理、总结孔子德育理论，继承这份珍贵的遗产，能够更好地为当前德育科学发展打好基础，补足动力。德育的科学发展体现在历史的继承性和创造性上，是积淀了历史上各个时代的思想家理论思维的结果。毛泽东曾说过："我们必须尊重自己的历史，决不能割断历史。但是这种尊重，是给历史以一定的科学地位，是尊重历史的辩证法的发展，而不是颂古非今，不是赞扬任何封建毒素。"[①] 因此，深入系统探究孔子德育理论能够为德育创新发展提供珍贵的历史资源。

最后，缘于德育回应现实问题的理论自觉。任何理论研究的最终目的都要走向实践，"理论在一个国家实现的程度，总是取决于理论满足这个国家的需要的程度"[②]。当前，我国处于中华民族伟大复兴的特定历史时期，处于国际竞争日趋激烈的特殊国际背景。从国内来看，当代中国最鲜明的特色是改革开放，改革开放最主要的成果是开创和发展了中国特色社会主义，在中国特色社会主义建设中，经济的快速发展对社会生活各个领域产生深刻影响，人们的思想更为活跃复杂，在思想文化领域里，呈现出本土文化与外来文化并存，道德进步与道德失范并存的复杂状况。从国际来看，经济全球化，网络、新兴媒体的出现和深入发展，使得不同思想文化的交流、交锋、交融更加频繁，文化在综合国力较量中的地位和作用日益凸显。同时，西方国家依靠经济优势，凭借先进的科学技术，利用互联网

---

① 《毛泽东选集》第二卷，北京：人民出版社1991年版，第708页。
② 《马克思恩格斯文集》第1卷，北京：人民出版社2009年版，第12页。

和新媒体超时空性、广泛性、及时性、交互性的特点，向其他国家输出自己的文化模式、价值观念和生活方式等，"西化""分化"的图谋从未间断。国际国内的新环境、新变化、新对象，给新时代德育带来了必须面对和解决的一系列理论问题与现实问题。一段时期内，德育没有适应经济社会的新变化，没能及时调整，一度处于相对滞后的状态。德育领域中"失范""弱化""失语""失效"等词语频频出现，影响了德育的说服力、吸引力和公信力。面对种种复杂的国内外形势和德育乏力的现实，在马克思主义指导下，坚持古为今用、推陈出新的原则，进行孔子德育理论研究，自觉地将理论成果运用于德育实践活动，增强德育的思想性和文化性，回答并解决一些长期困扰群众的现实问题，可以提高人们的思想道德素质，维护社会的稳定和谐，进一步抵御西方意识形态渗透，显示出德育的优势。

（二）研究意义

孔子致力于为政的同时，对于如何用自己的思想启迪人的头脑、提高精神追求亦进行了深入的思考和实践。系统深入地挖掘、梳理、阐释、继承孔子优秀的德育思想，对进一步研究孔子思想，推动孔子思想的现代转换，完善思想政治教育史学研究，加强和改进新时代德育工作，提升亲和力和针对性，培养担当民族复兴大任的时代新人都具有重要的意义。

1. 深入研究孔子对德育的贡献，是进一步丰富孔子思想的需要

从不同视角对原本大家司空见惯的、熟悉的孔子思想进行新的审视，发现新问题，沿着思想政治教育的线索去寻找、梳理、探究曾被忽略的一些基本思想和理论，这既是对孔子思想的进一步探究，又有助于弘扬中华优秀传统文化。思想政治教育最直接的理论基础是马克思主义，马克思主义是在吸收和改造人类两千多年思想文化的一切文明成果基础上发展起来的科学。这些文明成果中就包含着中国的传统文化，德国数学家和哲学家莱布尼茨是最早在德国宣传孔子学说的人，他称赞孔子为中国哲学者之王，认为中国虽算数、天文等不如西方，但是在政治和道德上远远超过西方。他的思想影响了德国古典哲学的创始人康德和德国古典哲学集大成者黑格尔。黑格尔认为："孔子只是一个实际的世间智者，在他那里思辨的哲学是一点也没有的——只有一些善良的、老练的、道德的教训。"① 黑格尔虽不承认孔子有哲学思想，但还是承认他实际的政治道德思想。马克思主义的主要理论来源之一德国古典哲学，在批判地继承和吸收康德、黑格尔的思想中创立了马克思主义哲学，特别是实践观的提出为历史唯物主义和唯物主义辩证法奠定了基础。马克思说过："人们自己创造自己的历史，但是他们并不是随心所欲地创造，并不是在他们自己选定的条件下创造，而是在直接碰到的、既定的、从过去承继下来的条件下创造。一切已死的先辈们的传统，像梦魇一样纠缠着活人的头脑。"② 可见，马克思主义与孔子的思想不是对立的，而是有其共通性的，将二者融合是十分必要的。以马克思主义为指导研究孔子德育理论，既有助于马克思主义和中国实际相结合，与中国优秀传统文化相融合，实现马克思主义中国化，又有助于全面、客观、科学地认识孔子和中国传统文化，分清哪些是精华、哪些是糟粕，通过科学的扬弃做到古为今用，推陈出新，实现对孔子思想的创造性转化和创新性发展。

此外，德育担负着弘扬中华优秀传统文化的重任，孔子思想是

---

① 〔德〕黑格尔：《哲学史讲演录》（第一卷），贺麟等译，北京：商务印书馆2009年版，第130页。

② 《马克思恩格斯文集》第2卷，北京：人民出版社2009年版，第470—471页。

中华传统文化的大动脉，他的思想和主张早已不知不觉地渗透在中国两千多年的政治体制、意识形态、思想文化、社会习俗之中。建设优秀文化的传承体系，德育需要研究孔子，实现传统与现实的正确对接，不忘本来，弘扬中华优秀传统文化，建设中华民族共有的精神家园。

2. 深入研究孔子对德育的贡献，是完善思想政治教育史学科建设的需要

1984年我国高校设置思想政治教育专业，对思想政治教育史进行了学科自觉的研究，将研究重点放在中国共产党思想政治教育史上，中国古代思想政治教育史停留在零星研究的层面上。2005年思想政治教育成为马克思主义理论中一个独立的二级学科，自立于马克思主义理论学科之中，学科建设和发展越来越趋于科学化，中国古代思想政治教育史也得到了突破性发展，但仍局限于宏观研究层面，如何从思想政治教育学科立场来认识中国古代思想政治教育史有待深入研究。2019年，中共中央办公厅、国务院办公厅印发了《关于深化新时代学校思想政治理论课改革创新的若干意见》提出："建立和完善马克思主义理论学科体系"①。为了适应思想政治教育的学科发展要求，有必要在中国共产党思想政治教育史的基础上，进一步深入全面拓展对中国古代思想政治教育史的研究，为思想政治教育学科发展提供厚重的历史底蕴和文化积淀。孔子没有直接提过思想政治教育这一概念，但是在《论语》中使用了思想政治教育的相关概念，如"道""政""德""教"等，从历史、理论与实践对孔子德育思想进行研究，有助于把握中国古代思想政治教育史学

---

① 《关于深化新时代学校思想政治理论课改革创新的若干意见》，北京：人民出版社2018年版，第15页。

科发展脉络和演进规律，完善马克思主义理论学科体系。

从目前高校思想政治教育专业课程设置而言，绝大多数只开设中国共产党思想政治教育史，部分高校虽然开设了"德育专题研究"等课程，但大多数依赖中国哲学史或中国古代政治思想史，学科辨识度不强。从思想政治教育学科立场研究孔子思想，也是致力于培养中国古代思想政治教育史研究人才，壮大思想政治教育史研究队伍。

3. 深入研究孔子对德育的贡献，是提升德育亲和力的需要

在国际形势风云变幻，我国经济社会深刻变革的大环境中，各种学术思潮、思想文化网络信息互相激荡，意识形态斗争尖锐复杂。新时代德育面临着极大的挑战，立德树人的根本任务更加凸显。孔子非常重视人的教育，在育人的过程中总是能够结合现实生活中遇到的问题进行启发引导，也能够在评判人、事件和批判各种错误思想中传播和捍卫正确的思想。这些做法有助于增强德育的思想性和亲和力，更好地传递正能量，凝聚力量，培养担当民族复兴大任的时代新人。

2019年3月18日，习近平总书记在学校思政课教师座谈会讲话中强调："推动思想政治理论课改革创新，要不断增强思政课的思想性、理论性和亲和力、针对性。"[①] 德育亲和力具体体现在吸引力、生命力和凝聚力之中。首先，能够提高德育的吸引力。所谓德育吸引力就是根据人发展的需要，引发人们的兴趣和关注，从而产生人们的思想和行为专注于提高思想政治道德素质的情感体验。实际上德育的吸引力重点在于产生兴趣和引发注意。孔子进行德育不是干

---

① 习近平：《习近平谈治国理政》（第三卷），北京：外文出版社2020年版，第330页。

巴巴的理论说教，而是贴近生活、富有感情、循序渐进地使受教育者得到启发。颜回赞美孔子说："仰之弥高，钻之弥坚。瞻之在前，忽焉在后。夫子循循然善诱人，博我以文，约我以礼，欲罢不能。"① 由此评价可见，孔子进行德育能够吸引人的注意力和兴趣，使人专注于学习知识、道德和礼制规范等，达到了欲罢不能的境界。其次，能够保持德育的生命力。德育生命力就是能够维持自身生存和发展的能力，也是保持自身生机与活力的发展态势。德育保持旺盛的生命力关键在于创新。只有不断创新、积极探索，德育才能既完善自身，又不断满足社会和国家发展的需要，为中华民族伟大复兴的中国梦提供思想导航。新时代德育创新发展离不开优秀的德育传统，孔子对人及价值的关注，有教无类、因材施教、尚中贵和的德育原则，循循善诱、善于启发，以身作则、生活渗透，环境熏陶、能近取譬，为仁由己、自省躬行等德育方法，为新时代德育理论创新和手段创新提供了宝贵的借鉴资源。研究孔子的德育理论，使新时代德育植根在中华民族传统文化肥沃的土壤中，结合改革开放时代发展要求进行必要的改造，开出美丽的花朵。最后，能够增强德育的凝聚力。德育凝聚力就是德育自身的各个部分聚合为统一的系统，用共同的理想信念培育人们思想感情上的向心力。一方面包含德育自身系统的内聚力，另一方面包含了树立共同的目标提升人的思想政治品德素质，从而为中华民族伟大复兴凝聚力量。文化是民族凝聚力的重要源泉，增强德育的凝聚力是在认同本民族思想文化的基础上进行的，与民族传统文化密切相关。孔子影响着中华民族的思维方式、价值观念、生活习俗等，研究孔子的德育理论有利于对民族文化的保卫、信赖、热爱和崇尚，提高人们的民族自尊心、

---

① 〔清〕阮元校刻：《十三经注疏·论语注疏》（五），北京：中华书局2009年版，第5413页。

自信心和自豪感。孔子的德育理论具有包容性和开放性，追求政令统一的国家观，强调爱人、爱家、爱国的情怀，仁义礼智信的价值观，实现以和为贵，和而不同的团结统一、天下大同的目标。这些理想被人们认同和接受，就会上升为统治阶级的治国思想，促进国家统一和民族融合。借鉴孔子德育理论有助于新时代德育发挥化解矛盾、凝聚共识、统一思想、汇聚力量的作用，充分调动人们的主动性、积极性和创造性，为实现中华民族伟大复兴而努力奋斗。

二、研究现状与创新点

目前，国内外学术界对孔子及其思想进行了广泛而深入的研究，形成了很多学术研究成果。但是，关于孔子德育理论的研究却是一个相对薄弱的环节。

（一）国内外研究现状

在众多的研究成果中，关于孔子德育理论的成果主要集中在以下几个方面。

1. 对孔子进行人物研究时涉及孔子德育理论的相关内容

历代对孔子进行研究的著作可谓多不胜举，选择其中有代表性的文献资料分类归纳整理，有助于了解、把握孔子德育理论产生和发展的脉络。

第一，《论语》是研究孔子最直接、最真实的重要典籍。孔子的言行和思想被他的弟子和再传弟子汇集成书，名为《论语》，《论语》有《鲁论语》《齐论语》和《古论语》之别。现存《论语》共二十篇，历代对《论语》的注释讲解举不胜举，最具代表性的有郑玄的《论语注》、何晏的《论语集解》、皇侃的《论语义疏》、邢昺的《论语注疏》和朱熹的《论语集注》、刘宝楠的《论语正义》、程树德《论语集释》、杨伯峻的《论语译注》、钱穆的《论语新解》、李泽厚的《论语今读》、邓球柏的《论语通说》等，这些资料能够真实地理解孔子。

第二，关于孔子传记类的著作。孔子传记主要包括严格注释的编年史传记、审视孔子一生、分析评价其思想的评传和参证史料、包含传闻逸事的孔子演义等。司马迁写的《孔子世家》是第一部较为系统的孔子传记，叙述了孔子一生主要的事迹，为以后撰写孔子传记提供了重要的依据。此后历代关于孔子的传记层出不穷，其中崔述的《洙泗考信录》被认为是具有评判精神的一部孔子传记，虽"疑古太甚，辩驳太刻"，但对于客观地了解孔子大有裨益。新时期，对孔子摆脱了简单否定和肯定的态度，在方法上主要采取两分法进行研究。关于孔子传的著作和成果日益增多，有以"孔子传"为名的，如张秉楠、曲春礼、杨佐仁、钱穆、李元等人写的著作；有以"孔子评传"为名的，如匡亚明、陈卫平、林存光等人的著作；有以"孔子新传"为名的，如金景芳、孔祥骅、张其昀等人的著作；还有一些孔子本传、孔子全传等。此外，还有一些没有以"孔子传"命名的孔子传记，如李长之的《孔子的故事》、李木生的《布衣孔子》、邵耀成的《孔子这个人》、高专诚的《先师孔子》、金安平的《孔子：喧嚣时代的孤独哲人》、孔祥林的《孔子志》、孔健的《孔子全集》及其孔子年谱，等等。

第三，研究孔子的工具书，主要有张岱年主编的《孔子大辞典》。《孔子大辞典》以孔子为中心，用词条的形式论及中国儒学的方方面面，内容非常详尽充实，是一部研究孔子和儒学的权威工具书。

第四，以孔子的生平和与之相关的活动等绘制的图册。如骆承烈的《孔子历史地图集》一书共八个部分，六十四幅地图，并附有文字、图表和照片，图文并茂地展现了孔子生前和身后，它的浓缩性和专题性便于理解启人心智。镶嵌在孔庙诗礼堂中的《孔子事迹图》，此图由石可、陶天恩等编绘，匡亚明撰写前言，高小岩书丹，再现了孔子一生的重要活动。马骥的《孔子画传》根据曲春礼著的《孔子传》绘制的插图，辅以文字说明，生动传神地反映了孔子的事迹和思想。还有一些圣迹图等，这些图册为进一步研究孔子及其思想提供了便捷的资料和参考。

  这些著作运用丰富的资料，紧密结合当时时代背景、全面阐述了孔子的一生。基本上按照孔子自述"吾十有五而有志于学，三十而立，四十而不惑，五十而知天命，六十而耳顺，七十而从心所欲，不逾矩"①的人生历程进行叙述研究的。孔子的家庭出身，自学自立，适应春秋时代学术下移的历史潮流开创历史上规模较大、体系完备的私学，仕鲁期间他官至司寇，行摄相事，相夹谷，堕三都失败后，弃官离鲁周游列国，过着颠沛流离的生活，晚年居鲁主要从事教育和历史文献整理工作，培养了一批杰出的人才。他收徒讲学、周游列国始终关注社会现实，宣传自己的政治主张，注重提高人的思想觉悟水平，这些内容蕴含着丰富的思想政治教育理论资源。孔子的一生展现了他心怀天下，为恢复和谐有序的社会、实现天下有道的政治抱负和明知不可为而为之的自强不息精神，展现了他追求真理、勤奋好学、博学多能、诲人不倦，展现了他群而不党的人生立场，在逆境中积极乐观的人生态度，终生追求救世安人的人生价值。这为今天的思想政治教育工作者和全体教育对象树立了榜样，并提出了基本的素质要求，指明了今后努力的方向。

---

  ① 〔清〕阮元校刻：《十三经注疏·论语注疏》（五），北京：中华书局2009年版，第5346页。

2. 对孔子思想研究中涉及孔子德育理论的相关内容

历史上对孔子思想的研究可谓汗牛充栋、浩如烟海，大致从整体总论和重点就某一思想分论两个方面，梳理出关于孔子的德育理论内容。

首先，关于整体上总论孔子思想的著作。主要有杜任之、高树帜的《孔子学说精华体系》，认为孔子提出了以"仁"为核心的哲学观、政治观、伦理观、教育观等一整套理论。提出的新人类观是进步思想，并将孔子学说的精华与马克思主义的观点进行比较研究。王棣棠的《孔子思想新论》一书系统论述了孔子思想的唯物主义倾向和基本特征，并探讨了孔子的社会历史观和人生哲学，研究孔子与先秦儒家思想的发展，对孔子作出了评价，分析了孔子思想在建设中国新文化和世界文化发展中的未来走向。钟肇鹏的《孔子研究》（增订版）一书论证了孔子的思想理论代表了封建思想，是支持封建制度的理论，他初步而朦胧地察觉到了人民的力量，这在当时是进步的。孔子的哲学思想基本上是唯心主义的，但也包含了一些具有唯物主义观点和辩证法思想的因素。孔子将士和君子作为培养目标，最重道德伦理教育。伦理、教育、政治构成了孔子思想体系。蔡尚思的《孔子思想体系》认为孔子思想体系的核心是"礼"，"仁"只是"礼"的手段，综合地阐述了孔子的思想体系，肯定了孔子教学方法的进步性。陈科华的《孔子思想研究》一书从宏观上的春秋时期社会状况、中观的鲁国的社会环境、微观的家世三个方面分析孔子思想形成的背景。认为孔子思想体系的最高范畴是"天命"，核心范畴是"仁"，"礼"是仁的外在表现形式。将仁和礼落到实处就是培养新的君子人格，孔子提出了普通人的为人之道，在位者的为政之道，为政之道包括了"为政以德"的王道政治、"无讼"主义的法制思想、"富民教民"的经济之道和"义战""慎战"的军事之道。林义正的《孔子学说探微》分内外两篇研究孔子思想。认为孔子思想要解决时代的三个主要问题是文化问题、人格问题和政治问题，故提出仁，以求救礼之失、君子的理想人格和德治思想。王恩来的《人性的寻找——孔子思想研究》认为孔子的思想体系是以对人性的认识和人的发现为基础，"仁"为核心，"中庸"为思辨方法，"礼"为社会规范构成的。由仁、礼、中庸衍生出宗教观、义利观、人才观、家庭伦理观和哲学思想、经济思想、教育思想、政治思想、文化思想，并对孝进行详细论述。罗安宪的《中国孔学史》一书在孔子学说的产生和演变发展的进程中对其重新诠释、重新发现，认为孔子的思想是以治平为本，以仁为核心，以和为贵。阐述了孔子思想学说的礼学、仁学、君子论、天命论、政治论和教育思想。尹砥廷的《承传与超越——现代视野中的孔子思想研究》一书从现代文化发展的视角，运用现代遗传学、生物工程学、人才学等理论论述孔子成为伟人的历程，运用马列主义的阶级学说和物种生成原理归纳总结孔子的差等机构思想。运用哲学、人类学、考古学、历史学、社会学、未来学、心理学、中医学等理论对孔子的哲学思想、政治思想、经济思想、管理思想、教育思想、文艺美学思想和养生观。目前，大多数学者都认为孔子的思想以"仁"为核心（蔡尚思认为孔子思想的核心是"礼"），礼是仁的外在表现形式，中庸思想是方法论。孔子的思想是"一以贯之"的，这为构建孔子思想政治理论体系提供了借鉴。

其次，关于孔子哲学思想、政治思想、伦理思想、教育思想及其他思想的著作。关于孔子哲学思想的著作，主要有严北溟的《孔子的哲学思想》，认为孔子基本上是站在贵族奴隶主立场，继承了传统的"天人合一"的天道观，结合现实做了某些改变，对孔子的知识论和教育思想给予了高度估计。总的说来，孔子"作为贵族奴隶主的代表人物登场并提出他的全部哲学思想体系的。这个体系基本上是唯心主义的，但也包含着某些自发的唯物主义的倾向，主要体现在知识论和教育思想方面"①。马振铎在《仁·人道——孔子的哲学思想》一书中提出孔子是一位哲学家，他的思想属于先秦哲学、中国哲学的重要组成部分。孔子的哲学思想是"以仁——人道为核心的'人生哲学'，或者简称'人学'"②，并强调要按照中国哲学的逻辑框架、思维方式来研究孔子哲学的基本问题。关于孔子政治思想的著作，主要有梁启超的《先秦政治思想史》一书，在诠释孔子和儒家思想时，经常结合现实情况加以论述。认为"儒家之理想的政治，则欲人人将其同类意识扩充到极量，以完成所谓'仁'的世界，此世界名之曰'大同'"③。大同社会要在五伦关系中实现人的人格圆满，同类意识的觉醒。正名的作用在于使人"顾名思义"，唤醒人的麻木意识。据此认为正名是孔子政治思想的根本。另外认为孔子主张"人治主义"和"礼治主义"，政治的目的在于国民人格的提高。王杰的《先秦儒家政治思想论稿》认为"孔子的政治理论学说具有强烈的伦理政治意义和政治实践精神"④。孔子继承了殷周以来的政治文化遗产，形成了独特而超稳定的仁—礼政治模式，德治主义的治国模式，以实现政治理想人格与价值目标。傅永聚、任怀国的《儒家政治理论及其现代价值》认为孔子以德政为核心的政治思想为儒家政治思想奠定了理论基础。"泛爱众""博施于民而能济众"等反映了孔子"公天下"的思想。并将正名放在首位，实现修己安人、内圣外王的伦理政治理想境界，同时论述了孔子对鬼

---

① 严北溟：《孔子的哲学思想》，上海：上海人民出版社1962年版，第45—46页。

② 马振铎：《仁·人道——孔子的哲学思想》，北京：中国社会科学出版社1993年版，第5页。

③ 梁启超：《先秦政治思想史》，上海：上海古籍出版社2013年版，第78页。

④ 王杰：《先秦儒家政治思想论稿》，北京：人民出版社2011年版，第82页。

神的态度、权变思想、中庸之道、人才思想、民本思想等。关于孔子伦理思想的著作，主要有张岱年的《中国伦理思想研究》，他指出："在中国古代的伦理思想中，居于核心地位的，是关于仁爱的学说"①。孔子以"仁"为最高的道德，以"圣"为人生的最高人格，肯定人有独立意志，宣扬忠、义、孝、悌、恭、宽、信、敏、惠道德规范。王世明的《孔子伦理思想发微》一书立足于《论语》，从中凝练出仁、孝、学、言、省、和、思、道八个基本伦理范畴。关于孔子教育思想的著作，有陈景磐的《孔子的教育思想》、罗佐才的《孔子教育思想体系研究》、许梦瀛的《孔子教育思想初探》、刘锡辰的《孔子及其教育思想》。这些著作主要对教育的目的、作用、内容、方法以及师生关系等进行阐释，较为全面系统地建构了孔子教育思想体系。认为孔子重视教育，教育目的主要在于培养人才、教育内容侧重道德教育，同时也注意到智育、美育等，方法上值得今天学习借鉴，主要包括教育和自我教育，关注学生的学习态度，教师的为师之道。其中，刘和忠的《孔子道德教育思想研究》是以道德教育为主线进行研究的著作，认为孔子的德育目标重在个体人格的塑造和民族道德品格的发展，内容包括庶民德育、君子德育和为政者德育。关于孔子的其他思想著作，主要有游唤民的《先秦民本思想》，认为"孔子提出的爱民、富民、教民和'为政以德'，为民本思想增添了崭新的内容，而此又是建立在仁的基础上，建立在正确处理人与人的关系，顺应时代潮流，解放奴隶的基础上，这就为民本思想提供了新的理论根据，从而把民本思想推进了一个新的阶段。"② 吴自华和顾振权著的《孔子人才思想探微》一书主要探讨了

---

① 张岱年：《中国伦理思想研究》，北京：中国人民大学出版社2011年版，第90页。

② 游唤民：《先秦民本思想》，长沙：湖南师范大学出版社1991年版，第86页。

孔子的人才理论与实践，认为孔子的人才思想植根在政治思想之中，为政治思想服务。德、才、能、绩是孔子衡量人才的四个标准，提倡德才兼备，以德为主，并将人才分品，即国君之品、臣之品、人之品、士之品和其他人品。人才是靠教育培养出来的，"教育的根本作用，是培养德才兼备的各级人才，上自天子，下至细吏，即培养志士仁人和君子儒；二是'整一'人民，使人人行仁义，守礼仪，达到天下'大顺'的理想境界"①。选贤任能是孔子人才思想的核心，并提出了一系列用人的原则和方法。

最后，关于孔子思想现代意义与国际影响的著作。游唤民的《孔子思想及其现代意义》认为孔子思想自身内在的因素决定了其在国内外有广泛而深远的影响。他的思想是以仁为核心统一的整体，是一种和谐哲学，提出爱人的为人处世的准则，创建了最完整的道德体系，提供了正确处理义利关系的准则——以义驭利，提出了修身、齐家、治国、平天下。孔子思想的现代价值体现在三个方面，一是促进现代经济的发展。为经济的发展提供精神支柱，"中庸"和"礼"为经济发展创建和谐的环境，为现代企业发展提供智能，促进国际经济文化交流。二是有利于建设社会主义的精神文明。立己立人有助于集体主义人生观的形成，完整的道德体系有助于提高中华民族的道德水平，以义驭利可以抵制拜金主义以及腐败之风，将平等思想注入孝悌之中有利于敦厚民风、社会安定，礼的思想有助于加强社会主义文明礼貌建设。三是孔子思想有助于培养深厚的爱国主义传统。并进一步提出通过对孔子思想进行新的诠释，在马列主义的指导下，对孔子思想进行创造性的转化和创新性的发展。王锟的《孔子与20世纪中国思想》认为

---

① 吴自华、顾振权：《孔子人才思想探微》，哈尔滨：黑龙江人民出版社2006年版，第167页。

孔子是传统和现代的焦点、分别梳理和论述了孔子在20世纪出现的自由主义、马克思主义、文化保守主义三大社会思潮中的存在内容和存在形式。林甘泉的《孔子与20世纪中国》一书简要回顾了20世纪以前孔子及其思想的历史地位，介绍了进入20世纪孔子及其思想的历史流变，提供了大量研究孔子及其思想的原始资料。还有关于孔子思想在国外传播的著作，如杨焕英的《孔子思想在国外的传播与影响》介绍了孔子思想在朝鲜、越南、日本、意大利、法国、德国、英国、美国和苏联的传播和影响，并附录了各国百科全书有关儒学、孔子和孔学的条目。

此外，还有一些关于孔子与其他中外历史文化名人进行比较研究的著作。如杨庆丰的《孔子与老子思想之比较研究》、刘永佶的《中国官文化的奠基者与批判家——孔子与毛泽东》、许全兴的《毛泽东与孔夫子》、蒋竹庄的《孔子与释迦》等。

广义的德育指的是思想政治教育，是受政治制约的思想教育和侧重于思想理论方面的政治教育的统一，主要包括思想教育、政治教育、道德教育、法律教育和心理教育五大方面内容。上述关于孔子的哲学思想、伦理思想和教育思想等都与他的政治主张和政治理想紧密相连，并为政治思想服务。从一定意义上来说，这些研究内容大部分属于孔子德育理论研究的范畴。

3. 对中国古代思想政治教育史研究时论及孔子德育理论的相关内容

目前，中国共产党思想政治教育史的研究成果比较丰富，既有通史的研究，如1988年邱伟光主编的《思想政治教育史》、1993年彭承福、杨世强主编的《思想政治教育史纲》、1993年龚海泉主编的《党的思想政治教育史》、1996年韩振峰主编的《中国共产党思想政治教育史》、2000年许启贤主编的《中国共产党思想政治教育史》、2008年刘建军主编的《中国共产党思想政治教育的理论与实践》、2011年王树荫主编的《中国共产党思想政治教育史》。又有专门史和断代史的研究，如1989年谈松华主编的《大学生思想政治教育简史》、1992年龚海泉著的《高等学校思想政治教育史》、1999年吴潜涛、刘建军著的《新时期思想政治教育史论》等。目前，中国古代思想政治教育史的研究处于起步阶段，成果较少。1999年邓球柏先生著的《中国传统文化与思想政治教育》是中国古代思想政治教育史的开山之作，奠定了中国古代思想政治教育史的研究基础。该书提出中国传统文化与思想政治教育的结合点就是教导人如何做人和做事，深入研究了《大学》《中庸》《论语》《老子》《孟子》《荀子》《韩非子》《周易》《春秋繁露》等古代经典著作的思想政治教育理论。其中认为《论语》思想政治教育目标是培养内圣外王的大政治家，确定了十三条《论语》关于思想政治教育的原则，提出《论语》思想政治教育的方法主要有先富后教、以友辅仁、循循善诱、尊美屏恶、免怨守戒、知命知礼知言知人等。2006年赵康太、李英华主编的《中国传统思想政治教育理论史》是第一部专门研究中国思想政治教育理论发展史的著作。该书分为五篇十三章，以五四运动之前的思想政治教育理论为研究内容，从中国传统思想政治教育意识的萌芽及其思想奠基，到大一统时期的演变发展，到理论多元化的融合发展，再到趋于理学化的发展时期，一直到近代的理论裂变时期，在中国社会历史分期内，独立探究了思想政治教育理论发展的历史分期，通过分析每个时代的思想家、政治家和教育家的思想政治教育理论，在历史流变中完善思想政治教育史的研究。其中认为孔子是历史上第一个系统提出道德教化的思想家，将"齐家"与"治国"并重，"他的'仁者爱人''克己复礼''为政以德'等思想,最终都落实于伦理—教育—政治的社会实践过程"①。2008年吴文华主编的《中国思想政治教育史纲》一书沿着社会历史发展的线索,从奴隶制时代思想政治教育、封建时期思想政治教育、半殖民地半封建时期思想政治教育,一直到现当代思想政治教育,构建了一个连续完整的中国思想政治教育史的基本框架。其中在论述儒家思想政治教育理论中介绍了孔子的思想政治教育理论。认为孔子极为重视对人的思想政治教育,"在奴隶社会向封建社会转变时期,孔子以'仁'和'礼'为核心的思想政治教育内容,在不同程度上迎合了社会转变时期的各种势力的一定要求(奴隶主贵族要求缓和各阶级矛盾,新兴地主势力要求政权,劳动人民要求生存权),从而缓和了当时复杂、尖锐、激烈的社会矛盾冲突。由于孔子'仁'和'礼'具有多方面的内容,后来在不同时期的不同人物抓住其内容的不同侧面,加以尽情发挥、利用和发展,成为中国两千多年封建社会思想政治教育的理论基础"②。2013年武东生、徐曼等编著的《中国古代思想政治教育史》认为孔子提出了系统的思想政治教育理论,主要包括人性的论述,证明了人是可以教育的,论证了思想政治教育的必要性、目标、方法和内容四个方面,提出后来儒家的思想政治教育大多是延续了孔子的思想,即"孔子之后的孟子和荀子对孔子的思想政治教育理论进行了发展与完善"③。2013年傅琳凯著的《中国古代思想政治教育史研究》一书没有从历

---

① 赵康太、李英华主编:《中国传统思想政治教育理论史》,武汉:华中师范大学出版社2006年版,第57页。

② 吴文华:《中国思想政治教育史纲》,北京:中央文献出版社2008年版,第13页。

③ 武东生、徐曼等编著:《中国古代思想政治教育史》,天津:南开大学出版社2013年版,第69页。

史年代建构框架,而是从思想政治教育的内容、途径、方法和主体几个方面勾勒出古代思想政治教育的轮廓。还有一些著作虽没有用"思想政治教育"这种提法,但是从思想政治教育视角研究的成果。如隋淑芬著的《中国古代思想教育史》一书,系统地研究了鸦片战争前的思想教育,从五个方面阐述了孔子思想教育的理论与实践,围绕以德治国的思想,坚持有教无类,设定施教的目标"是要使全社会成员——上自统治者,下至平民百姓,都接受儒家思想"①,构建了德治的政治理想和政治原则、政治伦理观念、价值观和人生观等的儒家思想教育内容体系,具体体现为仁、礼、正名、尚义、忠、孝、悌等,探索出的一套行之有效的思想教育方法,包括观察分析法、交谈法,了解教育对象,予以因材施教,启发切磋、典型教育、引喻设譬和身教的方法,还论述了教育者与被教育者的关系。黄钊的《中国古代德育思想史论》一书在导论下分成三篇三十六章,以广义的"德育"为内容,阐述了从夏商周一直到清代各个时期不同学派和有代表性思想家的德育思想和德育理论。认为孔子是儒家德育学说的开山祖师,以"德政"说为核心内容,构建了具有自身特色的德育理论与方法,"孔子进行道德教育的目标,在于把全社会的人们引上德治的轨道"②,以"仁"为核心的道德范畴体系奠定了孔子道德教育的内容,注重塑造具有民族特色的君子人格,倡导的因材施教、举一反三法、愤启悱发、思想交流法属于以循循善诱为特征的施教方法,提倡的学思并重、慎言力行、见利思义、杀身成仁属于以严于律己为特征的自我教育方法。2010年张世欣的《中国古

---

① 隋淑芬:《中国古代思想教育史》,北京:红旗出版社2005年版,第37页。

② 黄钊:《中国古代德育思想史论》(上),北京:中国社会科学出版社2011年版,第65页。

代思想道德教育史》认为孔子的思想道德理论以弘扬先王之道为纲领，确立"天下归仁"的教育目标，整理六经，形成了经典教材用以规范理论导向，展现了思想道德教育内涵的丰富性，构建了一个比较完整的思想理论体系，并孜孜不倦地进行思想传播活动，形成了思想道德教育的运行机制。这些著作都探究了孔子的仁、礼思想，从政治、伦理道德、六经等方面为孔子的德育目标设定、内容充实、原则确立、途径和方法丰富等一系列基本理论问题的拓展研究奠定了坚实的基础。

4. 对思想政治教育基础理论研究中论及孔子德育理论的相关内容

改革开放以来，思想政治教育作为一门独立的学科在马克思主义的指导下取得了巨大进展。无论在广度上，还是在深度上，思想政治教育理论和实践的研究都上了一个较高层次的台阶。取得这些成绩得益于注重对思想政治教育原理层面、元问题的理论研究，使其成为有别于其他学科的独立学科而存在。进行思想政治教育基础理论问题的研究中绕不开对孔子德育理论的分析和总结，主要代表作有王礼湛的《思想政治教育学》，书中提出孔子教育的根本目的和任务在于教育人们怎样做人、怎样成为"仁人"。陈秉公的《思想政治教育学原理》认为孔子的德育理论和实践对后世的影响极大、极深刻。其中包含的大量合理因素和教育睿智，是中华民族优秀文化遗产的一部分。孔子将德育看成是治国的三要素之一和培养人才的根本方法，并认为"一部《论语》几乎通篇都是为学生排疑解难的答问录，是启发式教育的杰作"[①]。项久雨的《思想政治教育价值

---

① 陈秉公：《思想政治教育学原理》，北京：高等教育出版社2006年版，第19页。

论》认为先秦时期是整个思想政治教育价值观念史的开创时期，其中孔子德育价值观念影响深远，提出了有教无类和培养理想人格的思想政治教育价值目标、安仁乐道的思想政治教育价值评价标准、面向人生的思想政治教育本体价值、以社会为本位的思想政治教育工具价值。郑永廷的《思想政治教育方法论》一书在论述中国古代思想政治教育的主要方法中，从教化和修养两个方面涉及了孔子德育方法。在教化方法中论述了身教示范、礼乐结合、践履笃行的方法；在自我修身方法中论述了学思结合方法、自省方法、克己方法。崔华前在《先秦诸子德育方法思想研究》中从教育者施教的方法和自我教育的方法两方面论述孔子的德育方法，主要包括因材施教、身教示范、平等育人、情感交流、循序渐进、启示引导、环境熏陶的施教方法和知荣明耻、自我反省、忠恕一贯、改过迁善、防微杜渐、躬行践履、益志养气的自我教育方法。祖嘉合的《思想政治教育方法教程》一书在阐述中国古代思想政治教育方法及其特点中，认为"孔子所阐发的道德教育的理论，其中心点就是要求学生做一个'贤人'。贤人的标准是'志于道，据于德，依于仁'。这是孔子的德育标准，道德方法也要遵循这一标准"[①]。孔子运用谈话法和举例法进行口授启发引导学生，掌握学生的特点，并施以不同的教育，实现因人施教，注重学思并重、克己内省等思想政治教育的方法传授四教、六经和六艺的思想政治教育内容。雷骥的《现代思想政治教育的人性基础研究》认为孔子奠定了中国古代思想政治教育的人性理论基础。赞同杨泽波在《孟子性善论研究》中提出的欲性、智性和仁性三个层面是孔子心性之学的归纳。提出孔子的"推己及人"的忠恕之道、人格理想、道德修养、"见利思义"的义利观等道德教

[①] 祖嘉合：《思想政治教育方法教程》，北京：北京大学出版社2004年版，第94页。

育都是建立在人性基础之上的。张祥浩的《中国传统思想教育理论》认为"孔子所谓的教化,不是道德说教,而是道德感化,是在上者对在下者的感化"①。从教为刑先、富而后教、有教无类、仁教、礼教、惠民之教、信命之教和思想教育方法八个方面论述了孔子思想教育理论。

5. 在比较思想政治教育学中论及孔子德育理论的相关内容

王瑞荪的《比较思想政治教育学》一书,在通观比较中论及了孔子的德育的相关内容,认为"中国古代关于思想政治教育的理论,集中体现在源自孔子的'道德中心论'当中"②。他倡导道德教育应摆在教育的首位,教育的目的在于培养人的道德品质。道德教育对君主来说更为重要,应放在其政治统治的首位,或者说应作为其实施政治统治的前提而存在。统治者首先要端其身正,还要为政以德,将自我教育和对人的教化相结合。在专题比较中,对中国思想政治教育的理论基础进行历史考察时提到孔子"将夏、商、周三代进行思想政治控制的经验理论化、系统化为天命论和等级观念"③。考察思想政治教育的整个历史进程,比较古代和现代思想政治教育后,认为"古代和现代思想理论继承脉络不甚明晰。原因在于中国古代思想政治教育的理论是在中国特定的社会政治、经济条件下产生的本土理论;而现代中国思想政治教育的理论基础是接受了一种先进

---

① 张祥浩:《中国传统思想教育理论》,南京:东南大学出版社 2011 年版,第 16 页。
② 王瑞荪:《比较思想政治教育学》,北京:高等教育出版社 2001 年版,第 30 页。
③ 王瑞荪:《比较思想政治教育学》,北京:高等教育出版社 2001 年版,第 131—132 页。

的外来思想"①,这一点也是中国思想政治教育不同于其他国家的一个显著特征。

6. 对孔子德育理论的研究

目前立足思想政治教育学科来专门研究孔子德育理论的著作较少,但是有一些相关的论文。如1999年杨晓惠、刘和忠发表的《孔子德育方针、方法新探》,认为孔子提出有教无类的德育方针,在师生互为朋友关系的德育实践中遵循学以致用、因材施教、循循善诱、诲人不倦、学思结合、传习结合六大原则。2001年尹长云发表的《孔子的德育理论及其现代意义》中论述了孔子的德育地位、内容、目的、途径和方法。2015年赖雄麟、李健发表的《"仁"与"人":以"仁"的人学意蕴为基的孔子德育路径探析》一文从个体层面、群体层面和国家层面分别论述了孔子德育路径的起点是"仁己",外延是"仁人",终点是"仁政"。

目前,国外没有孔子德育理论的研究,但有一些对孔子及其思想的研究,主要涉及孔子与西方思想家的比较研究、儒家经典及思想的研究、孔子及其思想的现代意义等方面。代表性的著作有日本的井上靖的文学作品《孔子》、韩国金日坤的《儒教文化圈的伦理秩序与经济——儒家文化与现代化》、德国卡尔·雅斯贝尔斯的《苏格拉底、佛陀、孔子和耶稣》、美国赫伯特·芬格莱特的《孔子:即凡而圣》、美国郝大维、安乐哲合著的《通过孔子而思》等以独特的视角和思维方式对孔子及其思想进行了研究和探讨。

从上述研究成果中可见,关于孔子德育理论研究大多数是出于历史追溯的需要而展开的。虽然对他的一些基本思想理论和主要实

---

① 王瑞荪:《比较思想政治教育学》,北京:高等教育出版社2001年版,第131页。

践活动进行了多视角的研究,但这些研究比较零散,缺乏系统性和完整性。已有的研究成果为进行孔子德育理论研究提供了宝贵的资料,但这些还不够深入。孔子是中国传统文化的象征,是中华文明的主流儒家思想的创始人,他不仅阐发了很多关于德育的基本思想,而且在他一生的实践活动中从未停止过对人,包括一切人在内进行德育。这些宝贵的理论有待于从与孔子有关的基本文献《论语》以及其他学者关于孔子的研究成果中仔细挖掘、认真梳理、深刻总结。

(二) 主要创新点

在前人研究成果的基础上,自觉运用马克思主义的观点与方法,立足当前实际,研究孔子德育理论,力求在研究视角、体系构建、话语阐释上有所创新。

第一,研究视角之新。围绕孔子对德育的贡献进行研究,在广义的德育,即思想政治教育的视阈下,尝试将有关思想和理论看作孔子对当时德育实践经验和知识的总结和升华,把他为学、为教、为政看作他生活于其中的社会实施德育的一个必要环节,发掘德育的宝贵资源,为新时代德育创新发展提供启示。

第二,初步构建孔子德育理论体系。在现代德育学的基础上,探寻孔子德育的理论体系。从整体上详细论述孔子德育的目标、内容、原则、途径和方法,构建一个较为完整的孔子德育理论体系,为研究中国古代先贤圣哲关于德育的理论和实践,提供了一种研究模式。

第三,在现代德育的话语体系中,对孔子德育理论进行现代阐释。从基本史实中把握孔子的基本观点和基本活动,立足德育学科本身,探寻与马克思主义的共通性,除使用学术化的论述方式外,力求使论述深入浅出、平实自然、易于大众接受和理解。

三、研究思路与研究方法

在马克思主义的唯物辩证法和历史唯物主义的指导下,主要研究孔子从事政治活动和教育活动的过程中体现出来的与德育密切相关的理论精髓。在科学研究方法的指导下,按照从概念到判断再到推理的逻辑思维进行设计规划。

(一)研究思路

本书以马克思主义为指导,系统完整地发掘、梳理、总结孔子德育理论。紧紧抓住德育这根主线,分为五章三个部分论述。从界定孔子德育理论概念入手,分析其理论基础,总结其特征。在此基础上,分别对孔子德育的目标、内容、原则、途径和方法进行梳理和提炼,进一步指出孔子德育理论的价值和现实启示。

首先,第一章为本书的第一部分,从概念分析开始,界定孔子德育理论的边界,论述孔子德育的理论基础,其中天命观是哲学基础,人性观是人性基础,中庸观是方法基础。这些重要的理论突破都为孔子德育理论的形成与完善起到了重要的支撑作用。此外,本章进一步提炼出孔子德育理论的特点。

其次,第二章到第四章为本书的第二部分,对孔子与德育密切相关的思想进行梳理和总结。参照现代德育学科的基本要素,从目标、内容、原则、途径和方法五个方面论述孔子德育理论。主要以《论语》中的直接表述为依据,在理解中发掘德育的理论观点。第二章论述孔子顺应社会和人的发展要求确立德育目标的依据,将培养德才兼备、完美无瑕的"成人"作为根本目标。第三章论述孔子德育的主要内容,其中包括以"为政以德"为核心的政治教育、以"传道闻道"为根本的思想教育、以"志道尚德"为基础的道德教育三个方面。第四章论述孔子德育的有教无类、因材施教、尚中贵和的原则和具体表现，并在三大原则指导下论述途径与方法，其中"学"是基本途径，"思"是重要途径，"行"是关键途径。从普遍到特殊，从外在到内在、从个别到整体，立体动态地分析孔子进行德育时运用的方法。

最后，第五章为本书的第三部分，将孔子德育理论放在当时的历史条件下进行客观的评价，总结其历史贡献，指出其历史局限性，进而增强新时代德育的文化底蕴，提高针对性和实效性。

研究过程中的主要难点：第一，材料的甄别和取舍。《论语》是研究孔子德育理论的基本材料，其本身缺乏逻辑性，为研究增加了难度。另外，关于孔子及其思想的研究成果汗牛充栋，纷繁复杂、众说纷纭。这既为研究提供了宝贵的资源，又为材料的选取增加了难度。并且孔子本人的思想也不断发展，时间不同，有些观点也会自相矛盾。第二，孔子未提出过"德育"概念，因此离不开现代学科的基本框架，也容易受到传统思维的影响。本书主要是从现代德育角度对孔子思想进行现代阐释。

（二）研究方法

"工欲善其事，必先利其器"①，对孔子德育理论进行研究，需要采用科学的研究方法，按照层次主要有马克思主义的根本指导方法，如历史与逻辑相统一的方法和理论与实践相结合的方法，还有文献法、解释学方法等具体运用的研究方法。只有以根本方法为指导，综合运用各种具体方法，才能实现全面科学地探究孔子德育理论。

---

① 〔清〕阮元校刻：《十三经注疏·论语注疏》（五），北京：中华书局2009年版，第5468页。

第一，马克思主义的根本方法。恩格斯曾经说过："马克思的整个世界观不是教义，而是方法。它提供的不是现成的教条，而是进一步研究的出发点和供这种研究使用的方法。"① 本书以马克思主义的历史唯物主义和唯物辩证法为指导，将《论语》作为文本基础，系统分析总结孔子德育理论。马克思主义历史唯物主义认为研究问题一定要将问题放入历史范围之内进行考察，用唯物辩证法的观点去分析问题和解决问题。坚持历史与逻辑相统一，就要从孔子所处的时期的特点和他生活的条件去观察，尊重孔子，还原到孔子德育理论产生的历史语境，按照一定的逻辑结构对原始资料进行分析，进一步揭示其发展脉络和历史经验，实事求是地分析，在原本的意义上扬弃，剥取出有价值的思想理论，予以借鉴发扬。

第二，文献研究法。文献整理法是从各种文献资料中搜集、整理出能够科学认识研究对象的方法。恩格斯曾说过："即使只是在一个单独的历史事例上发展唯物主义观点，也是一项要求多年冷静钻研的科学工作，因为很明显，在这里只说空话是无济于事的，只有靠大量的、批判地审查过的、充分地掌握了的历史资料，才能解决这样的任务。"② 要坚持历史唯物主义来研究问题，就要基于相关的文献史料上进行研究，因为任何理论研究都离不开对一定文献的阅读、梳理、归纳和总结，通过文献研究可以为阐释问题、理论创新提供坚实的背景资料。孔子对德育理论的研究主要集中在《论语》这部经典文献中，在资料梳理过程中，抓住德育这根主线，阅读、摘录、分析、整理《论语》及其相关资料和研究成果。本书尽可能运用真实可靠的第一手材料对孔子德育理论进行梳理和诠释。

---

① 《马克思恩格斯文集》第10卷，北京：人民出版社2009年版，第691页。

② 《马克思恩格斯文集》第2卷，北京：人民出版社2009年版，第598页。

第三，解释学方法。解释学是对理解的理解，是一门专门研究理解说明、解释的理论，当今已经成为人文社会科学普遍运用的方法。在对孔子德育理论研究中，要对最能体现孔子思想的文本《论语》作出新的解释：一方面，忠于孔子的基本观点，澄清由于历史原因附加在孔子身上的一些误解，以历史的视角考察关于孔子思想的文本表达初衷；另一方面，进行理论创新，彰显孔子德育时代价值。历代关于孔子和《论语》的研究和解释成果浩如烟海，已经形成了统一多层次的解释系统。研究孔子德育理论不是简单地重复某种解释，而是为了适应新时代德育创新发展的需要，跨越古今，总结符合时代要求的有益经验，从而揭示孔子德育理论当代意义和时代价值。

第一章　孔子德育理论界定

孔子是儒家思想的创始人，也是古代德育的奠基者。他继承上古文化而创立的具有中华民族特色的思想体系，为德育奠定了坚实的理论基础。他在从事古代政治活动和教育活动过程中，大量使用了德育的相关概念，阐明了在实现"天下有道"过程中，德育在塑造人、改造人、提升人方面具有不可替代的作用，形成了关于德育目标、内容、原则、途径与方法的一系列基本观点。这些论述构成了孔子德育理论，这一理论体系是以他对天命、人性和中庸的根本看法为依据而逐步形成起来的，具有人文性与平等性、政治性与伦理性、现实性与超越性。

一、孔子德育的相关概念

广义的德育是专门研究人思想观念、政治观点和道德品质的形成、变化和发展的实践活动，是与人成为人、成为全面发展的人相伴产生的各个民族和国家普遍共有的社会现象。孔子是上古文化的集大成者，他将政治和道德紧密连在一起，言政治，必以道德为根本，相对于"道之以政"提出"道之以德"。政治和道德又与教育互为表里，教育重在修身进德，影响和转变人的思想和行为，进而推之治国平天下，爱国保民。"道""政""德""教"所代表的不同概念，从一定程度上已经具备了今天德育概念的基本内涵。

（一）为政与从政

孔子是一位怀有政治热情、政治理想和政治抱负的人。春秋时期是社会转型的时代，各种矛盾异常尖锐复杂，政治动荡，人民生活在水深火热之中。在这样的情况下，孔子作为"新士"的代表自觉承担起参与社会变革的历史重任，正如他所说的："天下有道，丘不与易也"①。他的一生以实现治国安邦的政治理想为第一要务，从学无常师，开创私学到正式任命为鲁国的司寇，再到周游列国"必闻其政"②，鼓励学生学以致用、学以致仕，每时每刻都在表达他的政治追求。因而有宋相赵普认为半部《论语》可治天下的雅传。在《论语》中"政"有直接表达政治主张和政治追求的，也有在不同时间、不同场合回答不同问政者所提出的各种关于"政"的问题。问政者上至国君诸侯，下至臣子以及他门下弟子。"政"字在《尚书·周书·洪范》中就已出现，如"农用八政"③，"八政"分别为食、货、祀、司空、司徒、司寇、宾和师。"政"是统治阶级为实现自己的纲领而进行的活动，主要是国家层面的活动。对此，从孔子与他的学生冉有的一次对话中可以证明，冉有为季氏的家臣，从季氏家回来得晚了，孔子问其原因，冉有回答"有政"，孔子则提出了"政"与"事"的区别，"政"是国家的大政方针，光明正大的事

---

① 〔清〕阮元校刻：《十三经注疏·论语注疏》（五），北京：中华书局2009年版，第5495页。

② 〔清〕阮元校刻：《十三经注疏·论语注疏》（五），北京：中华书局2009年版，第5337页。

③ 〔清〕阮元校刻：《十三经注疏·尚书正义》（一），北京：中华书局2009年版，第398页。

务,而冉有所指是季氏的聚敛之事,非礼之事不能称为政务。孔子言"政"大致包括政治、政令、政权之意,他在回答季康子问政时表明了"政"的本质内涵,即"政者,正也"①。以"正"训"政"可以从三个方面来理解。一是正道、仁道。梁启超曾说过:"儒家言道言政,皆植本于'仁'。"② 孔子贵仁,政治主张以人为出发点和归宿,遵循人间正道,希望建立起"君君、臣臣、父父、子子"③各安其位、名副其实、和谐有序的政治秩序和政治制度。只有政治清明才能实现国家富强、人民安乐、天下归仁、天下有道的局面。二是正义、公正。正义和公正能够维护社会的整体利益,是国家和社会倡导的基本价值取向,也是政治制度设计和安排的依据。正因如此,孔子认为"闻义不能徙"④ 是自己的四大忧虑之一。真正的正义、公正,就是抑恶扬善,祛邪扶正,激浊扬清,立场明确而有原则,不只凭好恶去辨别是非,不只凭亲疏去选拔人才,实现"均无贫,和无寡,安无倾"⑤ 的和谐社会。三是正直、正派。正直、正派是立人、立政、立制的重要标准,在孔子看来,正直、正派与虚伪、奸诈是相对而言的,"人之生也直,罔之生也幸而免"⑥。在

---

① 〔清〕阮元校刻:《十三经注疏·论语注疏》(五),北京:中华书局2009年版,第5349页。

② 梁启超:《先秦政治思想史》,上海:上海古籍出版社2013年版,第73页。

③ 〔清〕阮元校刻:《十三经注疏·论语注疏》(五),北京:中华书局2009年版,第5438页。

④ 〔清〕阮元校刻:《十三经注疏·论语注疏》(五),北京:中华书局2009年版,第5390页。

⑤ 〔清〕阮元校刻:《十三经注疏·论语注疏》(五),北京:中华书局2009年版,第5476页。

⑥ 〔清〕阮元校刻:《十三经注疏·论语注疏》(五),北京:中华书局2009年版,第5384页。

阶级社会中，统治阶级和被统治阶级之间的关系对社会的和谐有序具有重大的影响。在两者当中，孔子特别重视统治阶级的作用，认为统治者的品行决定治理社会的好坏程度，因而他对统治者从道德和作风上提出了严格要求，认为"子帅以正，孰敢不正"①，只有先正其身，才能去正人。统治者一身正气，光明正大，作风正派，以身作则，公私分明，才有资格去治理民众，上行下效，化民成俗，才能造就良好的社会秩序。

孔子一生都在为实现他的政治理想而奋斗，把"政"的思想落实在实践中具体体现在"为政"和"从政"两方面。"为政"与"从政"既有联系，又有区别，是相辅相成的统一整体。一方面，"为政"与"从政"都属于"政"的实践范畴，具有治理国家，处理政事的意思。"为"与"从"同"政"相连多为动词，分别表示做、治理、依从、参与的意思，"政"真正发挥作用最终是要落实到实践活动上的，因此大多数"政"是政治的意思。孔子提出的"为政以德"②就是强调管理国家要施行德治，"尊五美，屏四恶，斯可以从政矣"③也强调治理国家的要领，尊美摒恶都要在实践中完成。总之，"为政"与"从政"是在实践中使政治清明，政令畅通，政权巩固，通过处理具体的政务来发挥出治理国家和规范社会的核心作用。另一方面，"为政"与"从政"还有一定的差别。"从政"侧重于指实际做官，管事政务，而"为政"侧重强调参与或影响政治。从范围来看，孔子认为"为政"的范围要比"从政"更加广泛。有

---

① 〔清〕阮元校刻：《十三经注疏·论语注疏》（五），北京：中华书局2009年版，第5439页。

② 〔清〕阮元校刻：《十三经注疏·论语注疏》（五），北京：中华书局2009年版，第5346页。

③ 〔清〕阮元校刻：《十三经注疏·论语注疏》（五），北京：中华书局2009年版，第5509页。

人问孔子为什么不"为政",孔子则引用《尚书》中的话回答:"'孝乎惟孝,友于兄弟,施于有政。'是亦为政,奚其为为政?"① 这里可以看出,世人理解的"为政"与孔子认为的"为政"是不同的,在孔子看来,"从政"亦是"为政",在家孝敬父母,友爱兄弟,将这种孝道应用于政治上也是"为政","为政"无处不在,不一定非要做官不可,即便不做官,也可以关心政治、参与政治、影响政治。钱穆先生认为:"孔子论政,常以政治为人道中一端,故处家亦可谓有家政。孔门虽重政治,然更重人道。苟失为人之道,又何为政可言?"② 从层次境界来看,孔子认为"为政"较"从政"的层次境界略高。孔子说"为政"的时候,用众星之首的北极星来做比喻,要先正名,要求统治者先正其心、正其身,告诫季康子要以德治国,培养自己高尚的德行,上行下效,才能取得理想的"为政"效果。而在谈到"从政"的时候,批评"今之从政者"为"斗筲之人,何足算也"③,并认为他的弟子仲由、端木赐、冉有分别具备果敢、通达、多才多艺的特点,他们完全可以从政。由此可见,孔子谈"为政"一般指天子、诸侯治理国家而言,谈"从政"指一般官员,如孔子的学生。从具体操作来看,"从政"较"为政"的操作性更具体。孔子用最高的"德"来要求"为政"显然侧重较高的顶层设计范畴,而相对具体的操作"从政"则更为细致,要做到"惠

---

① 〔清〕阮元校刻:《十三经注疏·论语注疏》(五),北京:中华书局2009年版,第5349页。

② 钱穆:《论语新解》,北京:生活·读书·新知三联书店2012年版,第42页。

③ 〔清〕阮元校刻:《十三经注疏·论语注疏》(五),北京:中华书局2009年版,第5448页。

而不费，劳而不怨，欲而不贪，泰而不骄，威而不猛"①，摒弃"不教而杀"的虐政、"不戒视成"的暴政、"慢令致期"的贼政和"犹之与人也，出内之吝"的啬政。

总之，孔子一生从游说君主和教书育人两个主要方面践行他的政治理想和政治主张，其最终目的在于提高人的思想政治品德。正如梁启超所说："儒家之言政治，其唯一目的与唯一手段，不外将国民人格提高。以目的言，则政治即道德，道德即政治。以手段言，则政治即教育，教育即政治。"②

（二）教与教民

孔子虽然从政的时间不长，但他却深知政治的本质和目的在于人，《中庸》曾这样总结道："其人存，则其政举；其人亡，则其政息。"③ 因而他出于政治家和教育家的责任感和使命感，创办私学，将他的一生投身于教育人的事业中，为社会和国家培养了大量人才。

孔子对教育事业无限热爱，无论遇到任何困难，他的教学活动从未间断过，而且是渗透在生活中潜移默化、无时无刻不在进行着。他只用了一个"教"字就概括了所有教育思想和实践，包含了古代"教化"与现代"教育"的概念。尽管在《论语》中"教"仅出现七次，但整篇内容却始终没有离开过"教"，并将其融入到社会生活的各个领域中。"教"的本意是仿效，这是人对教育的原始理解，

---

① 〔清〕阮元校刻：《十三经注疏·论语注疏》（五），北京：中华书局2009年版，第5509页。

② 梁启超：《先秦政治思想史》，上海：上海古籍出版社2013年版，第90页。

③ 〔清〕阮元校刻：《十三经注疏·礼记正义》（三），北京：中华书局2009年版，第3535页。

"教，上所施，下所效也"①。古代"教"常常与"化"连用为"教化"。《易经》中说："观乎天文，以察时变。观乎人文，以化成天下。"② 这里表明把先进的人文文化传播开来，使天下的人都具有良好的文化素养。《管子》中把"化"理解为"渐也，顺也，靡也，久也，服也，羽也"③。"教化"是治国的有效手段，指王教之化、政教风化，以国家倡导的政治理念、价值观点、道德规范等影响人的思想意识，进而改善社会风气。"教"侧重明确的理论灌输、思想引导，"化"侧重潜移默化的环境熏陶、道德感化，"教化"是对人精神品质的关注和塑造，使思想规化，民风淳化，正如《诗经》中所说："美教化，移风俗"④。《说文解字》把"育"解释为"养子使作善也"⑤，"教"与"育"连用出现在孟子的思想中，他认为"得天下英才而教育之"⑥是君子三乐之一，而"教育"一词是从19世纪末20世纪初开始广泛使用起来的，指社会上一切有目的影响人的思想和行为发展的实践活动。

孔子在"庶""富"基础上论"教"，认为"教"直接为政治服务。一方面，从治国理政的角度来看，"教"是首要的措施。孔子总

---

① 〔汉〕许慎撰、〔宋〕徐铉校定：《说文解字》，北京：中华书局1963年版，第69页。

② 〔清〕阮元校刻：《十三经注疏·周易正义》（一），北京：中华书局2009年版，第75页。

③ 黎翔凤撰、梁运华整理：《管子校注》（上），北京：中华书局2004年版，第106页。

④ 〔清〕阮元校刻：《十三经注疏·毛诗正义》（一），北京：中华书局2009年版，第565页。

⑤ 〔汉〕许慎撰、〔宋〕徐铉校定：《说文解字》，北京：中华书局1963年版，第310页。

⑥ 〔清〕阮元校刻：《十三经注疏·孟子注疏》（五），北京：中华书局2009年版，第6019页。

结夏商周三代以来的经验教训,强调以德治国,把"教"看作立国的三大要素之一。《论语》中记述了冉有陪同孔子到卫国时的一段对话:"子曰:'庶矣哉!'冉有曰:'既庶矣,又何加焉?'曰:'富之。'曰:'既富矣,又何加焉?'曰:"教之。""① 在社会动荡不安的时候仅仅靠政令刑罚是不行的,而应注重"教民",使人民能够既有羞耻之心,又能遵循正道,人心归服。另一方面,从育人的角度来看,"教"是最根本方法。孔子认为"教"的根本价值就是使人成为一个全面而完美的人。"子以四教:文、行、忠、信"②,既教人文化知识,又教人提升思想政治品德,注重培养德才兼备的为政人才。

孔子致力于的"教"具有四方面特征。一是政治性。孔子言"教"始终与政治紧密相连,既是为政之道,也是为政之需,二者互为表里。二是思想性。《中庸》曾对"教"有一种经典的理解,即"修道之谓教"③,"道"在古代一般表示为思想,而且是一种最高的思想境界。作为思想理解的"道"与人是密切相关的,孔子认为"人能弘道"④,人之所以为人在于人有思想,有精神上的追求。这与马克思、恩格斯的认识有异曲同工之妙,认为"思想本身根本不能实现什么东西。思想要得到实现,就要有使用实践力量的人"⑤。

---

① 〔清〕阮元校刻:《十三经注疏·论语注疏》(五),北京:中华书局2009年版,第5446页。

② 〔清〕阮元校刻:《十三经注疏·论语注疏》(五),北京:中华书局2009年版,第5393页。

③ 〔清〕阮元校刻:《十三经注疏·礼记正义》(三),北京:中华书局2009年版,第3527页。

④ 〔清〕阮元校刻:《十三经注疏·论语注疏》(五),北京:中华书局2009年版,第5470页。

⑤ 《马克思恩格斯文集》第1卷,北京:人民出版社2009年版,第320页。

孔子教人立志于道,要有思想追求、政治信仰,在生活中要"谋道不谋食""忧道不忧贫"①,把思想放在首位,只有这样人才能不断地提升自身,完善自己。三是双向互动性。孔子认为"教"是教育者之教和受教育者之化的统一。他自述自己"吾十有五而志于学,三十而立,四十而不惑,五十而知天命,六十而耳顺,七十而从心所欲,不逾矩"②,为师要先不断丰富和完善自身,而且要活到老,学到老,把"教"贯穿于人的一生。受教育者也不是被动地接受,而是通过内化、自教,一样可以"当仁不让于师"③。四是全民性。孔子相信人人都可以成才,坚持"有教无类"的原则,把"教"普及于平民,涵盖了社会上的所有人,扩大了"教"的范围。《论语》中两次从战争角度用到"教民",孔子认为"善人教民七年,亦可以即戎矣","以不教民战,是谓弃之"。④ 一方面承认每一个人都应该接受教育,并且教育的过程是缓慢的;另一方面也可以看出人人皆可以通过教育为国家、社会做出贡献,军旅之事就是为了捍卫国家的利益。

综上所述,孔子总结的"教"是一项为政治服务的,着重于用先进的思想意识去影响人、改造人的实践活动,"教民"是"教"对象和内容的拓展,是实行"有教无类"的结果。

---

① 〔清〕阮元校刻:《十三经注疏·论语注疏》(五),北京:中华书局2009年版,第5470—5471页。

② 〔清〕阮元校刻:《十三经注疏·论语注疏》(五),北京:中华书局2009年版,第5346页。

③ 〔清〕阮元校刻:《十三经注疏·论语注疏》(五),北京:中华书局2009年版,第5471页。

④ 〔清〕阮元校刻:《十三经注疏·论语注疏》(五),北京:中华书局2009年版,第5450页。

（三）现代语境下孔子德育理论的概念

德育的科学发展离不开马克思主义的指导，党的革命和建设优良传统的继承，还离不开中华优秀传统文化的滋养。对中华文化影响最大的当属儒家思想，而儒家思想的创始人正是孔子，他是上古文化的集大成者，中华文化的象征，系统探究他在德育上的所思所为，对于凸显德育民族特色具有重要意义。

孔子在德育上是有所思、有所为的，从他对"道""政""教"概念的使用来看，在一定程度上已经具备了现代广义"德育"概念的基本含义。首先，孔子使用上述概念时，均指向人。他说"性相近也，习相远也"[1]，肯定了人的思想意识具有能动性，强调了人是可以通过教育而改变的，实际上是在说明影响人思想行为的德育的作用。他提出的"富、庶、教"是从维护统治的角度强调德育的必要性。其次，孔子使用上述概念，已具备了德育的基本要素。孔子创办了历史上第一所组织完备的私学，广收弟子，他作为教育者，弟子作为受教育者，已经表明了德育的主客体，他还强调教学相长，特别强调主客体双向互动的关系。他明确提出了培养"成人"的根本目标，围绕这一目标用政治观点、思想观念和道德规范对人施加影响，使他们达到"内圣外王"的境界，成为社会所需要的人。这些至今都是组成德育的最基本要素。孔子经常鼓励人要学、思、行统一，利用问答、讨论、批评、赞扬、疏导等方法表明自己的思想，这些都可以理解为德育的中介。再次，孔子使用上述概念体现了德育的阶级性。春秋时代是动荡不安的年代，阶级矛盾十分尖锐，孔子通过德育宣传自己的主张，以求改变"无道"的统治，他不赞同

---

[1]〔清〕阮元校刻：《十三经注疏·论语注疏》（五），北京：中华书局2009年版，第5484页。

通过革命的方式去推翻统治阶级的统治。最后，孔子使用上述概念体现了德育的实践性。孔子一生奔走呼号，身体力行宣传、传授自己的思想主张。他也希望统治者能够多关注人民的疾苦，并严格要求自己的弟子去躬行实践。实践是他所有活动的落脚点，即便到了晚年他依旧从事文献整理和教育实践活动。因此，孔子德育是指以实现天下有道为己任，以人为中心力图使人"成人"而施加的政治教育、思想教育和道德教育的社会实践活动。孔子德育是将政治、道德、教育紧密联系在一起，以政治为主线，以思想为核心，以道德为基础，以教育为手段，致力于影响和转变人的思想和行为的教育实践活动。

孔子德育理论就是对孔子开展德育实践经验的理论总结，是关于德育基本原理的知识体系，包含了他对德育目标、内容、原则、途径和方法的基本观点。他的德育理论向人们展示着德育目标的深远性、内容的丰富性、原则和方法的超越性。值得注意的是，在研究孔子德育理论过程中，要用马克思主义的根本方法厘清与当前德育的本质区别，批判地继承，汲取其有益的、优秀的资源为当前德育借鉴。

二、孔子德育理论的基础

任何一种理论体系的产生，都不是偶然的，而是建立在一定理论依据基础之上的。孔子是儒家思想的创始人，他创立的天命观、人性论和中庸观为其德育理论奠定了坚实的理论基础。

（一）天命观

天命观对于了解和把握孔子德育理论具有相当大的影响，为他的德育理论体系建构提供了外在的价值依据。孔子的天命观是在对殷周以来天命观的继承与创新中发展而来的。天命起源于人对自然的盲目崇拜,最初是指那些变幻莫测的神秘存在,不同时期有不同的表现形态。在殷商时期,天命被称为能够降福降祸、呼风唤雨的"帝"。到了周代,"帝"逐渐被"天"取代,成为超自然的崇拜对象。随着生产力的发展和社会组织的出现,"天"逐渐与地上的统治者联系起来,统治者将自己的统治地位看作是"天之历数"①,如周武王自称为"天子"。到了西周末年,人们对统治者不善行为的不满转向了对天的怀疑,使传统的天命观受到挑战,出现了疑天、怨天、恨天、骂天的思潮,在《诗经》中记载了很多关于认为天不公、不仁,降祸于百姓的诗歌,如"昊天不佣,降此鞠讻。昊天不惠,降此大戾"②。这表现出天人相分,对天信仰的动摇。特别是在春秋中后期,出现了以叔兴和子产为代表的理性看待天命的观点,但当时的主流意识仍然笼罩在天命鬼神中。孔子虽然从小"常陈俎豆,设礼容"③,接触祭祀活动较早,并对此产生了浓厚的兴趣,但他从对天命鬼神的信奉到怀疑,再到超越,可以看出他并没有沉溺纠缠于传统天命观,而是"从此不再言说天命如何如何,不再把天命作为言说的重点,而是对自己的思想辐射点做出了重大抉择,实现了价值层面的两大重大转向:一是超越殷周以来天命具有权威和人格力量的层面,初步完成了由旧的天命观向自然天道观的过渡和转换(尽管这种转换是非常不完善不彻底的);二是超越殷周以来的神权政治框架,初步完成了由天命神学向人学(现实人生、人道)、由外

---

① 〔清〕阮元校刻:《十三经注疏·论语注疏》(五),北京:中华书局2009年版,第5508页。

② 〔清〕阮元校刻:《十三经注疏·毛诗正义》(一),北京:中华书局2009年版,第945页。

③ 〔汉〕司马迁:《史记》(二),北京:中华书局2000年版,第1538页。

在向内在、由彼岸向此岸方面的价值转换"①。他完成了这两种价值观的转换，才开辟出一条新的认识和实践路线，从而为他的德育理论奠定了基础。

《论语》中"天"一共出现20次，"命"一共出现21次，"天命"共出现3次，综合理解孔子的天命观大致包含三方面。其一，孔子并没有盲目地崇拜超自然的存在，而是赋予"天命"自然性与人文性的双重意象。他说："天何言哉？四时行焉，百物生焉，天何言哉？"②在这里所用的"天"与传统的"天"有所区别，基本上否认天具有神意，把不以人的主观愿望和自由意志为转移的客观事物的存在、发展、变化都归于天命，并且天命本身按照自身的规律运行，表现出对自然界发展变化规律的初步认识。这种自然法则需要人去探寻和认知，因而孔子提倡"知天命"，实际上是把人事摆在了天道之上，认为人在天命的面前不是被动的，能够"不怨天，不尤人，下学而上达"③，体现出人文精神的内涵。"有天地然后有万物，有万物然后有男女，有男女然后有夫妇，有夫妇然后有父子，有父子然后有君臣，有君臣然后有上下，有上下然后礼义有所错"④，这一发展状况正是孔子将人们对天命的关注逐步引向对人类社会关系发展的关注，因而他所提出的做人之道和为政之道都是围绕各种各样的人己关系这一主轴而展开的。孔子所认为的天命已经不再是由

---

① 王杰：《论孔子的天命、人性及政治价值依据》，载《孔子研究》，2005年第6期，第61页。

② 〔清〕阮元校刻：《十三经注疏·论语注疏》（五），北京：中华书局2009年版，第5487页。

③ 〔清〕阮元校刻：《十三经注疏·论语注疏》（五），北京：中华书局2009年版，第5459页。

④ 〔清〕阮元校刻：《十三经注疏·周易正义》（一），北京：中华书局2009年版，第200—201页。

第一章 孔子德育理论界定

意志决定一切的天命，而是包含着自然性与人文性双重特性的统一。其二，孔子没有沉溺纠缠于天命，而是对天命保持一种理性的态度。在孔子的天命观中，关于"命"的理解不是指宿命，而是指事物发展变化的一种趋向或时运。倘若他臣服于宿命安排的话，那他就不会在困难的情况下与命运抗争，"知其不可为而为之"。他说："不知命，无以为君子也"①，正是在强调人能够主动地去认识、了解天和命，君子只有了解天命才能对其有所敬畏，故称为"畏天命"。《论语》中记载孔子"迅雷风烈必变"②，从日常生活的行为举止中可以看出，他对天命的敬畏感。与对天命的敬畏相联系的还有他对鬼神的态度。人与鬼的分野在于生和死，"众生必死，死必归土，此之谓鬼"③。故而孔子重视对死去的祖先和父母进行祭祀，还要诚敬、感激，"祭如在，祭神如神在"④，反对具有功利性的祭祀形式，认为不是自己应该祭祀的鬼神而去祭祀，这就是谄媚。他的学生曾子深刻地理解他重视祭祀的真谛在于"慎终追远，民德归厚矣"⑤。他清醒地知道鬼神问题是一个玄而又玄、复杂而不容易讲清楚的问题，所以他对千百年来人们心里普遍认可的鬼神存在问题，在无法

---

① 〔清〕阮元校刻：《十三经注疏·论语注疏》（五），北京：中华书局2009年版，第5510页。

② 〔清〕阮元校刻：《十三经注疏·论语注疏》（五），北京：中华书局2009年版，第5421页。

③ 〔清〕阮元校刻：《十三经注疏·礼记正义》（三），北京：中华书局2009年版，第3461页。

④ 〔清〕阮元校刻：《十三经注疏·论语注疏》（五），北京：中华书局2009年版，第5358页。

⑤ 〔清〕阮元校刻：《十三经注疏·论语注疏》（五），北京：中华书局2009年版，第5337页。

考证的情况下不轻言,而存疑,用"敬鬼神而远之"① 的处理方法和态度,将对鬼神的敬畏转向对人的关切和尊重,足见他过人的睿智和理性。孔子的这种思想并没有影响中国人信仰的缺失,而是走了与古希腊和古罗马不同的道路。因为他在二千五百多年前已经开始着力确立马克思所说的"此岸世界的真理"。其三,孔子在遇到困难的情况下,会吁天叹命,并不能因此判断他是有神论者。由于历史局限,孔子生活的时代大多数人相信天命、鬼神,他能跳出传统天命观的藩篱,开辟出一条新路,尽管他的天命观中带有一些不确定性和不彻底性,但仍然掩盖不住唯物主义的光芒。他在对学生子贡抒发无人理解的苦闷时,认为大概只有天能理解他;他在得知子路以家臣的身份指使门生为病重的他筹办丧事时,愤慨批评学生子路弄虚作假、违反礼制,认为天与人都是不能欺骗的;他在最喜爱的学生颜渊死后,极度伤心和悲痛时,认为这是老天要他的命。这些情况是孔子借用天来表达自己的情感,符合我们民族的语言表达方式,与今天人们碰到不可避免的突发事件或陷入困境中无法自拔时,不由自主地发出"我的天啊"等呼叹相类似。

孔子的天命观并不是一种纯粹的逻辑推演和理论构想,而是以人为中心,与政治理论和实践密切相关的,并为政治服务的理论观点,奠定了孔子德育理论唯物主义的基调。

(二) 人性观

孔子将天命与人性自然联系起来,如果说天命观是孔子德育理论的外在价值依据,那么人性观就是孔子德育理论的内在价值依据。在古文献中,"性"写为"眚",由"生"演化而来,静态意义是事

---

① 〔清〕阮元校刻:《十三经注疏·论语注疏》(五),北京:中华书局2009年版,第5384页。

物与生俱来的本性,动态意义是事物发展的趋向。人性就是人之为人的本性,若没有这样的本性就不能称其为人,人性观就是关于人本性的总体看法和观点。人性问题一直是中西思想文化共同关注的重要问题之一,不同时期的思想家对人性的探讨凸显了人类自我意识的觉醒。在中国常常以善恶为支点来诠释人性,有超善恶论、性善论、性恶论、有善有恶论、无善无恶论,等等。在西方通常以神性、理性、本能为支点来诠释人性,典型的有以苏格拉底、柏拉图为代表的理性人性论、基督教人的原罪说,等等。中西方探寻人性问题存在明显的差异在于中国的人性观是在自然血缘和宗法人伦的社会中发展起来的,而西方的人性观则是在神与契约的社会中发展起来的。孔子是中国最早提出人性问题的思想家,尽管他谈人性的地方较少,只有"性相近也,习相远也"① 一句话,以至于他的学生子贡抱怨"夫子之言性与天道,不可得而闻也"②,但关于人性问题的阐述不仅在孔子思想体系中有着重要的意义,而且在中国古代德育史上也占有十分重要的位置。

孔子阐述人性问题是为了探寻人自身发展与完善的规律,《中庸》的开篇就引入"性",将"性"与"教"联系起来,即"天命之谓性,率性之谓道,修道之谓教"③,人本性展开的过程就是一个修养和教育的过程。因而探索人性问题,使人不断地认识、提高、完善自我是德育理论的内在价值依据,也是进行德育实践的首要前提。张岱年先生曾说过:"孔子所谓性,乃与习相对的。孔子不以善

---

① 〔清〕阮元校刻:《十三经注疏·论语注疏》(五),北京:中华书局2009年版,第5484页。
② 〔清〕阮元校刻:《十三经注疏·论语注疏》(五),北京:中华书局2009年版,第5373页。
③ 〔清〕阮元校刻:《十三经注疏·礼记正义》(三),北京:中华书局2009年版,第3527页。

恶讲性,只认为人的天性都是相近的,所谓的相异,皆由于习。"①孔子的人性观别树一帜,他认为人的本性未必只能从或善或恶来判定,而是认定人的本性相近,而通过后天的环境和教育的影响,才使人性发生了改变和差异,这种认识比后来孟子的性善论和荀子的性恶论更具合理性。孔子率先对人性的探讨奠定了中国传统思想文化对人性问题理解和叙述的基调,也奠定了中国古代德育理论基础。

孔子的人性观集中体现在"性相近也,习相远也"②上,虽然只有一句话,但却包含着对人的本性深刻的理解。首先,孔子在承认人之为人的前提下阐述自己的人性观。"对孔子而言,人之为人,既不需要通过抽象的理性论辩、在哲学智慧或知识真理的照耀下才能走出被囚禁的洞穴而认清世界真相和自我本质的无知群氓,不是生来就背负原罪而只有通过宗教信仰才能获得救赎的上帝造物,也不是只有在先知先觉者和慈悲为怀的佛陀的指引下才能从无穷轮回与无尽因缘中彻底觉悟而获得精神解脱的苦难众生,而是天地生生不息、氤氲化育出的秀异生灵,是既易于受外在物欲的诱引和易于犯过错,又能通过自我的努力与修养而成就和实现自己的道德品质,能够过一种以尊礼贵仁为价值准则的社群伦理生活的德性生物。"③孔子对人的认识较前人有了重大飞跃,他不再把人当作只会说话的工具,而是从"类"的同一性看待,泛指所有人。人之所以为人是有其成为类存在的本质规定性,他坚持"有教无类"原则就是基于此而提出的。鉴于所有人的接受水平,进行一切普遍自我解放的教育和实践,重视提高广大民众的思想政治道德素养,并将"爱人"

---

① 张岱年:《中国哲学大纲》,北京:中国社会科学出版社1982年版,第183页。

② 〔清〕阮元校刻:《十三经注疏·论语注疏》(五),北京:中华书局2009年版,第5484页。

③ 林存光:《孔子新论》,北京:人民出版社2012年版,第184—185页。

渗透在现实生活中的各个方面，这种普遍性为德育的普及奠定了坚实基础。其次，孔子认为人的本性都是差不多的，相近的。金景芳先生认为孔子指出的"性"专指人性，"相近"一方面是"从人之性对犬之性牛之性来看，人与人为同类，所以说'相近'。'相近'表明人有共性。"① 另一方面，"从人类自身来看，人与人虽属同类，但智愚壮羸万有不同。所以应当说'相近'，不应当说相同。这表明人又有个性"②。无论是人的共性还是个性，首先都体现出人的自然性。孔子曾说过："君子有三戒：少之时，血气未定，戒之在色；及其壮也，血气方刚，戒之在斗；及其老也，血气既衰，戒之在得。"③ 说明人不是抽象的人，而首先是有血有肉的、实实在在的自然人，不同的年龄阶段会有不同的性情表现。正像马克思所说的："全部人类历史的第一个前提无疑是有生命的个人的存在。因此，第一个需要确认的事实就是这些个人的肉体组织以及由此产生的个人对其他自然的关系。"④ 孔子不仅承认人作为生物体的存在，具有自然的生理本能和自然欲求，而且更重视人作为社会关系中的存在，具有社会的价值取向和道德规范。孔子强调仁本身就内在于人性之中，"仁者人也"⑤。仁人能够把所有人视为人，而推己及人、立人达人更好地处理好各种社会关系。孔子认为的人性相近实际上表明

---

① 金景芳、吕绍纲、吕文郁：《孔子新传》，长春：长春出版社2006年版，第96页。

② 金景芳、吕绍纲、吕文郁：《孔子新传》，长春：长春出版社2006年版，第96页。

③ 〔清〕阮元校刻：《十三经注疏·论语注疏》（五），北京：中华书局2009年版，第5479页。

④ 《马克思恩格斯文集》第1卷，北京：人民出版社2009年版，第519页。

⑤ 〔清〕阮元校刻：《十三经注疏·礼记正义》（三），北京：中华书局2009年版，第3535页。

了人性是自然性与社会性的统一,他并没有单纯地从抽象的善恶来解释人性,而是从人性的自然属性和社会属性来把握,得出所有现实人的本性是与生俱来的、相近的。最后,孔子认为人的本性经过后天塑造而相差甚远。他肯定了人性不是固定不变的,而是可能通过后天的习染而发生变化的,具有可塑性。人与人之间的差距是经过环境、教育和实践而形成的,因而他非常重视"习"对人性塑造的作用。孔子认为人性是可以转变的,但"唯上知与下愚不移"①,也就是"上知"和"下愚"之人的本性是不可转变的。从普遍性来看,人的本性相近,但通过后天的习染而使人性发生远近的推移变化,意味着人性可移。从特殊性来看,上等的智人和下等的愚人这两类人的本性是不可移的。从现代普遍认识的视角来看,这种说法基本上符合人的智力发展水平,现实生活中一般人的智商相近,接近中等,智商超常的人和智商低下的人均为少数。"近"与"远""移"与"不移"体现出朴素辩证法和唯物论的积极意义。孔子特别重视对现实人本性的转变提升,他本人从不以"生而知之者"自居,而是以敏而好学、学而不厌的形象示人。强调"习"使人性相远,肯定了人性变化受客观环境的影响,也说明了人性并不是天给予的,使人摆脱了天命的束缚,具有朴素唯物主义倾向。这与马克思主义认为人是环境和教育的产物的观点相似。

孔子首倡的人性观,把人之性有别于其他事物之性,重视后天环境、教育和实践对人性形成、转变、提升的作用,从而为他实施德育,塑造人、提升人,实现"天下有道"找到了内在的支点和价值依据。

---

① 〔清〕阮元校刻:《十三经注疏·论语注疏》(五),北京:中华书局2009年版,第5484页。

（三）中庸观

孔子继承了传统的"执中"思想，在历史上第一次提出"中庸"的概念，并将其升华为世界观和方法论的高度贯穿于德育理论体系之中。他对"中庸"理性的阐述和看法形成了具有中华民族特色的中庸观，这其中蕴含着丰富的辩证思想，影响着古代一直到当代人们的思维方式和处事方式。毛泽东认为孔子的中庸观是"一大发现，一大功绩，是哲学的重要范畴，值得很好地解释一番"[1]。

"中"的基本含义是正或正确、恰当、合理，是事物既对立又互补的正反两个方面处于协调和谐的状态。"庸"有用、常、平常的意思。郑玄、程子和朱熹关于"中庸"的解释基本符合孔子本义。郑玄认为"名曰中庸者，以其记中和之为用也。庸，用也"[2]，朱熹引述程子的话说："不偏之谓中，不易之谓庸。中者，天下之正道；庸者，天下之定理。"[3] 朱熹认为"中者，不偏不倚、无过不及之名。庸，平常也"[4]。孔子将"中"和"庸"连用，主要是在强调"中"的实践意义。"中庸"是指事物对立双方动态平衡的客观法则，为人们正确认识客观事物及思想行为提供了重要的方法。孔子德育理论贯穿着中庸观，他赞叹道："中庸之为德也，其至矣乎！"[5] 也就是在德育理论中"中庸"居于至高无上的总规律、总法则的地位，为其奠定了最根本的方法论基础。孔子的中庸观并非折中、调和主义，

---

[1]《毛泽东书信集》，北京：人民出版社1983年版，第147页。

[2] 〔清〕阮元校刻：《十三经注疏·礼记正义》（三），北京：中华书局2009年版，第3527页。

[3] 〔宋〕朱熹：《四书章句集注》，北京：中华书局1983年版，第17页。

[4] 〔宋〕朱熹：《四书章句集注》，北京：中华书局1983年版，第17页。

[5] 〔清〕阮元校刻：《十三经注疏·论语注疏》（五），北京：中华书局2009年版，第5385页。

也并非死板的教条，而是带有唯物辩证思维的原则性和灵活性的统一。将"中庸"望文生义断定为折中主义和矛盾调和论，未免过于武断，不符合马克思主义研究问题的态度和方法。孔子提倡的"中庸"是有原则和是非标准的，以礼制中，对是非、善恶的态度十分鲜明，承认矛盾对立，主张"和而不同"，提出的"权""时""义"表明他反对一成不变、墨守成规，而是认为应该随着时间、条件的不同不拘于常规，通权达变，从而与没有是非原则、面对矛盾对立时采取亦此亦彼的矛盾调和论调大相径庭。"中庸"是中国传统辩证思维方法的体现，是矛盾对立统一规律，质量互变规律，具体问题具体分析原理的表现形态。孔子的中庸观承认世界上一切事物都包含着相反相和的"两端"，在事物对立面的相互制约中坚持"中庸"，也就是现在我们所说的"度"，"过"和"不及"都体现了事物对立面相互转化的思想，通达权变又渗透着具体问题具体分析的精神。"'中庸'是人类认识和把握客观事物的能力达到一定高度时必然产生的思想成果，孔子率先完成了这一认识上的发明。"① 孔子的这一发明包含着中行、中正、时中、中和四层含义。首先，中行是中庸的起点。孔子说："不得中行而与之，必也狂狷乎！狂者进取，狷者有所不为也。"② "中行"兼具了狂和狷之长，是实事求是的无过无不及，表明他发现了事物中存在一度两个关节点，"中行"就是度，过则为"狂"，不及则为"狷"。孔子希望人和事能够保持"中行"，防止向过和不及转化，同时也希望过和不及能够向"中行"转化。其次，中正是中庸的原则。《易经》中说："大哉乾乎！

---

① 王恩来：《人性的寻找——孔子思想研究》，北京：中华书局 2007 年版，第 109 页。

② 〔清〕阮元校刻：《十三经注疏·论语注疏》（五），北京：中华书局 2009 年版，第 5448 页。

刚健中正，纯粹精也。"① 不正不能称其为中，恰当、合理的中之极则为正，"中正"则是万事万物的发展变化在时间和空间中都保持着良好适宜的位置和状态。维护"中正"必须有是非标准，这个标准就是礼。孔子正是从这个角度来维护、倡导"礼"的，《礼记·仲尼燕居》中记载了孔子在家与学生们漫谈礼的对话："子曰：'师尔过，而商也不及。子产犹众人之母也，能食之，不能教也。'子贡越席而对曰：'敢问将何以为此中者也？'子曰：'礼乎礼，夫礼所以制中也。'"② 有中庸才有礼义，来节制、约束人的思想行为，使之合于中正，这是一个动中有静、静中有动的过程，他强调的"正名""正身"就是以礼作为中的约束和规范的准则。再次，"时""中"是中庸的内核。孔子没有僵化地固守着中庸的标准，而是主张要尊重客观规律和社会实际情况变通趋时，这体现了中国传统的唯物辩证法思想。"时"在中国起源较早，在尧帝时就有"乃命羲和，钦若昊天，历象日月星辰，敬授人时"③。孔子深知"变"的重要性，而重视"时"对于国家、社会的意义，"道千乘之国，敬事而信，节用而爱人，使民以时"④，更重视"时"对人的重大意义，"天地盈虚，与时消息。而况于人乎？"⑤，因而孟子称赞只有孔子是识时

---

① 〔清〕阮元校刻：《十三经注疏·周易正义》（一），北京：中华书局2009年版，第29页。

② 〔清〕阮元校刻：《十三经注疏·礼记正义》（三），北京：中华书局2009年版，第3500—3501页。

③ 〔清〕阮元校刻：《十三经注疏·尚书正义》（一），北京：中华书局2009年版，第251页。

④ 〔清〕阮元校刻：《十三经注疏·论语注疏》（五），北京：中华书局2009年版，第5336页。

⑤ 〔清〕阮元校刻：《十三经注疏·周易正义》（一），北京：中华书局2009年版，第139页。

务的圣人，"可以仕则仕，可以止则止，可以久则久，可以速则速"①。孔子将"时"与"中"联系起来，提出"君子之中庸也，君子而时中"②，也就是他所说的"无可无不可"③，随着空间的不同，时间的改变等随时调整和改进，而求其适当。从这个角度，孔子引出"权"的概念，认为"可与共学，未可与适道；可与适道，未可与立；可与立，未可与权"④，"权"就是通权达变，权衡轻重，随机应变。"权"是"时中"的最高手段，因为它能够损有余，补不足，在事物的变化中求得中行，实现恰到好处的最高境界。孟子继承孔子的这一思想，进一步说明了"权"对"执中"的重要性，"执中无权，犹执一也。所恶执一者，为其贼道也，举一而废百也"⑤。执一就是固执、僵化，不知变通，正是孔子所"疾"的"固"。最后，中和是中庸的最终目的。孔子十分重视"和"的价值和意义，提出"和而不同"⑥，将"和"与"同"相对，表示出不同事物之间相互补充，相互协调，求同存异，适当和谐，可以说是事物存在多样性的统一。"中"为合理、适度，事物只有保持适度才能实现和谐，而实现和谐又是事物保持恰到好处的目的，因此，

----

① 〔清〕阮元校刻：《十三经注疏·孟子注疏》（五），北京：中华书局2009年版，第5842页。

② 〔清〕阮元校刻：《十三经注疏·礼记正义》（三），北京：中华书局2009年版，第3528页。

③ 〔清〕阮元校刻：《十三经注疏·论语注疏》（五），北京：中华书局2009年版，第5496页。

④ 〔清〕阮元校刻：《十三经注疏·论语注疏》（五），北京：中华书局2009年版，第5411页。

⑤ 〔清〕阮元校刻：《十三经注疏·孟子注疏》（五），北京：中华书局2009年版，第6025页。

⑥ 〔清〕阮元校刻：《十三经注疏·论语注疏》（五），北京：中华书局2009年版，第5449页。

第一章 孔子德育理论界定

"中"与"和"的关系是辩证统一的,"中"与"和"在本质上是相通的,"中"是"和"的基础,"和"是"中"的目的,"中和"把"中"与"和"两个单独概念各自侧重的方面辩证统一起来,形成了一个综合性的概念。孔子早已意识到了对"中和"的理想追求,他主张"政宽则民慢,慢则纠之以猛。猛则民残,残则施之以宽。宽以济猛,猛以济宽,政是以和"①,这种宽猛相济的恰到好处状态就是中和,表达了他对中和之政的憧憬;他用"乐而不淫,哀而不伤"②来评价《关雎》这首诗,表达了他对中和之美的向往;他在日常生活中"申申如也,夭夭如也"③,表达了他对中和之生活方式、生活态度的追求;他本人"温而厉,威而不猛,恭而安"④ 具有中和的精神风貌,一生都在为追求天人、人人、人己之中和而不懈奋斗。故《中庸》对此总结为"中也者,天下之大本也;和也者,天下之达道也。致中和,天地位焉,万物育焉"⑤。

孔子的中庸观既是一种思想方法,又是一种理想追求,指导其德育理论时刻在适当的范围内发挥出最大的作用,在处理各种问题时能够灵活运用中庸的方法。

---

① 〔清〕阮元校刻:《十三经注疏·春秋左传正义》(四),北京:中华书局2009年版,第4549页。

② 〔清〕阮元校刻:《十三经注疏·论语注疏》(五),北京:中华书局2009年版,第5360页。

③ 〔清〕阮元校刻:《十三经注疏·论语注疏》(五),北京:中华书局2009年版,第5390页。

④ 〔清〕阮元校刻:《十三经注疏·论语注疏》(五),北京:中华书局2009年版,第5395页。

⑤ 〔清〕阮元校刻:《十三经注疏·礼记正义》(三),北京:中华书局2009年版,第3527页。

三、孔子德育理论的特征

在现代语境下,孔子德育理论呈现出人文性与平等性相结合、政治性与伦理性相结合、现实性与超越性相结合的特征。

(一) 人文性与平等性相结合

孔子德育理论以人为出发点和归宿,具有人文性与平等性。孔子进行德育的出发点是人,归宿点也是人,是为了人的实践活动,其人文性是显而易见的。在德国哲学家雅斯贝尔斯提出的人类文明轴心期,中国、印度和西方几乎同时经历着一次影响深远的精神转变。在印度有释迦牟尼的佛教,在西方文明的起源地希腊有苏格拉底等大哲们开创的理性哲学体系,而中华文明比前两种文明出现的精神转变要早、要成熟,早早地就完成了从神秘的天命鬼神转向人文的精神过渡。孔子正是这种思想运动趋于成熟的引路人或思想先驱,他谈论的全部是那些与鬼神、超验性事物无关的问题,即"人文"问题。他所进行的德育活动以人为终极目的,注重人的主体价值和独立人格,强调人的社会性,重视人的实践性和创造性,关心人、理解人、激励人、尊重人、培养人构建了人之为人、人之成人的系统理论。人文性渗透在孔子德育的各个要素之中,其目标具有育人性,内容、原则、途径和方法都具有人文性。孔子进行德育不单是为了统治阶级意识形态的灌输与宣传,也不单是纯粹的传授知识与说教,更不单是强迫人们思想认识的统一,而是为了化人、育人,为了使人成为完美无瑕、全面发展的人。因而他精心编制具有人文内涵的、贴近实际的德育内容,灵活多样地运用人文感染、人文艺术的德育方法,努力营造一个具有人文氛围的和谐环境来培养文质彬彬的君子。

孔子德育理论不仅具有人文性，还具有平等性。他关注人，关注"文"，侧重提升社会每一个人的文化修养和文化水平。正如列宁曾说的："应当不断宣传这样一种思想：政治教育务必要能提高文化水平。应当用读和写的本领来提高文化水平，应当使农民有可能用读写本领来改进自己的经营和改善自己国家的状况。"① 孔子正是以提升每一个人修养品行为己任，主张泛爱众，提出"有教无类"的原则，只要人有所求，他必一视同仁地有所教，不仅打破了学在官府的旧格局，还使教育从贵族走向平民，凸显了人民的力量，体现出"教民"的作用，也体现了他进行德育的人民性和平等性。孔子在进行德育过程中，一律平等相待，没有高低贵贱远近亲疏之分，就连他的亲生儿子孔鲤也没有任何优待。《论语》中记述了一段孔子的学生陈亢和孔子的儿子孔鲤的对话，陈亢由衷地发出"君子之远其子也"② 的赞叹，证明了孔子不偏私、一视同仁的做法。孔子的这种平等意识并不是要求每一个人整齐划一、均等发展，而是每一个人不分种族、出身、家庭情况、智力水平等都有平等地接受德育的机会。这种平等的倾向性在孔子之前是没有的，孔子是中国古代德育史上提倡平等性的第一人，体现着人师的师德和风范，在他之后，各派私学大开庶民向学之风。

孔子德育理论人文性和平等性是你中有我，我中有你，辩证统一的关系。人文性是前提，只有重视人文，才能承认人与人是平等的关系，而平等性又大大促进了人文性的发展。

(二) 政治性与伦理性相结合

孔子德育理论既凸显政治性，又强调伦理性，是政治性与伦理

---

① 《列宁专题文集·论社会主义》，北京：人民出版社2009年版，第264页。
② 〔清〕阮元校刻：《十三经注疏·论语注疏》（五），北京：中华书局2009年版，第5480页。

性的统一。德育活动本身具有政治性,失去了政治性也便不是德育了。孔子以人为出发点和终极目的进行德育,表现为一种政治理想和政治追求的活动,直接服务于统治阶级和社会的政治任务。他通过德育直接向权力层宣传自己的主张,把私学作为德育的主阵地,以自己的学生为主力,把自己的思想扩散到民众中构筑起思想政治宣传的话语权,初步形成了德育的运行机制。大约从公元前501年到公元前497年,共四年左右的时间,孔子在鲁国三次从政做官。在此之后的十四年间,他风尘仆仆,周游列国,到过卫、陈、曹、宋、郑、蔡等地方,积极寻求出仕的机会,游说诸侯实行仁政德治。司马迁曾说:"孔子明王道,干七十余君,莫能用"①,说明他虽然处处碰壁,知其不可为仍怀着执着的信念宣传自己的主张,希望被有道明君所采纳。虽然他的思想没有被当时纷争之世的权力层所采纳,但他创办私学,以学生为传播者,却提升了人们对社会思想政治的关注度,赢得了社会舆论的主动,为儒家思想成为显学奠定了基础。

孔子德育理论最鲜明的特征是政治性,其政治性又与伦理性是密不可分的,是以伦理道德为基础的。孔子认为德育为社会政治服务,既为统治阶级统治的长治久安服务,又为广大民众的安居乐业服务。孔子提出的"修己""正身""安人""正人"等都说明了德育政治性与伦理性的统一,政治性中蕴含着相应的伦理价值诉求,伦理性中体现着政治目的。孔子认为德育最终要使人成为人,就要有伦理道德,追求道德价值主体的生命意义,共同遵循人与人和谐相处的道德规范。正如孟子所说的"人之所以异于禽兽者几希"②,

---

① 〔汉〕司马迁:《史记》(一),北京:中华书局2000年版,第365页。
② 〔清〕阮元校刻:《十三经注疏·孟子注疏》(五),北京:中华书局2009年版,第5931页。

人与动物不同的地方很少，人之所以为人在于人有伦理修养和道德规范。德育作为提升人思想品德的实践活动理应蕴含伦理性，并将其作为基础。孔子特别强调统治阶级自身伦理道德的提升，反对他们单靠严刑峻法等手段治理国家，寄希望他们能够自觉提升道德修养，身体力行，用道德规范指导国家事务，教民化俗，挽救天下混乱的局面。而只有将政治、教育、伦理道德融为一体来治理国家，才能实现"其身正，不令而行"①的政治道德。

政治性与伦理性的融合是孔子德育理论最大特色。由于各自站在不同的政治立场，所提出的伦理观念也有所不同，以孔子为代表的儒家德育这一特色与老子和墨子为代表的道家、墨家德育有所不同。老子认为造成春秋时期天下大乱的局面，主要是由于统治阶级利欲熏心、智谋和欺诈太多，他希望能够回到小国寡民、老死不相往来的原始社会，因而极力倡导"绝圣弃智""绝仁弃义"②，返璞归真。庄子和杨朱甚至在伦理观上走向了利己主义。墨子认为社会之所以大乱，其根源在于天下人不相爱，在政治上主张建立一个能够代表天下所有人利益的集权政府，提出"兼爱非攻"的主张。在孔子构想的治国之道中，希望贤明的君主处于整个政治生活的主导地位，建立一种具有整体性和包容性的社会政治秩序，主要从伦理道德角度来看待治国理政的问题。因而极力倡导仁爱、德治，既不为我也不兼爱，而是取法中庸，也就是取为我与兼爱之中。因此，孔子德育较之于其他各家更显思想性、政治性与伦理性合而为一的特色。

---

① 〔清〕阮元校刻：《十三经注疏·论语注疏》（五），北京：中华书局2009年版，第5446页。

② 朱谦之撰：《老子校释》，北京：中华书局1984年版，第74页。

(三) 现实性与超越性相结合

孔子德育理论既关照现实的社会生活，又超越现实引领社会发展，因而是现实性与超越性的辩证统一。德育理论的现实性是对现世社会生活中人的思想认识、政治观点和道德规范问题的解决，它是做好德育的前提和基础。而德育理论的超越性就是要在了解人思想行为变化规律的基础上，预测引导人们思想行为的发展趋势，进而发挥它的引领作用，实现对现实社会和现实人的超越，它是对德育理论现实性的创新和拓展。

孔子德育理论体现出立足现实、面向未来的双重特征。他不希冀基督教和佛教所谓的"天国"和"来世"，"不语怪、力、乱、神"①，而执着于现世生活，重视现实生活中的人事。"孔子与佛恰好相反：一个是专谈现世生活，不谈现世生活以外的事；一个是专谈现世生活以外的事，不谈现世生活。"②他具有活在当下的智慧，更把教人如何做人、如何做事融入日常生活之中。他的学生季路问侍奉鬼神的办法和死亡问题时，孔子直接回答："未能事人，焉能事鬼？……未知生，焉知死？"③从对这两个问题举重若轻的回答可以看出，孔子重视现实、人事、理性和实用，巧妙地将玄远幽冥的问题转移到了今生人世上。孔子之所以对鬼神和生死之事持存而不论的态度，主要是受当时鬼神观念悠久的历史影响，通过敬神而保留一份人对更高存在的敬畏感。鬼神是看不见、摸不着、玄而又玄不确定的东西，既无法证明、讲明，更无法实践，存而

---

① 〔清〕阮元校刻：《十三经注疏·论语注疏》（五），北京：中华书局2009年版，第5393页。

② 梁漱溟：《东西文化及其哲学》，北京：商务印书馆2005年版，第212页。

③ 〔清〕阮元校刻：《十三经注疏·论语注疏》（五），北京：中华书局2009年版，第5427页。

第一章 孔子德育理论界定

不论无疑在当时是最科学的态度。孔子并没有将那些与现实人生关系较为疏远的鬼神、生死之事作为德育的重点,而是把目光、精力和思想直接投射到现实社会和现实人上。把握住时代的脉搏,积极入世,通过研究现实世界的种种问题,找到天下大乱的症结,并继承前人的经验,思索提出解决问题的理路和办法。孔子认为自己所处的"天下无道"时代的症结在人与人的关系、人与社会的关系、人与国家的关系上。因而他的德育理论是一种重视现实、关注现世今生的理性学说。

孔子德育理论不仅依托历史、立足现实,还面向未来,具有**超越性**。其超越性主要表现在对社会现实的超越和对时空的超越两个方面。其一,对社会现实的超越。孔子依次提出"富""庶""教"的观点,表明德育总体上受到社会经济和人口的制约,但在一定程度上具有相对独立性。如他的学生子贡问在管理国家中"足食""足兵""民信"三者之间必不得已而可以先去掉哪个时,孔子认为唯有"民信"是不能去掉的。实现"民信"最有效的办法就是德育。因而他非常重视德育,并将其放在治理国家的首位,在培养人方面具有超前意识,能够适度超越社会现实,并引领国家社会的发展。其二,对时空的超越。孔子德育理论超越性并不是脱离现实的超越,而是不以现实来束缚或限制人的发展。他通过研究现实社会的种种问题,围绕人思想行为发展变化的特点和规律,而提出了具有前瞻性的解决方案。孔子将重点放在培养"成人"上,精选的教育内容、遵循的原则、选择的途径、运用的方法等都体现了穿越时空的超越性。如仁者爱人、"为政以德"[①]、以文化人、"和而不

---

① 〔清〕阮元校刻:《十三经注疏·论语注疏》(五),北京:中华书局 2009 年版,第 5346 页。

同"①、"己所不欲,勿施于人"②、有教无类、因材施教、循循善诱,等等。这些都展示出孔子德育理论永不褪色的时代价值和恒久的生命力,一些理论至今仍被现代德育所运用。

---

① 〔清〕阮元校刻:《十三经注疏·论语注疏》(五),北京:中华书局2009年版,第5449页。
② 〔清〕阮元校刻:《十三经注疏·论语注疏》(五),北京:中华书局2009年版,第5436页。

第二章 孔子关于德育目标的论述

孔子德育目标不是取决于社会，而是立足于人，最终取决于人的发展与完善，将培养"成人"作为德育的根本目标。

一、确立德育目标的依据

目标并不是主观随意制定出来的，是受到社会、历史等诸多因素影响的。孔子制定德育目标既具有为政治、社会服务的显性一面，也具有为人自身发展的内在一面，体现了两者的统一，是现实性与理想性的结合。

（一）时代发展的趋势

孔子生活时代的社会现实是他设定德育目标的根源或基础。历史和时代的发展，迫切要求一种新的理论，以对天下无道的根由、人类社会历史发展的规律和阶级统治发展的趋势等作出科学的说明。时代发展提出了理论创新的根本要求，孔子生逢其时，使他有可能成为这一新理论的创立者。春秋时期是中国历史上过渡的时代，这是学术界一致公认的。由于生产力的不断发展，社会生活中经济、政治、文化等各个领域发生一系列不可逆转的深刻变化。

首先，社会经济在原有的基础上有了很大的调整与发展。在农业方面，表现为农业生产工具的变革，促进了生产力的发展。农业是社会经济发展的重心，而农业的发展从生产工具革新开始，农业生产工具的革命性变革突出体现在铁器和牛耕的使用。商代末期发现了铁，春秋时期已经逐步进入了铁器时代，铁被推广、应用到社会各个生产领域。当时青铜器和铁器等金属农具代替了石、木、骨、蚌等原始农具，在生产农具中已经占据主要地位。《国语·齐语》中说："恶金以铸鉏、夷、斤、斸，试诸壤土。"① 说明春秋时以铁为材料制造劳动工具已经很普遍了。正是铁器农具的推广使用，才大大提高了劳动效率，推动了生产力的发展。恩格斯认为铁器时代是一切文化民族的英雄时代，"铁使更大面积的田野耕作，广阔的森林地区的开垦，成为可能；它给手工业工人提供了一种其坚硬和锐利非石头或当时所知道的其他金属所能抵挡的工具"②。与此同时，牛耕的出现和推广变革了农业的生产技术。商周时期，养牛是为了祭祀和食用，到了春秋时期开始用牛拉犁在田间耕作，并且一般的耕牛不能作为祭牲。孔子认为以德行著称的冉耕，字伯牛，还有问仁于孔子的弟子司马耕，字子牛。他们的名字将牛与耕相联，能够看出牛耕在当时已是很普遍了。牛耕提高了劳动工具的使用性能，节省了人力，大大提高土地的利用率，还有利于大面积地开垦农田和荒地。铁器和牛耕的逐步推广使用，使得生产工具和农业技术得到发展，社会生产力有所提高，一些人有条件和能力去开垦荒地，使其变成良田，这种垦辟出来的耕地起初已经带有了私有的特质。如

---

① 〔战国〕左丘明著、〔三国〕韦昭注：《国语》，上海：上海古籍出版社2015年版，第158—159页。

② 《马克思恩格斯文集》第4卷，北京：人民出版社2009年版，第182页。

第二章 孔子关于德育目标的论述

此,西周以来实行的井田制遭到破坏。春秋时期,"十千维耦"①、"千耦其耘"②的集体劳动场面渐渐消失,取而代之的是公田中杂草丛生,耕作的只有寥寥数人,"无田甫田,维莠桀桀"③。人们不愿意尽力于治公田,田里的作物也很稀少,因而出现了公田荒芜的景象。集体的劳作方式也逐步让位于个体化、分散的劳动形式。《论语》中提到的长沮、桀溺和荷蓧丈人均是自耕农。特别是荷蓧丈人,他留子路在自己家中住了一晚,杀鸡、做小米饭来招待他,还让两个儿子拜见子路。可见,在井田之外自己开辟出来荒地就是私田,我国最早的佃农就是在私田上耕作的劳动者。春秋时期,以一家一户、个体经营为特色的个体耕农,包括猎户、渔民等已经大量存在,致使以集体劳动为主要形式的井田制逐渐瓦解,以家庭为单位、自给自足的小农经济开始萌芽。在赋税方面,各国相继进行改革。随着公田的衰落,私田的增多,各诸侯国相继进行赋税改革。由于生产力的提高,农民有能力在百亩私田之外开垦出自己占有的荒地,用心经营,生产的积极性很高。开垦久了,私田的数量和产量都大大超过了公田,并且私田在很长时间内是没有赋税的,于是各诸侯国依靠公田赋税所获得的剥削利益日益减少,而拥有大量私田的农户逐渐富庶起来。面对不可阻挡的私肥于公的趋势,各诸侯国为了增加收入,将公田与私田一律纳入国家的经济范畴,统一征收赋税。公元前685年,管仲在齐国首先实施了"相地而衰征""案亩而税"的赋税制度,按照土地的大小、土质的好坏来征收不同的赋税。公

---

① 〔清〕阮元校刻:《十三经注疏·毛诗正义》(一),北京:中华书局2009年版,第1275页。

② 〔清〕阮元校刻:《十三经注疏·毛诗正义》(一),北京:中华书局2009年版,第1296页。

③ 〔清〕阮元校刻:《十三经注疏·毛诗正义》(一),北京:中华书局2009年版,第747页。

元前594年，鲁国废除井田制，实行"初税亩"，将私田与公田的私有权合法化，不分公田、私田一律收税。公元前538年，郑国子产实行"作丘赋"的军赋征收办法。"作丘赋"与鲁国公元前590年实行的"作丘甲"性质相同，就是以丘为单位征收军赋。由于春秋各国赋税制度的相继变革，井田制逐渐走到尽头，加速了以土地私有制为基础的封建社会的全面确立。

在手工业和商业方面，表现为手工业从农业分离出来，商业的兴盛。农民不但生产各种各样的农产品，还生产手工业产品。随着冶铁技术的发展，手工业和农业相分离，出现了社会的第二次分工。春秋时期，冶铁手工业部门已经独立存在，铁器的应用已是非常广泛，在炼铁的过程中发明了早期的制钢技术。锐利的铁器应用到了青铜器铸造业，推动了青铜手工业中各种工艺的精致与成熟，上升到了新的高度。同时纺织业、陶瓷业、玻璃制造业、漆器等手工业部门都得到了发展，但仍沿用以官府管理手工业为主的生产模式。到了春秋末期，"工商食官"制度虽依然存在，但独立的私人手工业者和手工业作坊已经开始出现，并日益壮大。《论语》中记载"百工居肆以成事，君子学以致其道"[1]，将各行各业的手工劳动者与志于学的君子相提并论，他们凭借自己的技术从事生产劳动。农业和手工业的发展，增加了劳动产品的产量，促进了一个不再从事生产而只从事产品交换的新兴商人的出现。春秋时期，商业的兴盛使"工商食官"制度开始解体，商人的地位逐渐提升，他们还是能够影响时局政治的社会力量。郑国商人弦高矫命犒劳秦军，解除了郑国之危。如若弦高没有相当政治地位，是不可能代表国君的特使，得到秦军的信任的。管仲早年与鲍叔牙合伙经商，后从事政治活动并

---

[1] 〔清〕阮元校刻：《十三经注疏·论语注疏》（五），北京：中华书局2009年版，第5501页。

第二章 孔子关于德育目标的论述

辅佐齐桓公取得霸业。管子有言:"万乘之国,必有万金之贾。千乘之国,必有千金之贾。百乘之国,必有白金之贾。"① 越国的范蠡帮助勾践灭吴兴越后,隐退经商"十九年之中三致千金",被誉为商圣。为孔子守孝时间最长的子贡是以言语著称的外交家,也是一个自由商人。孔子曾说:"赐不受命,而货殖焉,亿则屡中。"② 他用自己的私财从事商业活动,凭借闻一能知二、由此推彼的推理能力,从而准确地观察分析市场动向,做到"与时转货资",在贱买贵卖中增殖财货,成为"家累千金"的巨富商贾。此外,子贡在政事上也很活跃,在鲁国遇到危机时挺身而出,"故子贡一出,存鲁,乱齐,破吴,强晋而霸越。子贡一使,使势相破,十年之中,五国各有变"③。这些商人不仅有善货值的能力,还积极参与政治活动。无论是从商人变成政治家,还是从政治家变成商人,都说明了商业的发展,并且商业资本已经开始向政治领域渗透,出现了"国君无不分庭与之抗礼"④ 的局面。春秋时期,各诸侯国的商业流通日益频繁,促进了城市集市贸易的繁荣,金属货币的广泛流通。各诸侯国施行促进商业发展的政策,为商业流通发展提供便利条件。如卫国实行的"通商、惠工"的政策,晋国实行的"轻官易道,通商宽农"政策,齐国采取"通齐国之鱼盐于东莱,使关市几而不征,以为诸侯利"⑤ 的办法。各诸侯国之间互通有无、彼此间的商业流通促进了

---

① 黎翔凤撰、梁运华整理:《管子校注》(下),北京:中华书局2004年版,第1425页。
② 〔清〕阮元校刻:《十三经注疏·论语注疏》(五),北京:中华书局2009年版,第5428页。
③ 〔汉〕司马迁:《史记》(三),北京:中华书局2000年版,第1745页。
④ 〔汉〕司马迁:《史记》(三),北京:中华书局2000年版,第2464页。
⑤ 〔春秋〕左丘明著、〔三国〕韦昭注:《国语》,上海:上海古籍出版社2015年版,第164页。

城邑的兴起、人口的流动。春秋各国的城邑中普遍设有固定的市，也就是今天所说的商业区。市的规模很大，交易的物品也很丰富。如郑国的市场可以列军阵。在记录孔子饮食方式中有"沽酒市脯，不食"①，可见市场有卖酒的也有卖肉的。子贡问孔子："有美玉于斯，韫椟而藏诸？求善贾而沽诸？"孔子回答："沽之哉！沽之哉！我待贾者也。"② 待贾而沽说明孔子积极入世，但不一味求仕，体现了贤臣择主而侍的心态。从某种意义上也可以看出孔子师徒很有商业头脑，赞成商品的交换流通增殖。在商业的流通过程中，春秋时代出现了金属货币，用金钱刀布等金属货币交换已较普遍，但以物易物的交换方式仍然存在。

随着生产力的发展，农业、手工业和商业大大进步，经济关系由奴隶制向封建制急剧过渡，这也决定了政治结构和文化思想开始发生变化。

其次，社会政治结构的激变。春秋无疑是一个变与乱相随，破与立相生的时代，是一个"天下无道"乱象丛生的时代。"随着经济基础的变更，全部庞大的上层建筑也或慢或快地发生变革。"③ 这样不以人的意志为转移的变革，推动着社会的进步发展。

一是宗法分封等级制的解体。由于春秋时期荒地的大量开垦，使各国边境之间的空地减少，加强了各诸侯国的联系，出现了"鸡鸣狗吠之声相闻""临邑相望"的情景。同时周天子与各诸侯、各诸侯国之间为了争夺土地和财产，以武力进行着激烈的兼并战争。

---

① 〔清〕阮元校刻：《十三经注疏·论语注疏》（五），北京：中华书局2009年版，第5419页。

② 〔清〕阮元校刻：《十三经注疏·论语注疏》（五），北京：中华书局2009年版，第5409页。

③ 《马克思恩格斯文集》第2卷，北京：人民出版社2009年版，第592页。

春秋 242 年中，发生战争共计 483 次，"战争以及进行战争的组织现在已经成为民族生活的正常功能"①。相互之间的攻伐掠夺已经变为他们生活中的重要事情，在战争过程中，强国掠夺弱国，大国吞并小国，一些国家相继灭亡。春秋时期，从初期的一百四十多个国家，到中后期剩下几十个国家。各国为了开疆扩土、成就霸业，无论是王室子孙，还是同姓邻国，统统可以成为大国的吞并对象，正所谓"春秋无义战"。战争暴露了社会矛盾，使人民颠沛流离，生活在水深火热之中。

二是社会矛盾凸显。这个时期的主要社会矛盾分为内外两个方面的矛盾。一方面是统治阶级与被统治阶级之间的矛盾、统治阶级之间的矛盾。《左传》中记载："天有十日，人有十等，下所以事上，上所以共神也。故王臣公，公臣大夫，大夫臣士，士臣皂，皂臣舆，舆臣隶，隶臣僚，僚臣仆，仆臣台。"② 从文献可知，西周以及春秋的社会等级包括天子、诸侯、大夫、士、庶人、工商、皂隶等。天子、诸侯、大夫、士属于统治阶级，他们是有官职、封邑和土地的贵族阶层，庶人、工商、皂隶属于被统治阶级。春秋时期的奴隶主要来自战俘、犯人和供奉赠送。春秋末期，兼并战争和统治者的腐朽加重了对被统治者的剥削和压榨。百姓的财务被统治者吞食，"民恶其上"已经很久了，终于不堪忍受残酷的盘剥，纷纷起来进行反抗斗争。主要表现为奴隶的集体逃亡和暴动、"百工"的起义、国人的暴动三个方面。当时奴隶集体逃亡公开进行武装报复斗争，因此各国盗贼蜂起。季康子就因苦于盗贼猖獗，向孔子请教。卫国发生过两次工匠起义，分别赶跑了卫庄公和卫出公。国人暴动

---

① 《马克思恩格斯文集》第 4 卷，北京：人民出版社 2009 年版，第 183 页。

② 〔清〕阮元校刻：《十三经注疏·春秋左传正义》（四），北京：中华书局 2009 年版，第 4447 页。

赶走了周厉王，动摇了国家政权。春秋时的国人暴动与统治阶级内部的斗争交织在一起，更加频繁。统治阶级内部的矛盾是天子、诸侯、卿大夫、士这些贵族之间的矛盾，主要体现在周王室的衰微，"礼乐征伐自诸侯出"，政在大夫，"陪臣执国命"。春秋时期的政治结构既有继承西周的方面，又有自身特殊的重大变革。政治结构中仍然延续着西周天子的嫡长子继承制，诸侯仍是分封发展而来的，卿大夫大部分还是世袭的。但是随着生产力的发展，各诸侯国不断开疆拓土，国力渐强，周王室的统治势力日渐衰弱。王室与诸侯国之间的力量对比发生逆转，平王东迁后周王室的权威更是一落千丈，《左传》中记载："我周之东迁，晋、郑焉依"①。诸侯国之间的混战此起彼伏，已经不再受王室的约束和控制。王权的衰落也是由宗法封建等级制的弱点造成的。按照宗法制度，天子与诸侯、诸侯与卿大夫、卿大夫与士追根溯源都存在千丝万缕的血缘关系，不是父党，便是母党，上下等级实质上也就是嫡庶长幼兄弟或甥舅姑表的关系。这种稳定的血缘关系在最初可以消除很多社会矛盾，稳固周王朝的统治。但随着血缘关系的疏远，已经不能够再维系上下等级的和谐，诸侯、大夫对公室的离心趋势越来越明显。各诸侯纷纷闹独立，相继称霸，争夺攻伐不休，一片割据混乱的局面。礼乐征伐已不再是自天子出，而出现"礼乐征伐自诸侯出"的局面。到了孔子生活的时代，诸侯的政权旁落，一些卿大夫已经掌握了实际的权利，政治活动的重心由诸侯公室转移到了大夫集团。如晋国由卿大夫专权到韩氏、赵氏、魏氏"尽并其地"②，形成了"三家分晋"的局面。鲁国的"三桓"季孙氏、孟孙氏、叔孙氏分别以封邑费、成、郈逐渐

---

① 〔清〕阮元校刻：《十三经注疏·春秋左传正义》（四），北京：中华书局2009年版，第3760页。

② 〔汉〕司马迁：《史记》（二），北京：中华书局2000年版，第1384页。

掌握鲁国的军政大权。卫灵公宠爱子南，立卫悼公使得卫出公外逃，南氏掌握了卫国的政权。列国的诸侯国君不仅政权旁落，有的还被赶走，甚至被杀害。如卫国的大权落入了孙氏和宁氏手中，逼走卫献公逃往齐国。鲁国的鲁哀公想以越国的力量讨伐"三桓"，失败后逃到了越国。齐国的崔杼掌权后杀了齐庄公，田乞杀了齐悼公。"大夫执政，一方面可以说为封建制度继续推演所产出，一方面亦可说封建制度却因此崩倒。"① 在各国政权性质的改变过程中，无论是公族大夫掌权，还是异姓大夫夺权，都实行了一系列改革措施，破坏了与分封建国紧密相连的宗法等级政治秩序，加快了向封建制国家转化的速度。大夫的权利强盛，他们手下家臣的地位也随之提高。一些家臣掌握着卿大夫采邑内的权利，甚至可以经常越过大夫插手国家事务，出现"陪臣执国命"的局面。"陪，重也，隔一层之臣子曰陪臣"②，家臣相对于诸侯来说中间隔着卿大夫，因此称之为陪臣，他们大多数出身于士。春秋中后期，随着家臣权利的日益膨胀，他们不再"事君以死，事主以勤"③，而是为了私欲不惜发动叛乱，企图取代卿大夫，掌握国家政权。佛肸是晋国大夫范中行的家臣，他依据中牟来抗击赵简子。鲁国的叔孙氏家臣竖牛叛乱揭开了鲁国家臣叛乱的序幕。《论语》中记载的公山弗扰是季孙氏的家臣，他占据费邑企图"去三桓"，但没能成功，因此孔子堕三都的主张得以采纳。《左传·定公七年》记载："齐人归郓、阳关，阳虎居之以为政。"④ 家臣阳虎公然以家臣身份，既专季孙氏家政，又专鲁国国

---

① 钱穆：《国史大纲》，北京：商务印书馆1996年版，第65页。
② 杨伯峻：《春秋左传注》，北京：中华书局1990年版，第342页。
③ 〔战国〕左丘明著、〔三国〕韦昭注：《国语》，上海：上海古籍出版社2015年版，第303页。
④ 〔清〕阮元校刻：《十三经注疏·春秋左传正义》（四），北京：中华书局2009年版，第4650页。

政，控制鲁国政权长达五年之久。从"礼乐征伐自诸侯出"到"政自大夫出"再到"陪臣执国命"这样一个权利再分配的过程，意味着整个社会动荡不安，进入到一种失序状态。另一方面是夷夏矛盾。中国自古就是一个统一的多民族国家，春秋时已经形成华夏与夷狄蛮戎五大民族。居住在中原地区逐渐形成共同的生活习惯和文化心理的人们结合成统一的华夏族。"四夷"是东夷、南蛮、西戎、北狄的并称，指中原文化以外的所有民族。他们的生活习惯和文化心理不同于华夏族，不在宗法血缘关系之列，不受周礼的教化和约束。华夏与夷狄之别不仅是地域、血缘的差异，而重在礼与非礼文化上的差异。从孔子提出"夷狄之有君，不如诸夏之亡也"可以看出，礼义制度是区分夷夏的主要标准，华夏即便没有君王，只要有好的礼义，也是比夷狄有好的君王，没有好的礼义制度的局面要好得多。自周始，夷夏之间的矛盾就不曾间断，至春秋之际，四夷交侵中原，冲突战争不绝于史。春秋前期，狄、戎不断侵扰中原列国，给中原地区造成极大的危害。诸侯称霸以"尊王攘夷"为主要口号，共同抵御夷狄的入侵。其中管仲辅佐齐桓公南伐荆楚、北伐山戎，"九合诸侯，一匡天下"，保卫了华夏的安定统一，孔子因此以仁赞许管仲。

三是社会阶层的纵向与横向的自由流动。伴随着社会矛盾的凸显，原有的宗法分封社会结构和等级秩序发生了大裂变，"社稷无常奉，君臣无常位"，"高岸为谷，深谷为陵"① 真实生动地反映了春秋时期政治形势和社会阶层天翻地覆的变化。当时社会阶层纵向流动包括诸侯公室、上层贵族衰落而沦为士、庶民，甚至皂隶和下层庶民的上升。春秋之前，社会有严格的等级制度，不同阶层之间的

---

① 〔清〕阮元校刻：《十三经注疏·春秋左传正义》（四），北京：中华书局2009年版，第4621页。

流动是非常罕见的。至春秋时期分封建国制度的瓦解，血缘宗亲制的破坏，社会阶层的"自由"流动加速。其中由于分封宗亲本身造成的，亲族越来越多，没有封地和俸禄的公子公孙逐渐没落。同时，由于公室贵族之间的矛盾导致的争斗和冲突，一部分人迅速坠降到下层。历史学家许倬云选取出现在《春秋》中的516人列入九代（始于公元前722年，终于公元前464年），其中每一代30年。"自第七期（公元前542—前513年）以后，公子集团的人数比每每在总人数10%以下。下降的曲线由第二期（公元前692—前663年）即开始，由53%骤跌至19.5%。第三期到第六期，比率始终徘徊于10%—16%间。在第四期时，比率跌落到10%"①，孔子及其弟子的家族也是从上到下阶层流动的典型。孔门弟子中以德行著称的颜回是有名的贫士，他的远祖邾武公成为鲁附庸后称颜姓，十四世祖任鲁国的卿大夫，颜渊的祖父为邑宰，"由此可见，颜渊乃鲁国的公族出身"②。孔子的远祖是殷商的王室贵族，其十世祖弗父何让位于弟，为宋国大夫。其六世祖孔父嘉任宋穆公、殇公两朝的大司马，后被华督杀害，他的儿子为了躲避迫害，逃到了鲁国，从此开始家道败落。到了孔子的父亲叔梁纥这一代算是小有名气，立下两次战功，成为鲁国的一个武士。孔子虽然出生于士的家庭，但是年少的时候已经将他排除在士以外了。孔子母亲过世不久，季平子设宴款待群士，孔子前往赴宴，结果被季氏家臣阳虎所拒，并说："季氏飨士，非敢飨子也"③。由此可见，当时孔子社会地位的低下，他自称

---

① 许倬云：《求古编》，北京：新星出版社2006年版，第239页。
② 赵纪彬：《论语新探》（上册），北京：人民出版社1976年版，第158页。
③ 〔汉〕司马迁：《史记》（二），北京：中华书局2000年版，第1539页。

为"吾少也贱，故多能鄙事"①。与贵族的向下流动同时进行的是下层的向上流动。在流动的过程中，士成为上下流动的汇合之所，因为士原本是宗法等级社会的一个特殊阶层，介于上层与下层之间，属于最低一级的贵族。在把人分为十等中，士处于王、公、大夫之下，皂、舆、隶、僚、仆、台之上。原有的政治格局被打破，社会阶层流动汇聚到了士阶层，不仅使士的人数大增，还为士阶层作为社会新兴力量的崛起创造了条件。商人出身的管仲一跃成为齐国的宰相，晋国的六卿也大多不是公室宗亲。孔子及其弟子凭借自身的努力和才能，从被排斥在士之外，逐渐成为乘田、委吏，之后已升为大夫之列，晚年被尊为鲁国的国老。孔门弟子中仲弓的父亲是"贱人"，子贡是家有千金的大商人，子路原是不知礼的"卞之野人"。他们的出身既非公室宗亲，也非士阶层，然而孔子招收他们做学生，分别将其列入德行、言语、政事的代表人物，促进了他们向上的流动。仲弓曾任季氏宰，子贡从事外交活动，子路仕鲁、卫，为蒲邑宰和孔悝之家臣。他们都是从卑贱的出身上升到了新士的阶层。新兴士阶层有两个特点：其一是不受宗法封建等级制的束缚，具有独立的人格和自由身份。其二是精通礼乐知识，通过学习不断完善自身。作为新兴的文士，他们或从政，为统治者治国理政建言献策，或从事专门的教育活动。战国时期，进入了士阶层崛起的时代。

　　社会阶层横向流动主要为人才在各国之间的流动。士阶层地位提高和新士的出现直接加速了各国间人才的流动。士阶层的兴起，使他们从宗法封建等级的羁绊中游离出来，处于一种"士无定主"

---

① 〔清〕阮元校刻：《十三经注疏·论语注疏》（五），北京：中华书局2009年版，第5408页。

的状态，孔子曾说："士而怀居，不足以为士矣"①，他们可以在各个国家自由流动，并成为各国竞争的一支不可替代的重要力量。社会阶层横向流动有政治家、思想家、军事家、工匠发明家等，但主要体现在公室贵族的流动群和上升为新士的流动群。一方面，公室贵族失位后奔走他乡，凭借其才能被他国任用的流动群。如晋国大夫伯宗之子伯州犁逃到楚国，当了楚国的太宰。晋献公长子重耳遭到骊姬之乱的迫害后，与晋国的名士赵衰、狐偃、魏武子、先轸等一起出逃，几经辗转逃到秦国，秦穆公送给重耳五名女子作姬妾，其中包括穆公的亲生女儿怀嬴。在秦国的援助下回到晋国即位，称为晋文公，为春秋五霸之一。伍子胥是楚国人，他的父兄被楚平王杀害，逃到了吴国，成为吴国大夫，辅佐阖闾称霸。"楚才晋用"的典故说明了楚国的人才纷纷流动到了晋国。另一方面，新士以自己的知识技能在各国出仕，发挥他们的才能。百里奚是楚国宛人，早年家境贫寒，出仕后为虞国大夫，虞国被晋所灭后，将其作为陪嫁的奴隶赠送给秦国，秦穆公听闻百里奚有才能，"身举五羖，爵之大夫，起累绁之中，与语三日，授之以政"②。百里奚"相秦六七年，而东伐郑，三置晋国之君，一救荆国之祸。发教封内，而巴人致贡；施德诸侯，而八戎来服"③。正是秦穆公大量任用流动人才，才为秦国一统天下奠定了基础。李斯曾说："昔缪公求士，西取由余于戎，东得百里奚于宛，迎蹇叔于宋，来丕豹、公孙支于晋。此五子者，

---

① 〔清〕阮元校刻：《十三经注疏·论语注疏》（五），北京：中华书局2009年版，第5453页。

② 〔汉〕司马迁：《史记》（二），北京：中华书局2000年版，第1540—1541页。

③ 〔汉〕司马迁：《史记》（三），北京：中华书局2000年版，第1767—1768页。

不产于秦,而缪公用之,并国二十,遂霸西戎。"① "夫物不产于秦,可宝者多;士不产于秦,而愿忠者众。"② 从春秋末期起,新兴的士阶层可以自由地在各个诸侯国之间流动,既有投奔的自由,也有离去的自由。孔子和他的弟子们能够周游列国,正是因为这种各国间的人才流动已成自然。公元前497年,孔子和他的弟子们离开了鲁国后,先后到过卫国、宋国、蔡国、楚国、陈国等国。于公元前484年结束了长达十四年之久的颠沛流离的游历生活,返回了鲁国。子路在孔子居卫期间,曾任卫国蒲宰。季氏的家臣阳虎在鲁国政变失败后,辗转逃到了晋国,细心辅佐赵简子。

最后,礼乐文化的崩坏和下移。春秋时期,随着经济、政治结构上的变革导致另一个后果就是礼崩乐坏和文化的下移。这种历史趋势对于孔子设定德育目标具有很大的影响。礼崩乐坏不仅是政治结构的衰落,更主要的是指文化的没落。"礼,履也。所以事神致福也。从示,从豊"③,礼起源于人们的祭祀活动。《礼记·礼运》中记述:"夫礼之初,始诸饮食。其燔黍捭豚,污尊而抔饮,蒉桴而土鼓,犹若可以致其敬于鬼神。"④ 礼是从饮食开始的,人们在生活中用原始供奉仪式来表达对鬼神的诚敬,这便产生了最原始的祭礼。周公为了维护宗法等级社会的统一,进行大规模的制礼作乐。周礼的内容广泛,奠定了中国传统文化的基调。孔子曾说:"周监于二

---

① 〔汉〕司马迁:《史记》(三),北京:中华书局2000年版,第1979页。
② 〔汉〕司马迁:《史记》(三),北京:中华书局2000年版,第1981页。
③ 〔汉〕许慎撰、〔宋〕徐铉校定:《说文解字》,北京:中华书局1963年版,第7页。
④ 〔清〕阮元校刻:《十三经注疏·礼记正义》(三),北京:中华书局2009年版,第3065页。

第二章 孔子关于德育目标的论述

代,郁郁乎文哉!"① 春秋时期,宗法封建等级制的瓦解、"周之子孙日失其序"②,必然使周之礼乐遭到破坏。到了春秋末期,虽然礼还存在,但早已失去了"经国家、定社稷、序民人、利后嗣"③ 的根本性质,常常被滥用,流于形式,只剩下一个空壳。违背周礼,僭越周礼,甚至根本不知道周礼的情况普遍存在。《礼记·王制》中记载"诸侯之于天子也,比年一小聘,三年一大聘,五年一朝"④,王室地位的衰落,诸侯不再经常朝聘周天子。与此相反,周天子为了保住名存实亡的虚位,不断聘问诸侯。《春秋》中记载,242年间鲁国朝聘天子只有六次,而去齐、晋等大国朝聘的次数是朝聘周天子次数的五倍,共30次。鲁桓公时,周天子三次聘问鲁国,鲁国一次都没有去。由此可以看出,各国已经不再遵守朝聘之礼,周天子不得不反过来聘问诸侯,更是违礼之事。僭越周礼之事也是屡屡发生,诸侯僭越周天子之礼,卿大夫僭越诸侯之礼,陪臣又僭越大夫之礼。季氏享用"八佾舞于庭",还超出自己的祭祀范围,去了只有天子才能祭祀的泰山祭神。孟孙、叔孙、季孙三家用天子之礼来祭祀祖先。当时很多贵族阶层分不清何为礼,何为仪,更不知礼之本。三桓之一的孟僖子陪同鲁君去楚国,不能以礼处理各种外交事务,回国后很是遗憾,于是让他的儿子孟懿子和南宫敬叔向孔子学礼。据《左传·昭公二十五年》记载:晋国赵简子问子大叔揖让周旋之

---

① 〔清〕阮元校刻:《十三经注疏·论语注疏》(五),北京:中华书局2009年版,第5439页。
② 〔清〕阮元校刻:《十三经注疏·春秋左传正义》(四),北京:中华书局2009年版,第3770页。
③ 〔清〕阮元校刻:《十三经注疏·春秋左传正义》(四),北京:中华书局2009年版,第3770页。
④ 〔清〕阮元校刻:《十三经注疏·礼记正义》(三),北京:中华书局2009年版,第2874页。

礼，子大叔认为这不是礼，而是仪。可见当时礼的根本精神已被抽掉，只剩下形式上的仪，礼崩也正是孔子认为天下无道的表现。

  与礼崩同时出现的就是乐坏，乐坏主要指的是乐制的转变和破坏。西周的乐从祭祀活动中脱离出来，具有平和舒缓、进退有节、协调教化等功能，成为辅助礼制的重要措施。春秋时期，乐之坏已成为一种普遍的现象，乐也失去了天地之和、道德教化的特点。周王室带头破坏乐制，《国语·周语》中记载了周景王不听臣下劝阻，劳民伤财铸造了"大出钧，重过石"的大钟，此钟之音震耳欲聋，既听不出和谐的声音，又违背了先王制乐钟的规格标准。各诸侯、大夫也开始僭越乐礼。齐鲁夹谷会盟时，以乐舞助兴是常例，齐国不用雅乐却奏"四方之乐"，让"优倡侏儒为戏而前"①。季氏本应享用四佾的舞蹈行列，但他在家中却欣赏了只有天子才能用的八佾大型乐舞，受到了孔子的批评。古乐受到了新乐的冲击，由原来和合万物向纯粹娱乐世俗的方向转化。当时新乐最为流行的地方是郑国、宋国、卫国和齐国。子夏说过："郑音好滥淫志，宋音燕女溺志，卫音趋数烦志，齐音敖辟乔志。此四者皆淫于色而害于德，是以祭祀弗用也。"②特别是郑之乐情感表现过度，使人沉溺于激昂、强烈之中不能停止。孔子说："恶郑声之乱雅乐也"③，认为郑国的乐曲淫乱不正派，在国家的治理中应该禁止郑国的乐曲。另外，女乐倡优的出现也是乐坏的表现。各国的统治者多养女乐和倡优，以供自娱，也供外交。乐本质的改变反映了乐的娱乐享受功能扩大，同时也反映了乐成为各国政治斗争的工具。"于是选齐国中女子好者

---

  ①〔汉〕司马迁：《史记》（二），北京：中华书局2000年版，第1544页。
  ②〔清〕阮元校刻：《十三经注疏·礼记正义》（三），北京：中华书局2009年版，第3340页。
  ③〔清〕阮元校刻：《十三经注疏·论语注疏》（五），北京：中华书局2009年版，第5487页。

八十人,皆衣文衣而舞康乐,文马三十驷,遗鲁君。"① 此外,乐师的迁徙也是乐坏的表现。乐师是周王室养着的从事音乐工作的人。春秋时期,王室没有能力养活人数众多的乐师,于是出现了"大师挚适齐,亚饭干适楚,三饭缭适蔡,四饭缺适秦,鼓方叔入于河,播鼗武入于汉,少师阳、击磬襄,入于海"② 流离失所的情况,导致了乐文化趋于庸俗化。

礼乐的崩坏说明了"王室而既卑矣,周之子孙日失其序"③,权力下移,很多职掌"王官之学"的官员和有着文化修养的各级贵族子弟散落各封国或民间,促进了文化下移的历史趋势。春秋以前,礼不下庶人,王室的专职官员掌管着国家一切的文化知识、典籍和礼乐制度等。只有世袭的贵族阶级才能享受到受教育的权利,这就是所谓的"学在官府",公室贵族垄断了一切文化教育资源。春秋时期,不知礼、不学无术的没落贵族日益增多,讲礼修文的人越来越少,"王官之学"日趋废坠,于是出现了"天子失官,学在四夷"④的现象。有文化修养的贵族和新兴的士为了谋生,便凭借自己的文化知识和专长在民间创办私学,传授礼乐文化和知识技能,宣传自己的主张,为中国"百家争鸣"局面的到来奠定了基础。

正是在上述的历史背景和社会环境下,孔子对时代特征的理解和反思,促使他创办了私学。他虽然不是中国历史上第一个创办私学的人,但却是创办私学规模最大、影响最广的第一人。孔子创办

---

① 〔汉〕司马迁:《史记》(二),北京:中华书局2000年版,第1546页。
② 〔清〕阮元校刻:《十三经注疏·论语注疏》(五),北京:中华书局2009年版,第5497页。
③ 〔清〕阮元校刻:《十三经注疏·春秋左传正义》(四),北京:中华书局2009年版,第3770页。
④ 〔清〕阮元校刻:《十三经注疏·春秋左传正义》(四),北京:中华书局2009年版,第4526页。

私学的宗旨正是适应了当时历史发展趋势和社会环境的变化。孔子在制定德育目标时，既从实际出发，立足现实，又面向未来，超越现实。

（二）对人的自觉反思

社会生产力的发展、政治局势的动荡、礼乐文化的崩坏，促使孔子去思考如何改变和转化混乱的现实社会，激发他采取"以其道易天下"的积极入世行动的动因。与生活在同一时代的老子重视自然之道相比，孔子致力于人世之道，虽然他们都是"道"的追求者，但关注的内涵则大异其趣，探寻的思维理路各有侧重。老子认为"道"是世间万物的总根源，它无形无象，独立运行却孕育无限生机，所谓"有物混成，先天地生。寂漠！独立不改，周行不殆，可以为天下母。吾不知其名，字之曰道，吾强为之名曰大。大曰逝，逝曰远，远曰返。"① 天、地、人不仅是"道"所生成，依"道"而存，还要因循和顺从自然之道，即"人法地，地法天，天法道，道法自然"②。他从天、地、人之外的自然中抽象出"道"。孔子也将"道"作为自己一生的追求，他说："朝闻道，夕死可矣。"③ 这里的"道"是多元的，是自然、国家、社会和个人共同遵循的规律。既是自然之道，亦是治国理政之道，又是社会秩序之道，同时也是个人立身处世之道。"道"是要人在历史进程或社会生活中去发现、认识和践行，正所谓"人能弘道，非道弘人"④。孔子从人类事物中寻求

---

① 朱谦之撰：《老子校释》，北京：中华书局1984年版，第100—102页。
② 朱谦之撰：《老子校释》，北京：中华书局1984年版，第103页。
③ 〔清〕阮元校刻：《十三经注疏·论语注疏》（五），北京：中华书局2009年版，第5367页。
④ 〔清〕阮元校刻：《十三经注疏·论语注疏》（五），北京：中华书局2009年版，第5470页。

第二章 孔子关于德育目标的论述

"道",贵属人之道,重视人的主观能动性。老子主张返璞归真,屏蔽去除掉一切遮盖人本性的事物,退回到人的天然纯粹的本然状态,好像赤子一样。在老子看来"为学日益,为道日损"①,应该要"绝圣弃智,绝仁弃义,绝巧弃利"②。孔子主张积极进取,在人道中求仁,通过学习和教育,努力提升自己,进而推己及人,在人与人的关系中践行仁,做到"己所不欲,勿施于人"。孔子追求的"道"既不是世界的本源,也不是神秘的玄而又玄、形而上的现象,而是人之为人的属人之道,人道也就仁道。

德国哲学家雅斯贝尔斯认为,公元前800年至公元前200年的几个世纪是人类文明的"轴心时代",即人类文明精神的重大突破时期。历史也会有很多巧合,虽然东西方之间彼此隔绝、没有交流,但在这些不同区域几乎同时完成了一次人类文明的精神转变,出现了影响世界文明的千年智者们,奠定了各自文化的基调。基于这样的理解,孔子和苏格拉底分别代表了东西方"轴心时代"的开端,是东西方文化的奠基者。他们都生活在一个社会大变动的时代,从事教育来教诲弟子。他们一生尽心竭力地践行自己的学说,虽然都没有自己的著作,但他们的思想都反映在其学生的记录中。重要的是他们都关注人,但对人的研究方向却不尽相同。苏格拉底自觉承担起神谕"认识你自己"的任务,开启了西方以理性论辩研究人的历史先河。苏格拉底认为人由肉体和精神构成,并且两者是分离的,应关注人的精神和理性。人首先要认识自己才能成为一个有美德的人,美德的本性是知识,知识是神赋予人用理性来实现其本性的智慧,这样人的理性与德行具有了同一性。"苏格拉底还说:正义和一切其他德行都是智能。因为正义的事和一切道德的行为都是美而好

---

① 朱谦之撰:《老子校释》,北京:中华书局1984年版,第192页。
② 朱谦之撰:《老子校释》,北京:中华书局1984年版,第74页。

的；凡认识这些事的人绝不会愿意选择别的事情；凡不认识这些事的人也绝不可能把它们付诸实践；即使他们试着去做，也是要失败的。所以，智慧的人总是做美而好的事情，愚昧的人则不可能做美而好的事，即使他们试着去做，也是要失败的。既然正义的事和其他美而好的事都是道德的行为，很显然，正义的事和其他一切道德的行为，就都是智慧。"① "如果美德是知识，那么一定可教，我并没有从这一立场后退。"② 知识可教，美德亦可教，他强调人要遵循善的理念去学习知识真理，发展理性，追求美德，节制肉体的欲望才能走出黑暗的洞穴而认清世界和自我，得到"善"的照耀。孔子"不语怪、力、乱、神"③，更关注人之为人的问题。他回避谈论鬼神和死的问题，认为要"务民之义，敬鬼神而远之"④。相对于鬼神和人死后的事情，他更关心活着的人、怎么活有价值以及与活着的人和谐相处的问题。以"仁"为根本成就人德，进而挽救"礼崩乐坏"之衰势。

孔子能够成为中华文明的思想先驱，正是在于他发现了人，由对人的自觉关切进而对人进行了系统的反思。孔子以人作为思考的出发点和归宿点，认为"仁者人也"⑤，即人的本质就是仁，人与仁具有同一性。首先，孔子重人，贵仁。春秋时期，人们不再盲目地

---

① 〔古希腊〕色诺芬：《回忆苏格拉底》，吴永泉译，北京：商务印书馆1984年版，第118页。

② 〔古希腊〕柏拉图：《柏拉图全集》第一卷，王晓朝译，北京：人民出版社2002年版，第522页。

③ 〔清〕阮元校刻：《十三经注疏·论语注疏》（五），北京：中华书局2009年版，第5393页。

④ 〔清〕阮元校刻：《十三经注疏·论语注疏》（五），北京：中华书局2009年版，第5384页。

⑤ 〔清〕阮元校刻：《十三经注疏·礼记正义》（三），北京：中华书局2009年版，第3535页。

第二章 孔子关于德育目标的论述

迷信天、命、鬼、神等，而是愈益重视人的力量。这样的外部环境为孔子进行全面地反思人准备了有利条件。在孔子看来"天地之性人为贵"①，人之贵在于人既是宇宙万物中的一员，但又不同于万物，不受鬼神支配，人就是人的客观存在。从"今之孝者，是谓能养，至于犬马，皆能有养。不敬，何以别乎？"② 可以看出，人是万物之灵，是进化了的高级动物，区别于其他动物的标志在于思想和德行。据《论语·先进》篇记载，孔子家的马厩着火后，他首先关心的是人，而没问财物的损失情况。孔子对人的关切是普遍的，从"匹夫不可以夺志"可以看出，匹夫虽卑微，但也应坚守和尊重他的志向。其次，孔子认为人有社会属性。人区别于动物的地方在于人有思想，能够意识到自身不是孤立的存在，而是要结成一定的社会关系的。当听说隐士规劝子路隐遁避世时，孔子提出"鸟兽不可与同群，吾非斯人之徒与而谁与"③ 的观点，表明动物与动物出于本能的联系属于自然联系，人不能仅仅与鸟兽同群，而应该自觉地、有意识地进行人与人的交往联系而形成一定的社会关系，并将人所结成的群体作为认识和改造的对象。这与马克思所说的："因为人的本质是人的真正的社会联系，所以人在积极实现自己本质的过程中创造、生产人的社会联系、社会本质"④ 的观点相似。基于孔子对人的群体认识，他将人的本质具体表现在社会关系上。人与人之间

---

① 〔清〕阮元校刻：《十三经注疏·孝经注疏》（五），北京：中华书局2009年版，第5551页。

② 〔清〕阮元校刻：《十三经注疏·论语注疏》（五），北京：中华书局2009年版，第5347页。

③ 〔清〕阮元校刻：《十三经注疏·论语注疏》（五），北京：中华书局2009年版，第5495页。

④ 《马克思恩格斯全集》第42卷，北京：人民出版社1979年版，第24页。

的区别，不同的人有不同的本质，"在其现实性上，它是一切社会关系的总和"①，人的本质由社会关系决定的，那么它就不是天生的，是随着社会关系的变化而变化的。从这一角度来看，孔子正是把人放在了社会群体中来研究人以及人在社会关系中所具有的地位和作用，在此基础上他提出了"成人"的培养目标。他认为人就是存在于"君君、臣臣、父父、子子"②这些社会关系之中，从家庭关系中的父与子到政治关系中的君与臣。君有君之道，臣有臣之道，父有父之道，子有子之道，做到君仁臣忠、父慈子孝，按此分工，各行其是，各尽其责，社会便联结成一个和谐有序的整体。最后，孔子尊重人的需要。作为确定的、现实的人就有使命，应该自觉地承担社会责任，这个使命由于人的需要以及人自身的需要和社会现实的联系而产生。孔子承认人有各种各样的需要，主要包括物质利益需要和精神需要。一方面，尊重人获得正当的物质利益的需要。"全部人类历史的第一个前提无疑是有生命的个人的存在。因此，第一个需要确认的事实就是这些个人的肉体组织以及由此产生的个人对其他自然的关系。"③ 孔子并不反对人有物质利益方面的需要，肯定"富与贵，是人之所欲也"④。人只有首先同外界进行物质交换，才能维持生命活动的持续存在。"富而可求也，虽执鞭之士，吾亦为

---

① 《马克思恩格斯文集》第 1 卷，北京：人民出版社 2009 年版，第 505 页。

② 〔清〕阮元校刻：《十三经注疏·论语注疏》（五），北京：中华书局 2009 年版，第 5438 页。

③ 《马克思恩格斯文集》第 1 卷，北京：人民出版社 2009 年版，第 519 页。

④ 〔清〕阮元校刻：《十三经注疏·论语注疏》（五），北京：中华书局 2009 年版，第 5366 页。

第二章 孔子关于德育目标的论述

之"①，只要是符合道义的，可以不惜一切去追求。当孔子初到卫国，在得到卫灵公以他仕鲁时的六万斗俸禄聘用时，他坦然接受。另一方面，特别重视人追求精神需要。人的生存和发展不能离开物质生活资料，但追求精神道德方面的需要更为重要。富与贵如果"不以其道得之"，是不能要的，"不义而富且贵，于我如浮云"②。可见，同富与贵之类的物质需要相比，孔子更加强调道与义的精神需要。此外，孔子将个人需要和社会需要联系起来，认为"邦有道，谷；邦无道，谷，耻也"③，"邦有道，贫且贱焉，耻也；邦无道，富且贵焉，耻也"④。从论述中可以看出，社会需要与个人需要是统一的。社会需要源于个人需要。社会需要得到满足的同时个人需要也得到了满足便是合理的。如果社会需要得到满足，个人需要没有得到满足或社会需要没有得到满足，个人需要却得到了满足都是可耻的，只有同时满足了个人需要和社会需要才是好的。当个人需要和社会需要产生矛盾时，孔子倡导遵循道义，甚至不惜杀身成仁，要求个人需要在必要的时候做出牺牲。孔子认为人之为人在于生活在人世，经过后天学习具备仁。也就是说，人不仅是具有人的形骸，更重要的是人具有人的本质，具有了自觉的价值追求，从"力不若牛，走不若马"的自然人转变为天地间最珍贵的社会存在。因此，"成人"也就成为了德育的最高追求。

---

① 〔清〕阮元校刻：《十三经注疏·论语注疏》（五），北京：中华书局2009年版，第5391页。

② 〔清〕阮元校刻：《十三经注疏·论语注疏》（五），北京：中华书局2009年版，第5392页。

③ 〔清〕阮元校刻：《十三经注疏·论语注疏》（五），北京：中华书局2009年版，第5453页。

④ 〔清〕阮元校刻：《十三经注疏·论语注疏》（五），北京：中华书局2009年版，第5402页。

二、以培养"成人"为根本目标

孔子进行德育的根本目标是一种顺应社会发展规律、符合政治目的、全面发展的人格——"成人"。"成人"之所以能够成为孔子德育的根本目标主要体现在三个方面。一是"成人"接近今天理解的全面发展的人。孔子认为"成人"是聚集了众多美好品行修养于一身、完美无缺的人，最重要的是使人具有主体性人格，充分发挥人的能动性和自主性。孔子理解的"成人"与马克思认为"人以一种全面的方式，就是说，作为一种完整的人，占有自己的全面的本质"[①]有其共通性，与今天提倡人的自由全面发展也有相似性。二是"成人"符合社会历史发展的时代要求。春秋时期，天命的绝对权威地位动摇，人文精神开始觉醒，"成人"的实质就是使人成为真正的人，肯定人的主体地位和主体价值，实现人格的完善与提升。"成人"为世人指出了一种理想人格的典范，成为个人与社会的标准。三是"成人"符合政治理想和目的。"成人"的价值目标是内圣外王，把内在完善自身与外在治国济众融为一体。孔子认为挽救无道之世的关键在人，需要有明君、贤臣、良民，他把"成人"视为理想的政治行为主体，致力于培养一批德才兼备的人才，使他们参与政治活动，从而实现天下有道。由此可以从"成人"的提出、要求和特征来进行具体分析。

（一）"成人"之提出

孔子是最早对"成人"进行比较完整论述的人。"成人"并不

[①]《马克思恩格斯文集》第1卷，北京：人民出版社2009年版，第189页。

第二章 孔子关于德育目标的论述

是孔子提出的新概念,春秋之前就已经存在和使用。周礼规定男女成年举行仪式,"冠礼"是男子的成人礼,"笄礼"是女子的成人礼。贵族男子年满二十岁要举行冠礼,便具有了成人的资格,具有独立人格,可以参加社会交往活动,同时"成人之者,将责成人礼焉也。责成人礼焉者,将责为人子、为人弟、为人臣、为人少者之礼行焉"①。也就是,已行冠礼者要遵循成人礼的要求,承担一定的责任、履行相应的义务。古代礼俗中的"成人"侧重于成人之礼,指人的生理、心理等方面趋于成熟和稳定,是自然人成为社会人的标志。晋文公从有成就的人来理解"成人"。晋文公重耳流亡多年返回晋国后,论功行赏了他的追随者,"使我为成人者,吾以为上赏","数引我而请于贤人之门,吾以为次赏","免我于患难之中者,吾又以为之次"②。从他重赏使他成人的人可以看出,"成人"概念的变化,已经不再局限于礼俗中的成人之礼。

孔子适应时代和人发展的需要,继承了成人之礼的基本观点,第一次赋予"成人"新的内涵和意蕴。"成"在《说文解字》中解释为"就也"③。孔子认为的"成"一方面强调不是自然生成,而是必须通过教育和个体努力才能称为"成";另一方面强调只要努力坚持就能"成",所谓"人而无恒,不可以作巫医"④。人类社会进入阶级社会后,"人"的概念长期被统治阶级贵族专用,广大民众不属

---

① 〔清〕阮元校刻:《十三经注疏·礼记正义》(三),北京:中华书局2009年版,第3646页。

② 〔汉〕刘向撰、程翔译注:《说苑译注》,北京:北京大学出版社2009年版,第132—133页。

③ 〔汉〕许慎撰、〔宋〕徐铉校定:《说文解字》,北京:中华书局1963年版,第309页。

④ 〔清〕阮元校刻:《十三经注疏·论语注疏》(五),北京:中华书局2009年版,第5449页。

于人的范畴，不被当人看。由于生产力的发展，阶级关系发生变化，人文意识开始觉醒，特别是大部分奴隶得到解放，再加上孔子来自社会底层，为他从总体上关注人、重新认识人创造了条件。孔子使用"人"时，除个别指优秀的、才能出众的人才外，其余均指所有人。对孔子所说的"人"，学者们有不同的理解。有些学者认为孔子使用的人仍是专指统治阶级，提出的"爱人"、忠恕之道"只限于贵族，而不包括对待劳动者的平等关系"①。虽各有论据，但还不够充分，不能如实全面地反映孔子的意图。孔子所说"成人"中人是一切的人，即"属类意义上的全称概念"。主要的缘由是其一，从孔门弟子和后来儒家代表人物的思想中，都没有出现近现代学者对"人"的误解。子路在说明自己的学习观时使用了"民人"一词来指代一个地方的老百姓。孟子和荀子都认为普通民众和天子、圣人都是人。孟子说："舜人也，我亦人也。"② 荀子说："涂之人可以为禹。"③ 其二，从《论语》中记载的马厩失火事件，体现出孔子关心的人包括平民在内的一切人。马棚着火后伤到的人一般是马夫、驭者等。据春秋时期的等级制划分，"人有十等，下所以事上，上所以共神也。故王臣公，公臣大夫，大夫臣士，士臣皂，皂臣舆，舆臣隶，隶臣僚，僚臣仆，仆臣台，马有圉，牛有牧。以待百事"④。可见，马夫、牛牧属于社会最底层。当时的社会，马是非常贵重的，

---

① 任继愈：《中国哲学史》（第一册），北京：人民出版社1979年版，第72页。

② 〔清〕阮元校刻：《十三经注疏·孟子注疏》（五），北京：中华书局2009年版，第5939页。

③ 〔清〕王先谦撰，沈啸寰、王星贤点校：《荀子集解》（下），北京：中华书局1988年版，第442页。

④ 〔清〕阮元校刻：《十三经注疏·春秋左传正义》（四），北京：中华书局2009年版，第4447页。

曾有用五个奴隶换到"匹马束丝"。郭沫若先生认为:"驭当即十等人中的舆,可见人鬲是把下等人的家内奴隶也包含着。"① 孔子首先关心地位十分卑微之人的伤亡情况,而没有过问属于贵重财物的马,体现了他所关切的人包括所有人。其三,从具体语境、说明对象多寡和品德境界的区别中,分别使用"人""民"和"百姓"。孔子在谈治国的五个要点时强调要"敬事而信,节用而爱人,使民以时"②。朱熹将其中的"爱人"解释为"爱民",认为"爱民必先于节用"③,如果有爱人之心,但使用民力不合理,国家也是治理不好的。孔子提出君子应该具备修己、安人、安百姓三种能力和境界。朱熹根据对象的多寡来注明"人"与"百姓"的区别,认为"人者,对己而言。百姓,则尽乎人矣"④。"善人教民七年,亦可以即戎矣"旨在说明道德高尚的人为政,会先教育民众,使其具备作战能力再去打仗。孔子依据现实创造性地阐释了"成人"的概念,认为一切人只要通过德育就会提高人的思想政治品德素质,最终"成为完美无瑕的人"。朱熹注解为"成人,犹言全人"⑤。杨伯峻也将"成人"理解为"全人,道德和才能都达到一定水平的人"⑥。"全"指的是形式和内涵上的完备,钱穆认为"成人"即完人,"谓人格

---

① 郭沫若:《十批判书》,北京:人民出版社2012年版,第32页。
② 〔清〕阮元校刻:《十三经注疏·论语注疏》(五),北京:中华书局2009年版,第5336页。
③ 〔宋〕朱熹:《四书章句集注》,北京:中华书局2012年版,第49页。
④ 〔宋〕朱熹:《四书章句集注》,北京:中华书局2012年版,第160页。
⑤ 〔宋〕朱熹:《四书章句集注》,北京:中华书局2012年版,第152页。
⑥ 杨伯峻:《论语译注》,北京:中华书局1980年版,第243页。

完备之人"①。《周礼·考工记·玉人》记载:"天子用全,上公用龙"②,为了避讳"全",历代统治者大力推崇"圣人""君子",而冷落了"成人"。孔子致力于通过德育使人成为人,成为完美无瑕的人,成就人的理想人格,不断地将完善自我和成就他人相统一,这相当于我们今天所说的成为"全面发展的人"。

(二)"成人"之要求

《论语》中详细记载了孔子与弟子子路讨论关于"成人"的问题,指明了成人的基本要求,即"若臧武仲之知,公绰之不欲,卞庄子之勇,冉求之艺,文之以礼乐,亦可以为成人矣"③。臧武仲、公绰之、卞庄子均为鲁国大夫,分别以智慧、寡欲、勇敢闻名于世,冉求为孔子的弟子,以多才多艺闻名。智则少惑,无欲则刚,勇而存义,艺以怡情,加之礼乐,方可内外兼修、德才兼备。孔子紧接着又阐释了对当前所谓"成人"的要求,"见利思义;见危授命;久要不忘平生之言,亦可以为成人矣"④。也就是降格地说,今天所谓完美无瑕的人在于能够见到好处思量到义,见到危险能不惜牺牲生命,日久而守信、不忘自己的诺言。此外,《说苑·辨物》和《孔子家语》中都记录了颜渊请教"成人"的问题,孔子认为:"成人之行,达乎性情之理,通乎物类之变,知幽明之故,睹游气之源。

---

① 钱穆:《论语新解》,北京:生活·读书·新知三联书店2012年版,第326页。

② 〔清〕阮元校刻:《十三经注疏·周礼注疏》(二),北京:中华书局2009年版,第1994页。

③ 〔清〕阮元校刻:《十三经注疏·论语注疏》(五),北京:中华书局2009年版,第5455页。

④ 〔清〕阮元校刻:《十三经注疏·论语注疏》(五),北京:中华书局2009年版,第5455页。

第二章 孔子关于德育目标的论述

若此而可谓成人。既知天道,行躬以仁义,饬身以礼乐。夫仁义礼乐,成人之行也。穷神知化,德之盛也。"① 由此强调了仁义礼乐是完美无缺的人的德行。孔子所说的"成人"是汇集了很多美好品行于一身的完美之人,具体地说,仁、知、义、礼、信五个方面相互统一、由内在到外在构成了"成人"的基本要求。

第一,"仁"是"成人"的本质。孔子认为仁是人的本质,人之为人在于人能够行仁,仁不是天生的,而是需要后天的学习和教育才能获得的。孔子的德育目标就是使人获得仁,成为完美无瑕的人,即求仁是"成人"的本质要求。在孔子之前"仁"字已经出现,但使用很少并且没有具体的解释。《诗经》中出现了 2 次,即"叔于田,巷无居人。岂无居人?不如叔也,洵美且仁"②和"卢令令,其人美且仁"③。《尚书》中出现了 3 次,即"克宽克仁,彰信兆民"④,"民罔常怀,怀于有仁"⑤,"予仁若考,能多材多艺,能事鬼神"⑥。这些"仁"字虽初具道德意义,但还仅仅停留在使用的层面上。到了春秋时代,"仁"被较多地使用,《周易》中有 10 次,《国语》中 24 次,《左传》中 33 次,《论语》中 109 次,至于后代

---

① 〔汉〕刘向撰、程翔译注:《说苑译注》,北京:北京大学出版社 2009 年版,第 463 页。

② 〔清〕阮元校刻:《十三经注疏·毛诗正义》(一),北京:中华书局 2009 年版,第 713 页。

③ 〔清〕阮元校刻:《十三经注疏·毛诗正义》(一),北京:中华书局 2009 年版,第 748 页。

④ 〔清〕阮元校刻:《十三经注疏·尚书正义》(一),北京:中华书局 2009 年版,第 341 页。

⑤ 〔清〕阮元校刻:《十三经注疏·尚书正义》(一),北京:中华书局 2009 年版,第 349 页。

⑥ 〔清〕阮元校刻:《十三经注疏·尚书正义》(一),北京:中华书局 2009 年版,第 416 页。

使用越来越多,如"仁"在《孟子》中出现了158次。孔子贵仁,对"仁"有很多阐释并赋予仁以新的、具体的意义。孔子针对不同人和弟子对"仁"从不同角度给予不同回答和论说,并没有统一的解释。由于孔子对"仁"的阐释宽泛多变,类似于老子所说的"道"一样不能用言语形容,勉强地叫为"仁",致使后人仁者见仁,智者见智,提出各种不同的见解。实际上"仁"本身就不是一个单一性的概念,而是一个抽象与具体相统一、多维立体的概念。萧公权先生认为"孔子言仁,实已冶道德、人伦、政治于一炉,致人、己、家、国于一贯"①。"仁"分为总体全德之"仁"和特指德性之"仁"。作为一种整体德行,"仁"是一种孕育、总括了诸德的全德,不仅是指道德境界,也是一种最高的天地境界,类似于我们今天所说的世界观。作为一种特指的德性,"仁"是一种不同于其他德性,是独立存在,与爱相关的特殊德行。

"仁"能够成为"成人"的本质主要有三方面原因。其一,仁是人之为人的本质,是人认识自身价值实现自主发展的根源。孔子用"仁"来规定人的本质,认为"只有具备了仁的人才是真正的'人'"②,人只有发挥自觉性和能动性,进行自我反省和反思,才能具备"仁"。"我欲仁,斯仁至矣"③,"为仁由己"④,"有能一日

---

① 萧公权:《中国政治思想史》,北京:新星出版社2010年版,第41页。
② 马振铎:《仁·人道——孔子的哲学思想》,北京:中国社会科学出版社1993年版,第7页。
③ 〔清〕阮元校刻:《十三经注疏·论语注疏》(五),北京:中华书局2009年版,第5394页。
④ 〔清〕阮元校刻:《十三经注疏·论语注疏》(五),北京:中华书局2009年版,第5436页。

用其力于仁矣乎？我未见力不足者"①，这些认识肯定人有独立意志，只要人人自觉其心，用力于仁，日积月累躬行践履仁，追求人的内在超越性，将成就自身与成就他人相统一，实现人的完善。其二，仁是正确处理社会关系的本质。人从出生起就不可避免地生活在父子、兄弟、夫妇、朋友、君臣的人伦关系中。孔子用"爱人""泛爱众"界定"仁"，说明人生活在社会之中，不仅要爱己立己，还要承担社会责任，将对家人的爱延伸到他人、甚至扩展到整个人类社会的和谐有序和人民福祉的公共目标实现上，"仁"使"成人"具有了社会性。"'仁'是指一个完整的人而言，即在礼仪角色和人**际关系中体**现出来的，后天所获得的感性的、美学的、道德的和宗教的意识。正是人的'自我领域'，即重要人际关系的总和，使人成为完全意义上的社会人。"② 孔子认为"仁"并非遥不可及，而是渗透在人们生活中的方方面面，人们对其也渴望已久，只要愿意就能够成就"仁"。因为"仁"既包含了个人的卓越品行，包含着维系人类生存不可须臾离开的必需要素，人们在"仁"的引领下能够友爱和谐地共处。其三，仁是为政的本质。孔子认为为政治国需要有明君、贤才和民心，三个要素都彰显出人的价值，因而提出"为政在人"③。能够实现和保护民众和社会的利益，即"博施于民而能济众"④，实现真正意义的仁，才是为政的根本。孔子虽对管仲颇有微

---

① 〔清〕阮元校刻：《十三经注疏·论语注疏》（五），北京：中华书局2009年版，第5366页。

② 〔美〕安乐哲、罗思文：《〈论语〉的哲学诠释：比较哲学的视域》，余瑾译，北京：中国社会科学出版社2003年版，第49页。

③ 〔清〕阮元校刻：《十三经注疏·礼记正义》（三），北京：中华书局2009年版，第3535页。

④ 〔清〕阮元校刻：《十三经注疏·论语注疏》（五），北京：中华书局2009年版，第5385页。

词,但因他"一匡天下,民到于今受其赐"①赞誉其仁,称得上是"行躬仁义"的代表。

第二,"知"是"成人"的前提。据杨伯峻先生统计,"知"在《论语》中出现116次,主要包含三个含义:一是指知识;二是指知道,晓得;三是指聪明,智慧,同"智"。这三个含义之间也是相互联系的,只有通过对知识的积累,才会提高对人与事的认知、体认能力,进而能够审时度势,灵活智慧地解决各种问题。孔子所说的"知"与西方哲学意义上的知识论不同,不是纯粹地对事物及其性质的认识逻辑和知识构成,而是对人的自觉深刻的洞察,是一种辨别是非善恶的能力。因此"知"是成就完美人格的前提条件。"成人"的要求之一就是要有臧武仲的智慧。臧武仲是春秋时期的鲁国大夫,因得罪孟孙氏而出逃。逃到齐国后,因为料知到齐庄公会被杀而婉拒了齐庄公赐予的田地,使自己避免了灾祸。真正的智者能够深刻地认识客观事物,并作出准确的判断,也就没有什么可迷惑的了。同时,孔子还强调要多闻多见、博学多能,有实事求是的求知精神才能算聪明人,即"知之为知之,不知为不知,是知也"②,人只有先有所知,才能知道有所不知,进而不断充实自己,这样的人才是有智慧的聪明人。

首先,不断积累知识。掌握一定的知识是人区别于动物、区别于他人的前提,也是成为完美无缺的人应该具备的前提条件。孔子主要是通过教习"六艺"和"六经"来完成德育的,他传授的知识包含着丰富的内容,不仅包括人文知识,还包含着天文、数学等自

---

① 〔清〕阮元校刻:《十三经注疏·论语注疏》(五),北京:中华书局2009年版,第5457页。

② 〔清〕阮元校刻:《十三经注疏·论语注疏》(五),北京:中华书局2009年版,第5348页。

然科学知识。如学诗可以认识很多"鸟兽草木之名"①，还有目前公认《春秋》中鲁文公十四年（公元前613年）记载："秋七月，有星孛入于北斗"② 是世界上最早的关于哈雷彗星的确切记录。正是有了一定的知识积累，才能提升人的认识能力和实践能力，通达人类本真性情的原理，了解各种事物和物象产生的缘故，洞察其变化及产生变化的根源，为实现人的全面发展做好准备。

其次，提升认识能力。知者具有洞察人情事理的能力。樊迟两次问知，孔子给的最简明的回答就是"知人"，因为"知者不失人"。"知人"不是一蹴而就的，而是一个由表及里的过程，在这个过程中通过培养人的观察能力和思维能力，来提升了认识能力，正确地认识自我、认识他人。孔子认为有智慧的人不失人、也不失言，知人要先知言，"不知言，无以知人也"③。不仅要听其言，还要善于观察，"视其所以，观其所由，察其所安"④，听、视、观、察几个字强调出对言、行、动机等由浅入深，全面细致地认识人、考察人的方法，也反映出要想不被表象所迷惑，就要具有透过现象看清本质的能力。这种能力属于人的思维能力，在纷繁复杂的人情事理中，不能眉毛胡子一把抓，要有所分辨、善于思考，抓住最核心、最本质的东西。这一过程用今天的说法就是思维的归纳与演绎、分析与综合、抽象与概括、判断与推理的过程。孔子正是运用了这种

---

① 〔清〕阮元校刻：《十三经注疏·论语注疏》（五），北京：中华书局2009年版，第5486页。
② 〔清〕阮元校刻：《十三经注疏·春秋公羊传注疏》（五），北京：中华书局2009年版，第4935页。
③ 〔清〕阮元校刻：《十三经注疏·论语注疏》（五），北京：中华书局2009年版，第5510页。
④ 〔清〕阮元校刻：《十三经注疏·论语注疏》（五），北京：中华书局2009年版，第5347页。

思维能力将"仁"作为研究人的起点和归宿。

最后，提高实践能力。"知"不仅是以人为重心来求人道，进而合天道的理论性的知，更是指人在现实生活中躬行践履、实践性的知。孔子从实践事务的角度具体解释了"知"，即"务民之义，敬鬼神而远之，可谓知矣"①。朱熹解释为"专用力于人道之所宜，而不惑于鬼神之不可知，知者之事也"②，也就是说，能够对鬼神采取存而不论、敬而远之的态度，专心致力于人事的道理，可以算得上是智慧了。在实践中知者致力于人事要勤勉做事，知人善任，选拔正直仁爱的人，让正直有才能的人领导不正直的人，那么邪枉的人会变得正直。还要能够根据客观形势的变化，灵活地调整人的思想行为，准确地作出判断，避免行为出现偏失，才能实现"务民之义"。此外，在实践中要依礼而行，臧文仲为占卜而建了占室，还为龟室雕梁画栋。在孔子看来他的这种行为僭越了国君的占卜之礼，不能算是有智慧的人。

知与仁还是两种不同的品德，仁者品德高尚不忧惧，喜欢高山，安静而长寿；知者通达少惑，喜欢流水，灵活而快乐。知有利于仁的养成，是爱人的前提，知同时受仁的制约，凭借智慧得到的，如果不用仁爱维护，最终还是会失去。可见，仁与知不是对立的，而是互补的，此外，孔子将勇与仁、知并列，认为勇并不是匹夫之勇，而是仁之勇，知之勇，"见危授命"为了成仁而能献出生命是勇的最高境界。孔子赞赏卞庄子的勇，勇为仁、知提供了奋斗的动力。因此，仁、智、勇相互统一，"三达德"兼具是一个完美无瑕的人必要的构成要素。

---

① 〔清〕阮元校刻：《十三经注疏·论语注疏》（五），北京：中华书局2009年版，第5384页。

② 〔宋〕朱熹：《四书章句集注》，北京：中华书局2012年版，第89—90页。

第三,"义"是"成人"的标尺。成人的过程既区分了我与人,又体现了自然人、本能人通过行义而自觉地融入社会之中,获得全面发展。孔子将"义"作为"成人"的一个现实的价值标准和行为尺度,正所谓"君子之于天下也,无适也,无莫也,义之于比"①。义的古体字从羊,从我。最初我是义的根源,指自我行为举止的展现。"'义'是某种独为人类拥有的品格,它源于自我,也决定独一无二的'尊贵'(或实现的)自我,并且以某种积极、规范方式引导人的行为。"②《论语》中"义"字出现24次,虽然没有一处关于"义"的正面明确的定义,但它在孔子德育理论中有着重要的地位,《周易·说卦》中说:"是以立天之道曰阴与阳,立地之道曰柔与刚,立人之道曰仁与义。"③孔子所说的"义"多指宜,即合理公正,因时、因地、因人制宜。

首先,"义"是"成人"的基本价值取向。"成人"势必牵涉到一个理智的价值取向,孔子将其称之为"义"。君子是"成人"体现在个人层面的现实人格,"义"是君子的内在本质,要以义为本,君子与小人的重要区别在于,君子通晓义,重义,小人轻义重利。在义利问题上,"见利思义"是"成人"的价值选择,在见到所得利益时,能够顾及义,合于义则取,有悖于义则舍。孔子并不一概反对人追求利益,"义然后取,人不厌其取"④,而是反对不合道义

---

① 〔清〕阮元校刻:《十三经注疏·论语注疏》(五),北京:中华书局2009年版,第5367页。

② 〔美〕郝大维、〔美〕安乐哲:《通过孔子而思》,何金俐译,北京:北京大学出版社2005年版,第113页。

③ 〔清〕阮元校刻:《十三经注疏·周易正义》(一),北京:中华书局2009年版,第196页。

④ 〔清〕阮元校刻:《十三经注疏·论语注疏》(五),北京:中华书局2009年版,第5455页。

取得的利益，即"不义而富且贵，于我如浮云"①。如果道义价值与其他价值发生矛盾时，孔子主张杀身成仁，孟子继承孔子的这一思想概括为"舍生取义"。义有其内在的价值，即便有时不能发挥实际的作用，但仍是人之为人的价值追求。

其次，"义"是实现"成人"的中间环节。成就一个全面发展、完美人格的人需要经历一个长期的过程。具体地说，就是人必须对外部事物通过学习、认知转化为内在思维，进而把内化了的特定思想、道德抉择和是非判断等自主地转化为一定的行为习惯。这个过程中涉及的选择、判断、决断等理智反映就是义，郝大维、安乐哲认为"'义'在其最根本的层面表明将审美、道德和理性意义引入社会中的个人行为中"②。经过个体对现实境遇的理智回应这个中间环节后，人的行为就不会盲目顺从，而是进入到"从心所欲不逾矩"的境界。

最后，"义"是"成人"行为的准则。"行躬以仁义"③ 指明了"义"是"成人"行为的标准。"君子义以为上"的意思是指君子不仅通晓义，更是把内在的道义外化为外在的行义上，孔子担忧的是"闻义不能徙"④。子产有四种行为符合君子之道，即"其行己也恭，

---

① 〔清〕阮元校刻：《十三经注疏·论语注疏》（五），北京：中华书局 2009 年版，第 5392 页。

② 〔美〕郝大维、〔美〕安乐哲：《通过孔子而思》，何金俐译，北京：北京大学出版社 2005 年版，第 113 页。

③ 〔汉〕刘向撰、程翔译注：《说苑译注》，北京：北京大学出版社 2009 年版，第 463 页。

④ 〔清〕阮元校刻：《十三经注疏·论语注疏》（五），北京：中华书局 2009 年版，第 5390 页。

其事上也敬,其养民也惠,其使民也义"①,正是子产依义来贯彻自己的主张得到了孔子的称赞。孔子不赞成荷蓧丈人等隐士的孤芳自赏,认为这是违背义的行为。在人与人相处的社会中,如果人人不讲"义",只喜欢有所得,卖弄小聪明,这样的人就很难成人,这样的社会更难以维系下去。只有社会中人的行为以"义"为准绳,唯义而行,才会适中合度,和谐有序。不以"义"为准绳的忠、信、勇、直等品行就是愚忠、小人之信、乱盗、奸邪,也就失去其存在的道德价值。

第四,"礼"是"成人"的规范。"文之以礼乐"是"成人"的约束机制。礼乐既有外在的表现形式,又有一定的精神实质,正所谓"礼云礼云,玉帛云乎哉?乐云乐云,钟鼓云乎哉?"② 玉帛之类的是用来行礼用的,钟鼓等是乐用的器物,这些都是礼乐的外在形式和内容而已,并不是礼乐的根本。如果只是探究玉帛和钟鼓等形式,而不深究隐藏在玉帛钟鼓形式背后的根本,那么礼乐便失去意义。礼乐之根本在于仁,是教人"成人"的法则。"人而不仁,如礼何?人而不仁,如乐何?"③ 仁乃人之本、为人之道的核心,故礼乐之根本是仁。如果人没有仁爱之心,不与人和谐相处,不修仁德,怎样施行礼乐呢?即便做到行为符合规范,钟鼓铿锵,也是舍本逐末,不领其真谛。礼由仁而生,有仁才有礼,礼是仁的表现。"克己复礼为仁"简明精练地揭示了礼乐精神深入人心,内化为人的"为我之物"的过程,即"成人"的过程。

---

① 〔清〕阮元校刻:《十三经注疏·论语注疏》(五),北京:中华书局2009年版,第5374页。
② 〔清〕阮元校刻:《十三经注疏·论语注疏》(五),北京:中华书局2009年版,第5486页。
③ 〔清〕阮元校刻:《十三经注疏·论语注疏》(五),北京:中华书局2009年版,第5356页。

礼最早从祭祀的仪式而来,"夫礼,天之经也,地之义也,民之行也"①。从广义上理解礼是天、地、人的普遍法则。《论语》中的礼包含了礼仪规范、生活习惯、社会风俗、政治制度等各方面,侧重礼的社会性。"人之能自曲直以赴礼者,谓之成人"②,人通过学习,掌握了礼所包含价值而被塑造为"成人"的。首先,人通过学礼而立身。孔子教诲他的儿子说:"不学礼,无以立。"③ 通过学习,人才知道什么是可以做的、应当做的,什么是不能做的。学礼、懂礼后不一定能够依礼行事,必须要经过"约之以礼"④ 的环节,才能自觉地循礼而行。礼从外在的客观规范变为人的习惯之行,体现出人自主性和能动性的提升。其次,人只有循礼而行,才能立于社会。人具有群居意识,生活在人类社会之中,只有按照一定的规范和遵循一定的秩序,才能扮演好各自不同的社会角色,处理好各种人际关系,实现社会和谐。孔子倡导"君君、臣臣、父父、子子"⑤一体化的社会规范,君臣关系要"君使臣以礼,臣事君以忠"⑥,君

---

① 〔清〕阮元校刻:《十三经注疏·春秋左传正义》(四),北京:中华书局2009年版,第4576页。

② 〔清〕阮元校刻:《十三经注疏·春秋左传正义》(四),北京:中华书局2009年版,第4579页。

③ 〔清〕阮元校刻:《十三经注疏·论语注疏》(五),北京:中华书局2009年版,第5480页。

④ 〔清〕阮元校刻:《十三经注疏·论语注疏》(五),北京:中华书局2009年版,第5385页。

⑤ 〔清〕阮元校刻:《十三经注疏·论语注疏》(五),北京:中华书局2009年版,第5438页。

⑥ 〔清〕阮元校刻:《十三经注疏·论语注疏》(五),北京:中华书局2009年版,第5360页。

民关系要"上好礼，则民易使也"①，人我关系要"君子敬而无失，与人恭而有礼，四海之内，皆兄弟也"②，在各种社会关系中要承担自己的责任，做到君仁、臣忠、父慈、子孝、夫义、妻顺。最后，人为政治国需要礼的规范。人不仅一言一行要用礼来规范，做到"非礼勿视，非礼勿听，非礼勿言，非礼勿动"③，在治国理政上，礼同样发挥着不可替代的作用，能够"经国家，定社稷，序民人，利后嗣"④。孔子认为礼不仅是好的社会风俗，同时也是理想的政治体制，"齐之以礼""礼让为国"正好说明这点。

孔子常将礼乐并提，用以说明礼乐是人成为人的重要规范。《孝经·广要道》中记载："移风易俗莫善于乐，安上治民莫善于礼。"⑤礼别异，乐和同。礼有助于人立身处世，乐有助于养心怡情，礼乐并行有助于完善人的品德修养。孔子特别重视乐潜移默化地陶冶人之内心的作用，他倡导正乐、论乐，并将乐作为自己的教学内容。只要是能够陶冶情操、关照心灵的均可属于乐的范畴，孔子本人不仅精究音乐、诗歌、文学，还喜欢山水、运动、绘画，懂得养生，是一位博学多能的人才。孔子称赞他的弟子冉求多才多艺，是"成人"的一个重要方面。因此，孔子总结为"兴于诗，

---

① 〔清〕阮元校刻：《十三经注疏·论语注疏》（五），北京：中华书局2009年版，第5461页。

② 〔清〕阮元校刻：《十三经注疏·论语注疏》（五），北京：中华书局2009年版，第5436页。

③ 〔清〕阮元校刻：《十三经注疏·论语注疏》（五），北京：中华书局2009年版，第5436页。

④ 〔清〕阮元校刻：《十三经注疏·春秋左传正义》（四），北京：中华书局2009年版，第3770页。

⑤ 〔清〕阮元校刻：《十三经注疏·孝经注疏》（五），北京：中华书局2009年版，第5558页。

立于礼,成于乐"①。

"成人"的过程是内外兼修的过程,礼乐正好适应人身心和谐的要求,对人为人处世、思想行为加以规范,使人不偏离人之为人的本质,顺利"成人"。

第五,"信"是"成人"的基础。"久要不忘平生之言"作为"成人"的基础,就是强调信在"成人"中的重要作用。很久都不忘记平日的诺言,就是言而有信。信是会意字由人和言构成,指的是人说话要算数,是言语的诚实性。信源于祭祀时人对神灵祭拜、祈祷而说的诚实不欺之语。古人对神灵有敬畏,认为神灵能知万物并主宰一切,如果人不遵守对神灵说的话,一定会有灾祸降临。孔子将人对神灵讲信的行为运用到了人道之中,虽没有将诚与信连在一起使用,但两字可以互训,多指诚信一词之意。《说文解字》中"信,诚也""诚,信也"②,二字互相解释,但又各有侧重。诚是真实、诚恳,反映主观和客观本真的状态,侧重内在修养;信是兑现自己的诺言,侧重外在的践履。诚信结合就表示真实无欺、诚实守信,既内诚于心,又外信于人,不欺骗自己,也不欺骗他人。

孔子讲信也是有层次的。第一层是"言必信,行必果"③。子贡问如何才能成为士,孔子在对成为士降低了一次要求后提出的信,认为只管自己有始有终地言行一致,这样的士就近乎于小人了,这样的信是信的底线,接近小人之信。第二层是"言忠信"。孔子的弟

---

① 〔清〕阮元校刻:《十三经注疏·论语注疏》(五),北京:中华书局2009年版,第5401页。
② 〔汉〕许慎撰、〔宋〕徐铉校定:《说文解字》,北京:中华书局1963年版,第52页。
③ 〔清〕阮元校刻:《十三经注疏·论语注疏》(五),北京:中华书局2009年版,第5448页。

子子张请教如何能够在外行得通的问题，孔子提出"言忠信，行笃敬"① 六个字的行事原则。人说话能够忠厚诚实，做事笃实恭敬，就可以顺利地进行社会交往。忠信较言必信进一步提升了一个层次。第三层是"信近于义，言可复也"②。一个人一言一行，为人做事，要以正义为准则，将能不能做到、有没有道理考虑进来，符合义、有道理、能兑现就说、就做，若是草率的、轻义的许诺不算是信。孟子曾说："大人者，言不必信，行不必果，惟义所在。"③ 信要在更高的义的价值引领下，坚持原则性与灵活性相统一，具体情况具体分析，才是信的最高境界。

孔子认为信是"成人"的基础。信作为人之所以为人的基本要求之一，是因为：其一，信是人安身立命的要道。这种品质已经植入了人的生命意义。人之于信，如同鱼之于水，不可须臾而离。"人而无信，不知其可也。大车无輗，小车无軏，其何以行之哉？"④ 用今天的话说，就是人如果不讲信用，就像车子没有轮胎既立不起来，又无法前进。信对人来说是为人最起码的要求，是人能够在社会中立得稳、行得动的基础。其二，信能造就人，使人有所成就，即

---

① 〔清〕阮元校刻：《十三经注疏·论语注疏》（五），北京：中华书局2009年版，第5467页。

② 〔清〕阮元校刻：《十三经注疏·论语注疏》（五），北京：中华书局2009年版，第5338页。

③ 〔清〕阮元校刻：《十三经注疏·孟子注疏》（五），北京：中华书局2009年版，第5930页。

④ 〔清〕阮元校刻：《十三经注疏·论语注疏》（五），北京：中华书局2009年版，第5349页。

"信以成之"①。人治学要有信,"知之为知之,不知为不知"②,交友要有信,和谐的人际关系需要双方的互相信任。信总是在人与人的交往中通过言行表现出来的,一个心有诚意,会谨言慎行,不会巧言令色;施展才能要有信,诚信的人会得到人的尊重和信任,赢得别人的任用,任用后才能施展出自己的才能,为他人和社会做出贡献。其三,信是人社会化的基石。人要融入社会公共生活才能全面地完善自己,在公共生活领域的诚信主动权掌握在君主和为官者身上。为孔子守墓六年的弟子子贡能善于经商,他"家累千金"不能不与孔子所教的信有关。他在问孔子为政的时候,孔子认为治理国家可以"去兵""去食",而不能失去凝聚力,凝聚力的形成就是民众对国家、君主和为政者的信任。作为君主和为政者要率先垂范,慎言敏行,"敬事而信"③,"信而后劳其民"④才会政令畅通,长治久安。

"信"是"成人"在私人领域中安身立命、为人处事的基础,同时也是在社会公共生活领域中维护社会秩序、国家安定的立足点。

(三)"成人"之特征

孔子德育理论是以人为本的,其根本出发点和归宿是人和人的发展,从人成为人或发展为完美无瑕的人出发推进到人类社会的有

---

① 〔清〕阮元校刻:《十三经注疏·论语注疏》(五),北京:中华书局2009年版,第5469页。
② 〔清〕阮元校刻:《十三经注疏·论语注疏》(五),北京:中华书局2009年版,第5348页。
③ 〔清〕阮元校刻:《十三经注疏·论语注疏》(五),北京:中华书局2009年版,第5336页。
④ 〔清〕阮元校刻:《十三经注疏·论语注疏》(五),北京:中华书局2009年版,第5502页。

道、和谐、进步。将"成人"作为德育的根本目标具有全面性、层次性、自主性和超越性。

第一，全面性是"成人"的显著特点。"成人"是全面发展的人，在不同历史时期，人的全面发展的内涵和特点也是不同的。马克思曾说过："人以一种全面的方式，就是说，作为一种完整的人，占有自己的全面的本质。"① "成人"正是按照人的本质实现人的物质与精神、政治与道德、知识与能力、身与心等方面的全面和谐的发展。"成人"的主要要求仁、义、礼、智、信直接体现了全面性，每一个要求都是孔子所珍视的，同时也是"成人"应兼具的。

《论语》中涉及的人物有150多位，得到孔子赞扬的约有35人，其中包括古代先贤、同时代杰出的人和孔子的弟子，如尧、舜、禹、周文王、周武王、周公、孔文子、子产、管仲、颜渊、子路、冉有、子贡等人。孔子并没有以其中的某一个人来作为"成人"的代表，而是认为"成人"是由现实生活中每一个人的优秀品质汇聚而成的理想人格，即全面发展的人。他提出"君子不器"② 的主张，朱熹理解为："器者，各适其用而不能相通。成德之士，体无不具，故用无不周，非特为一才一艺而已"③。可以看出，孔子用器皿作比喻，反对将人仅仅局限于一才一艺上，倡导人要多才多艺，做通才和全才，孔子被认为是博学多能的人，全面发展也是他本人一生的追求。

"成人"的全面性，并不是要求人的发展趋向与各种素质的平均发展，而是在不同时期，不同条件下有主有次，有强有弱的协调发展。这就必然要涉及一个界定的范围，如果离开一定的范围一味地

---

① 《马克思恩格斯文集》第1卷，北京：人民出版社2009年版，第189页。
② 〔清〕阮元校刻：《十三经注疏·论语注疏》（五），北京：中华书局2009年版，第5348页。
③ 〔宋〕朱熹：《四书章句集注》，北京：中华书局2012年版，第57页。

拓展全面性，这样全面性的指向就失去了意义。一味地、纯粹地追求全面，会导致人用有限的生命去穷尽无限的知识、品德和能力等；还会让人感觉"成人"的要求太高，只能在朝着"成人"的方向迈进，但永远也实现不了。孔子认识到这一点，在提出"君子不器"的同时，仍以珊瑚这种尊贵的器皿评价子贡是能担当大事的有用之人，所以赞成周公的"无求备于一人"①的原则，反对对一个人求全责备，"成人"的目标既是全面的，又是灵活的。冉求是最有政治才能的人，虽然有时与孔子有不同的政见，但并没有影响对他多才多艺的好评。

第二，层次性是"成人"的重要特点。层次一般是指系统及其内部组成要素在时空、结构、功能等方面表现出来的等级秩序和系列关系。"'成人'就是一个人的成熟的过程，这个过程就是一个向着自我实现的方向持续不断地努力的过程，是一个人的人性臻于完善的过程。"② 这个过程是循序渐进的、由低到高的动态过程，因此"成人"目标的实现要根据人与社会发展的需要，分层设计，坚持全面性与层次性相结合，先进性与广泛性相结合。

从"成人"总体目标来看，看似门槛高之又高，但实际上是有所分别的，即分为小成、中成和大成三个层次。孔子在回答子路关于"成人"的问题时，已经对"成人"做了区分，他针对当时社会现实指出："今之成人者何必然？见利思义；见危授命；久要不忘平生之言，亦可以为成人矣。"③ 其实孔子要子路所理解的"成人"是

---

① 〔清〕阮元校刻：《十三经注疏·论语注疏》（五），北京：中华书局2009年版，第5497页。

② 〔美〕杜维明：《人性与自我修养》，胡军、于民雄译，北京：中国和平出版社1988年版，第30页。

③ 〔清〕阮元校刻：《十三经注疏·论语注疏》（五），北京：中华书局2009年版，第5455页。

第二章　孔子关于德育目标的论述

较低层次的，并不是万全之人，只要符合见到利益能够想起道义，遇到危险不贪生怕死，兑现自己的诺言，符合义、勇、信的要求也就称得上是今天的"成人"，即所谓"小成"。还有比"小成"更进一步的人存在，孔子以三位鲁国大夫臧武仲、孟公绰、卞庄子和他的弟子冉求的突出优点为典型代表，提出只有汇集了这四个人的优点，也就是符合智慧、廉洁、勇敢、多才多艺的要求，再用礼乐来加以修饰，就算是"中成"的人。孔子没有以尧舜文武为典型代表，可以看出"成人"目标是立足在能成的基础上，具有现实可行性。比"中成"更高一层的就是孔子对颜渊说的"穷神知化，德之盛也"①，既符合知、仁、勇的达德，又符合礼乐、义、艺的要求，兼具仁、义、礼、智、信最高境界的完美之人，即称之为"大成"。此外，"小成""中成""大成"三个层次的"成人"与之相对应的理想人格分别为"士""君子"和"圣人"。

从"成人"的具体人格来看，"士""君子"和"圣人"分别有不同层次的要求。首先，士是个体追求的初级目标。士是未来的君子，并不是普通的读书人，而是能够挑起国家社会重任的人，正所谓"士不可以不弘毅，任重而道远"②。孔子将士分成三等：一等是"行己有耻，使于四方，不辱君命"③，志士仁人具有大无畏的精神、高度的责任感和使命感以及政治外交的才能；其次一等是"宗族称

---

① 〔汉〕刘向撰、程翔译注：《说苑译注》，北京：北京大学出版社2009年版，第463页。

② 〔清〕阮元校刻：《十三经注疏·论语注疏》（五），北京：中华书局2009年版，第5401页。

③ 〔清〕阮元校刻：《十三经注疏·论语注疏》（五），北京：中华书局2009年版，第5448页。

孝焉,乡党称弟焉"①,士要做到孝顺父母、与弟兄朋友和睦相处;再次一等是"言必信,行必果,硁硁然小人哉"②,言必信、行必果是成为士的最基本条件。其次,君子是个体追求的现实目标。孔子告诉弟子"女为君子儒,无为小人儒!"③ 主旨在于着重培养人的君子人格。君子高于士又仅次于圣人,是成为圣人的必经阶段。君子的最高境界便是仁、智、勇三者的统一,具有较高的精神追求。在现实生活中,君子不仅要博学,还要多能,"文质彬彬,然后君子"④,将所学用于济世救人、治国安邦,为社会和国家做出贡献。成为君子的首要条件就是勤于学习、善于思考,"君子有九思:视思明,听思聪,色思温,貌思恭,言思忠,事思敬,疑思问,忿思难,见得思义"⑤。最后,圣人是个体追求的高级目标。圣人属于"成人"中的大成,不仅道德高尚、学问渊博、样样精通,具有高超的智慧,可以教会人彻底悟道的秘诀,更重要的在于大公无私,能够博施济众。《论语》中记载"子贡曰:'如有博施于民而能济众,何如?可谓仁乎?'子曰:'何事于仁,必也圣乎!尧舜其犹病诸!'"⑥ 由此可见,成为圣人的核心在于博施济众。

---

① 〔清〕阮元校刻:《十三经注疏·论语注疏》(五),北京:中华书局2009年版,第5448页。

② 〔清〕阮元校刻:《十三经注疏·论语注疏》(五),北京:中华书局2009年版,第5448页。

③ 〔清〕阮元校刻:《十三经注疏·论语注疏》(五),北京:中华书局2009年版,第5383页。

④ 〔清〕阮元校刻:《十三经注疏·论语注疏》(五),北京:中华书局2009年版,第5384页。

⑤ 〔清〕阮元校刻:《十三经注疏·论语注疏》(五),北京:中华书局2009年版,第5479页。

⑥ 〔清〕阮元校刻:《十三经注疏·论语注疏》(五),北京:中华书局2009年版,第5385页。

第二章 孔子关于德育目标的论述

从"成人"的基本要求来看,每一个要求也具有层次性。"成人"的核心在于"成仁",即爱人,爱人分为敬爱父母、爱兄弟朋友、泛爱众三个层次。"义"从低到高分为"见利思义""见义勇为""舍生取义"三个层次。

总之,孔子德育所追求的最终目标,是从整体出发,遵循着由易到难、由低到高、由外到内的发展规律,具有一定的现实针对性和可行性,保持各层次间的动态联系。

第三,自主性是"成人"的关键特点。"成人"看似高不可攀,其实只要人自觉地做仁人,实行仁道,就能够实现。所以孔子说:"仁远乎哉?我欲仁,斯仁至矣"①,"欲仁"既体现了仁是人的本质需要,又体现了人对仁的自觉向往和主动追求,发挥人的能动性是成为全面发展之人的动力。孔子提出"人能弘道,非道弘人"② 不仅肯定了人的地位和价值,还彰显了人的意志,将人视为自身发展和文明创造的独立主体。人的自主性就是人能够自觉地意识到自身的需要,并主动、独立、自由地进行自我调节和约束来满足需要的能力和特性。"成人"的过程就是不断培养和发展人的自主性的过程。

"成人"的自主性包含两方面:一方面,人本身自觉地有进步提升的倾向和需要并为之努力。孔子指出"匹夫不可夺志也"③,说明无论什么人都有自主追求理想的权利,任何人都不能强迫他人放弃

---

① 〔清〕阮元校刻:《十三经注疏·论语注疏》(五),北京:中华书局2009年版,第5394页。
② 〔清〕阮元校刻:《十三经注疏·论语注疏》(五),北京:中华书局2009年版,第5470页。
③ 〔清〕阮元校刻:《十三经注疏·论语注疏》(五),北京:中华书局2009年版,第5411页。

自己的理想。以"鸟则择木,木岂能择鸟"①来比喻人的独立性和主动性。又以人们日常生活中常见的两种物质水火为例,说明人们对仁的追求比需要水和火更迫切,即"民之于仁也,甚于水火"②。这些都说明人不仅满足于生存状态,还自觉地追求发展和进步,能够不被束缚地以自己的意愿从事活动,这是对人自主意识的肯定。孔子对坚守自己意志的伯夷、叔齐很赞赏,虽然不赞同他们最终的选择,但还是认为他们"不降其志,不辱其身"③,是具有独立意志的典型代表。另一方面,人的主体意识在人与社会双向互动中得到激发、修正和完善,具有了独立人格。人生活在社会之中,在坚守自己独立意志时,还要在人与人、人与社会、人与自然的互动中尊重别人的自主意识,"义之与比"的自由判断、选择并进行自我控制、自我反省,防止不分时宜、不知变通的固执己见。孔子平日为人处事"毋意、毋必、毋固、毋我"④,主张和而不同。如鲁国大夫史鱼和蘧伯玉面对同一状况的不同选择,孔子给予了尊重,即"直哉史鱼!邦有道如矢,邦无道如矢。君子哉蘧伯玉!邦有道则仕,邦无道则可卷而怀之"⑤。此外,自主性并不是盲目的、随心所欲的,而是积极能动的独立自主。主体的思想和行为与主流的思想一

---

① 〔清〕阮元校刻:《十三经注疏·春秋左传正义》(四),北京:中华书局2009年版,第4707页。

② 〔清〕阮元校刻:《十三经注疏·论语注疏》(五),北京:中华书局2009年版,第5471页。

③ 〔清〕阮元校刻:《十三经注疏·论语注疏》(五),北京:中华书局2009年版,第5496页。

④ 〔清〕阮元校刻:《十三经注疏·论语注疏》(五),北京:中华书局2009年版,第5407页。

⑤ 〔清〕阮元校刻:《十三经注疏·论语注疏》(五),北京:中华书局2009年版,第5468页。

致，在一定的社会规范内，坚守自己的认识而非依附和顺从，在自我反思中调整、判断和实施，形成独立人格，达到从心所欲不逾矩的境界。

　　孔子认为德育能够唤醒人性，完善人自己。强调"为仁由己，而由人乎哉"[①]，旨在说明人的本质——"仁"的实现关键在于使人不做顺从依附性的物或奴，而是做具有自觉意识、自由精神、自律能力、自立人格的人。因此，不断发展人的自主性是"成人"的本质诉求。

---

① 〔清〕阮元校刻：《十三经注疏·论语注疏》（五），北京：中华书局2009年版，第5436页。

第三章　孔子关于德育内容的论述

　　孔子通过德育意欲传递给教育对象以政治信念、思想观点、道德理念，这些输送给教育对象的信息就是孔子德育的内容。从性质上来看，孔子德育内容是对教育对象给予什么样的思想引导和行为干预的问题，蕴含着目标指向，是德育目标的具体化。从形式上来看，孔子德育内容是不同主体之间互动的中介，是构成德育传授、导向、外化、内化完整过程的基本要素。孔子德育的内容围绕提高人的思想政治品德，培养"成人"的根本目标，设定了一个丰富、动态的系统，其中包括以为政以德为核心的政治教育、以"传道闻道"为根本的思想教育、以志道尚德为基础的道德教育，这三个方面相互联系、相互作用，形成统一的整体，其中，道德教育是最基础的内容，思想教育是最经常的内容，政治教育是最核心的内容。孔子特别重视德育内容的针对性，根据教育对象的不同，选取的教育内容也各有差异，以求发挥出德育的最大功效。

一、以"为政以德"为核心的政治教育

　　政治教育是指一定阶级和社会依据一定的政治思想和政治规范对教育对象施加影响，从而引导受教育者形成对政治关系和政治活

动的正确看法和态度,坚定政治信念的教育。孔子虽然从政的时间很短,但他一生的人生轨迹都是为实现治国安邦的政治理想而努力的。孔子每到一个地方,必听这个地方的政事,教弟子们从政的道理,各国诸侯也多问他为政之策等,这些都是他政治追求的体现。从宋相赵普对《论语》的评价,即半部《论语》定天下,《论语》称得上治国理政的政治教科书。孔子认为政治与教育互为表里,政治与道德合流,开启了中国古代政治伦理思想的先河,这也是中国古代政治思想的最大特色。

(一)"为政以德"的治国路线教育

春秋时期是政治形势激变的年代,虽然史学家对春秋时代的社会性质看法不同,但基本上一致认为春秋时期是处于大动荡、大变革的社会转型期。这种转型虽然是社会进步的必经阶段,但由于周王室名存实亡,诸侯争霸,大夫专权,陪臣执国命,各种社会矛盾异常复杂尖锐,政治局面混乱不堪,"社会的凝聚已经恶化到危急的关头。社会的粘合剂已经无效了"[1]。在这种情况下,涌现出中国历史上第一批杰出的政治家,如管仲、子产、范蠡、孔子,等等,他们站在不同的政治立场进行理性反思,提出了各种治国理政的主张,他们的政治智慧和才能奠定了百家争鸣的思想基础,丰富了中国源远流长的政治思想文化。孔子为了医治王纲解纽、礼崩乐坏的社会,在对殷周以来政治文化的反思中,主动参与社会变革,开出了他自己独特的政治处方,提出了以"为政以德"为主导的德治方案,进而使国家社会由无道变有道。具体地说,孔子对夏商周三代的历史进行深刻的反思,远绍尧、舜、周公,近承

---

[1] 〔美〕休斯顿·史密斯:《人的宗教》,刘安云译,海口:海南出版社2001年版,第172页。

管仲、子产、范蠡,在有所损益的基础上提出了一系列具有政治伦理意义、实践特色的政治理想和政治主张。这些政治理论不但是儒家政治思想的根基,还是中国政治思想的重要源头之一,影响了中国几千年的封建政治文化。

　　孔子提出的一套完整的政治思想和政治主张,关注人是其题中之义,他以天下有道为己任,着眼于现实,思考如何使社会和谐有序、人人安居乐业的路线和方案,认为只有政治有道才是凝聚人心、社会向善的保障。但孔子却不仅仅满足于拯救乱世而已,参与社会政治、恢复王权统治只是初级阶段,最终还是要走向天下有道,即人人各安其位、各尽其责,和谐统一的大同世界。这样孔子提出"为政以德"的治国方案和思路包含两个层面的意义,一是为了改变现实政治动荡、社会失序的状态和适应新经济发展要求,而做出应对乱世的政治思考。孔子面对乱象丛生的时代,采取"以其道易天下"的积极行动参与解决政治失序的格局中,希望统治阶级施行德治仁政,恢复稳定、和谐、一统的政治秩序,具有时代性和实用性。二是超越了社会现实对政治理想做了构建。孔子构想了人人素质普遍提高,安居乐业,"使老有所终,壮有所用,幼有所长,矜寡孤独废疾者,皆有所养"①,天下为公的大同社会,其中大同社会是政治理想的最高境界,具有理想性和超越性。

　　"为政以德"是孔子进行政治教育的核心,是治国安邦的基本路线。西周时期,天的神秘性和权威性下降,尽管没有完全摆脱"天""神"的观念,但人们把国家兴盛、政治得失的关注点从"天"转向了"人",认为"天命靡常""天不可信,我道惟宁王德延"②,

---

　　① 〔清〕阮元校刻:《十三经注疏·礼记正义》(三),北京:中华书局2009年版,第3062页。
　　② 〔清〕阮元校刻:《十三经注疏·尚书正义》(一),北京:中华书局2009年版,第475页。

第三章 孔子关于德育内容的论述

强调治理国家要依靠人,"以德配天""敬德保民"和"明德慎罚"才能把国家治理好。春秋时期是各种矛盾凸显的时期,社会矛盾激化到一定程度就会通过暴力手段表现出来。毛泽东曾说过:"战争——从有私有财产和有阶级以来就开始了的、用以解决阶级和阶级、民族和民族、国家和国家、政治集团和政治集团之间、在一定发展阶段上的矛盾的一种最高的斗争形式。"① 据《春秋》记载,在春秋的242年中,发生了483次列国战争,以兵车相见的朝聘盟会近220多次。"春秋无义战",这些战争无一例外是依靠武力进行经济利益与政治权利的兼并和再分配。孔子在深刻反思现实政治的基础上,继承发展了西周的敬德思想,敏锐地意识到需要在人的生命和本原中找到德治思想存在的依据,使人普遍认同并成为人自觉自愿追求的信念和行为方式,因此明确提出"为政以德"的德治主张和治国方略,并成功地将德治由外在附加的要求转化为人内在的品行,将"人治"与"德治"内在地融合为一起,这样的政治才能从根本上扭转礼崩乐坏的局面,实现天下大同。"为政以德"作为治国方略是由孔子首次明确提出来的,《论语》中《为政》篇第一句就是"为政以德,譬如北辰,居其所,而众星共之"②。孔子用星象比喻德在政治中的地位和作用,认为用德来治国理政,就好像是北极星那样,稳居中心得到群星的围绕并跟随它旋转。德的最初字形为甲骨文中的"徝",从"彳"从"直",有遵循祖先行事的意思,后来殷人在"直"的下面加上"心",直心而行即为"德",有了人的意志,遵循本性之义。此时的德还没有道德的意思,直到德参与了对王的评价时,便具有了道德、品德的意义,周公将德与天、王、民

---

① 《毛泽东选集》第一卷,北京:人民出版社1991年版,第171页。
② 〔清〕阮元校刻:《十三经注疏·论语注疏》(五),北京:中华书局2009年版,第5346页。

相连，作为一种治国的手段。孔子将德的范围和内涵进一步拓展、进而升华为系统的理论体系，认为德的范围不仅局限在君王身上，是所有人共有的。德在政治领域中是指对所有治国理政的人应具有的品质，所有治国理政的人既包括正在治理国家的人，又包括有志于从事或参与治理国家事物的人。不仅是个人的道德品质，还是处理外交关系、君民关系、政治事务的规范。北辰就是北极星，古人认为它是天的中心，《史记·天官书》提到"中宫天极星，其一明者，太一常居也"①。北极星靠近正北方位固定不动，群星都围绕着它旋转运行。孔子用星象形象地说明了德在治理国家中的重要性，国家兴衰的关键是政治的好坏，政治的好坏取决于治国之人的道德品质。通过孔子的两个弟子子禽和子贡的对话了解到"夫子至于是邦也，必闻其政"②，政治是国家的核心，也是国家的头等大事。政治的核心是治国之人的道德品行，因此，治国之人的道德品行高尚，政治清明，国家兴盛，反之则会政治失序，国家混乱。用北极星来比喻德治，可以看出德治的四个特征：一是稳定性，通过德治能够使人从内心认同，这样外化出的行为更加稳定持久。二是广泛性，德涉及社会生活的所有领域，像北极星一样影响着群星。三是导向性，德引导人形成正面积极的思想，做出正确的判断选择，不会迷失方向。四是人性化，德字本身含有心字，即尊重人的主体思想的意蕴，在治理国家中德能够因人为异、因势利导潜移默化地影响人的思想和行为，这种柔性和弹性的治理更富有人情味，过程也趋于人性化。"为政以德"的治国路线教育主要包括正名教育、正己教育和正人教育三方面内容。

---

① 〔汉〕司马迁：《史记》（二），北京：中华书局2000年版，第1115页。
② 〔清〕阮元校刻：《十三经注疏·论语注疏》（五），北京：中华书局2009年版，第5337页。

第三章 孔子关于德育内容的论述

一是正名教育。孔子认为要制止各种暴行邪说的流行，就要实行"为政以德"的政治路线，兴礼乐、重教化，整顿纲纪，重建社会秩序，而其当务之急就是要正名。《论语》中"正名"一词仅出现一次，孔子的学生子路问他，如果任命您来治理国家，您打算先做什么？孔子回答首选要正名。朱熹在解释正名思想时引用谢良佐的话说："正名虽为卫君而言，然为政之道，皆当以此为先。"① 孔子提出正名不仅是针对卫国父子争夺政权事件表明的政治主张，而是"为政以德"治国路线的前提，恢复礼乐制度的政治原则。子路显然没有完全理解孔子的意思，于是孔子进一步解释："名不正，则言不顺；言不顺，则事不成；事不成，则礼乐不兴；礼乐不兴，则刑罚不中；刑罚不中，则民无所措手足"②。按照孔子的逻辑思路，以名为起点，民为终点，只有名正了，才能促进德治的实施，稳定政治秩序，使人民各安其位，各尽其责。孔子认为政治要探究本原，才能建立真善美的理论和制度，这种为政之道的功夫在于正名。正名是教人根据在政治伦理关系中有何名，从而深探其本质，使其与名所规定的含义相符。也就是说正名之名不是自然之名，而是政治之名和伦理之名。孔子从政治伦理关系中规定人拥有的权利和应尽的义务，从而界定人的思想和行为。"在社会关系中，每个名都含有一定的责任和义务。君、臣、父、子都是这样的社会关系的名，负有这些名的人都必须相应地履行他们的责任和义务。"③ 在齐景公向孔子咨询政事的时候，孔子提出"君君，臣臣，父父，子子"④ 的

---

① 〔宋〕朱熹：《四书章句集注》，北京：中华书局2012年版，第143页。
② 〔清〕阮元校刻：《十三经注疏·论语注疏》（五），北京：中华书局2009年版，第5445页。
③ 冯友兰：《中国哲学简史》，北京：北京大学出版社2010年版，第36页。
④ 〔清〕阮元校刻：《十三经注疏·论语注疏》（五），北京：中华书局2009年版，第5438页。

政治主张。也就是说，君实际应该具备君所应有的德行，拥有君应有的权利，尽到君应尽的责任；臣实际应该具备臣应有的品行，拥有臣应有的权利，尽到臣应尽的义务。父与子也是如此。君臣父子各按其道而行，才名实相符，名是事物其本质属性的反映，实为事物的属性，得其名就能够知道事物的所有属性，名实相一致才是政治的前提条件。君臣父子各有不同的要求"为人君，止于仁；为人臣，止于敬；为人子，止于孝；为人父，止于慈"①，孔子主张通过正名来纠正人对其名的背离，依礼而行，即正名以求复礼，复兴有所损益的周礼。社会中的每一个人要明确自己的位置，不僭越礼，做到"不在其位，不谋其政"，"君子思不出其位"②，各司其职，社会就会政令通畅，安定有序。

二是正己教育。"为政以德"治国方略的实施需要有素质有能力的人，每一个人在为政之前必须要为学，学习做人的道理，提升道德修养和实践能力。"自天子以至于庶人，壹是皆以修身为本"③，社会中的每一个人都应该以端正自己为根本，只要人人的德性得到提升，社会就会和谐有序，国家自然会治理好。作为治理国家的人更应该端正自身。"苟正其身矣，于从政乎何有？不能正其身，如正人何？"④ 意思是说，从政的人承担着重要的责任，必须具有较高的道德素养和处理复杂事务的能力。如果不能正其身，就不能正人，

---

① 〔清〕阮元校刻：《十三经注疏·礼记正义》（三），北京：中华书局2009年版，第3632页。

② 〔清〕阮元校刻：《十三经注疏·论语注疏》（五），北京：中华书局2009年版，第5458页。

③ 〔清〕阮元校刻：《十三经注疏·礼记正义》（三），北京：中华书局2009年版，第3631页。

④ 〔清〕阮元校刻：《十三经注疏·论语注疏》（五），北京：中华书局2009年版，第5447页。

反而会害人害己，因此正人必先正己。如孔子的学生子路推荐子羔去做费宰，孔子认为子羔还不具备从政者的要求，故批评子路的做法是"贼夫人之子"①。治理国家的人不仅要具备良好的文化素质，重要的是具有较高的道德水平。孔子试图用尧、舜、禹、周文王、周武王、周公等优秀的政治家的事迹和品德，说明执政者德行的好坏直接影响国家的兴衰。治理国家的人具备高尚的道德修养，有强烈的责任感，勤于政事，以身作则，借助自身的人格魅力，吸引人民纷纷效仿。孔子将执政者的德行比喻为风，人民的德行比喻为草，有德之风吹过，必然使人受到影响，品质德行也会高尚，正所谓上行下效。"下之事上也，不从其所令，从其所行。上好是物，下必有甚者矣。故上之所好恶，不可不慎也，是民之表也"②，治理国家的人要率先垂范，身体力行地加强自身修养，使自己具有榜样的力量，不用发布命令，施政纲领也会行得通。如果治理国家的人自身不端正，以权谋私，生活腐化，纵使三令五申，政令也得不到落实，百姓更不会听从。

在阶级社会中，拥有最高权力的统治者所具有的素质对于国家安危和人民幸福具有至关重要的作用。这是中西方政治文化的共通之处，但对统治者的具体要求还是存在差异的。孔子认为统治者的道德和人格高尚是为政的首要条件，"上好礼，则民莫敢不敬；上好义，则民莫敢不服；上好信，则民莫敢不用情"③，只有提高自身道德品行，才能教化民众。同属于轴心时代，代表西方文明的思想家

---

① 〔清〕阮元校刻：《十三经注疏·论语注疏》（五），北京：中华书局2009年版，第5430页。
② 〔清〕阮元校刻：《十三经注疏·礼记正义》（三），北京：中华书局2009年版，第3576页。
③ 〔清〕阮元校刻：《十三经注疏·论语注疏》（五），北京：中华书局2009年版，第5446页。

柏拉图，认为统治者的知识和智慧是统治城邦的首要条件。当然他并不否认统治者需要有高尚的道德，只是他认为最理想的是具有最高理念的智慧和知识的哲学家成为国王。"只有在某种必然性碰巧迫使当前被称为无用的那些极少数的未腐败的哲学家，出来主管城邦（无论他们出于自愿与否），并使得公民服从他们的管理时，或者，只有在正当权的那些人的儿子、国王的儿子或当权者本人、国王本人，受到神的感化，真正爱上了真哲学时——只有这时，无论城市、国家还是个人才能达到完善。"① 很显然孔子更侧重于统治者的道德水平，柏拉图更侧重统治者的智慧理性，反映出中西政治观念的差异。此外，孔子强调的正己，是对治理国家的人提出了严格的要求，从而引导社会民众关注和监督他们的品行，客观上对警醒为政者履行职责起到了一定的积极作用。

三是正人教育。在孔子看来，正人是正己合乎逻辑的自然延续，正己后必然出现人与人之间的差距。人受到天赋和主观努力等因素的影响，会出现有人自觉正己，有人"困而不学"，有人正己提升得快，有人正己提升得慢，因而需要用一些原则、政令、规范等对人进行合理而必要的管理，来教化民众，淳化民风。处在轴心时代的思想家们都在为人们怎样才能更好地生活在一起，怎样施行更好地管理和统治方式而谋划。晋大夫师服认为："礼以体政，政以正民，是以政成而民听，易则生乱。"② "礼"是政治的骨干，其目的在于正民，不坚持就会产生动乱，这几乎已成了当时有作为政治家们的一种共识。孔子提出"为政以德"的政治主张关注的并不是由谁掌

---

① 〔古希腊〕柏拉图：《理想国》，郭斌和、张竹明译，北京：商务印书馆2012年版，第251页。

② 〔清〕阮元校刻：《十三经注疏·春秋左传正义》（四），北京：中华书局2009年版，第3786页。

握政治大权，而是操持政治权利的人能否正人、如何正人。"人道政为大"①，政治之所以存在归根结底是为人服务的，让所有人由不正而归于正，提升人民的素养，也是治理国家的人和百姓共同的政事。中国古代与古希腊关于正人之道是迥然不同的，古希腊的政治管理体制较为多样，既有以斯巴达为典型的贵族政治，也有以雅典为代表的民主政治，还有僭主制、共和制、君主制，等等。中国的政治管理体制相对单纯，君主政治一直延续了几千年。孔子生活的时代，尽管周王室衰微，各诸侯国也没有走向民主，依旧采用君主政治形式。因而孔子进行的正人教育除了己正外，还从爱人出发提出无为而治、宽猛相济和尊贤为大三种方式。首先，无为而治是一种理想的正人方式。大多数人认为无为而治是老子的政治主张，其实老子并没有提出这四个字，事实上无为而治是孔子提出来的，他说："无为而治者，其舜也与？夫何为哉？恭己正南面而已矣"②。孔子认为的无为而治是君王要对民众有仁爱之心，行仁于民，严格要求自己做到内敬外恭，以自己的人格作为榜样，并施以仁政来吸引、影响、疏导民众。其次，宽猛相济是一种现实的正人方式。孔子正视社会现实中人的变化，对古今人的毛病进行分析比较后说："古者民有三疾，今也或是之亡也。古之狂也肆，今也狂也荡；古之矜也廉，今之矜也忿戾；古之愚也直，今之愚也诈而已矣"③。出于这种认识，孔子主张为政以德并没有排斥国家机器的强制作用，认为君子要德刑并怀，宽猛相济。孔子在总结子产与子大叔的政治经验教训基础

---

① 〔清〕阮元校刻：《十三经注疏·礼记正义》（三），北京：中华书局2009年版，第3497页。

② 〔清〕阮元校刻：《十三经注疏·论语注疏》（五），北京：中华书局2009年版，第5467页。

③ 〔清〕阮元校刻：《十三经注疏·论语注疏》（五），北京：中华书局2009年版，第5487页。

上进一步提出"政宽则民慢，慢则纠之以猛。猛则民残，残则施之以宽。宽以济猛，猛以济宽，政是以和"①。教化民众是正人的首选方式，但对于不服从教化而暴虐的人进行必要的刑罚和惩戒也是必要的，"不教而杀谓之虐"②。其实适当的惩戒也会起到教育、规范民众的作用，只是孔子更多地强调了以德正民、胜残去杀而已。最后，尊贤任能是一种有效的正人方式。正人内含着善于正人，打破出身门第、远近亲疏的界限，尊贤、举贤、用贤，实现人尽其才，才尽其用，使民众自觉接受、认同正确的思想。孔子认为在正人的过程中必然涉及用人的问题，他认为要将政治领域与家庭伦理关系区分开来，主张尊贤为大，才能"近不失亲，远不失举"③。孔子认为"举贤才"才能使民众服从，具体的办法是"举直错诸枉"④，也就是正直而有才能的人得到重用，就会得到民众的拥护，使邪枉之人不得任用、得到改造，进而淳化政风、民风，有效地实现正人教育。故而《大学》认为："见贤而不能举，举而不能先，命也。见不善而不能退，退而不能远，过也。"⑤ 可见，尊贤为大，善于举人、用人，不仅可以为提升民众素养树立榜样，还能够改造不贤和不正的人，有效地使他们归于正。

---

① 〔清〕阮元校刻：《十三经注疏·春秋左传正义》（四），北京：中华书局 2009 年版，第 4549 页。

② 〔清〕阮元校刻：《十三经注疏·论语注疏》（五），北京：中华书局 2009 年版，第 5509 页。

③ 〔清〕阮元校刻：《十三经注疏·春秋左传正义》（四），北京：中华书局 2009 年版，第 4602 页。

④ 〔清〕阮元校刻：《十三经注疏·论语注疏》（五），北京：中华书局 2009 年版，第 5438 页。

⑤ 〔清〕阮元校刻：《十三经注疏·礼记正义》（三），北京：中华书局 2009 年版，第 3636 页。

第三章 孔子关于德育内容的论述

(二) 惠民教民的民本观教育

"民本"一词在我国是由梁启超首次提出后，才被广泛使用的。梁启超认为我国自春秋战国以来，"其政治思想有大特色三：曰世界主义，曰平民主义或民本主义，曰社会主义"①。其中民本主义不同于西方提倡的人本主义，是与中国古代提倡的"民为邦本"、重民、惠民、教民、为民、爱民、仁民等思想相关的政治思想的总结。孔子德育的核心内容在于政治教育，强调"为政以德"的路线教育的同时，进一步上升到理论层面上的体现就是民本观教育，两方面相互促进，人人形成民本观念才能更好地贯彻"为政以德"，以德治国又会促使民本观念落到实处。

孔子之前，就有民本思想的萌芽。《尚书·夏书·五子之歌》中记载："皇祖有川，民可近，不可下。民惟邦本，本固邦宁。"② 本的原始含义是树的根株，一般指事物的根本、本原或主体等。正如老子认为的"贵以贱为本，高以下为基"③，国之于民，如同树之于根，无根的树是不能存活的，树根稳固，树木才能吸收养分茁壮成长。同样，没有民邦国也就不复存在，国家以民为根本才能安定繁荣。汤武革命相继推翻夏商，受命于天的天子王朝，也会灭亡，人们开始怀疑天命的永恒，认识到民的力量，天的旨意是通过民的意思显现的，所谓"天矜于民，民之所欲，天必从之"④，"天视自我

---

① 梁启超：《先秦政治思想史》，上海：上海古籍出版社2013年版，第3页。
② 〔清〕阮元校刻：《十三经注疏·尚书正义》（一），北京：中华书局2009年版，第330页。
③ 朱谦之撰：《老子校释》，北京：中华书局1984年版，第158页。
④ 〔清〕阮元校刻：《十三经注疏·尚书正义》（一），北京：中华书局2009年版，第384页。

民视，天听自我民听"① 都证明是把民的地位升到了天的地位。周公吸取夏王"乃胥惟虐于民"②，商王"俾暴虐于百姓"③ 的灭亡教训，提出"皇天无亲，惟德是辅。民心无常，惟惠之怀"④ "敬德保民"等主张。春秋时期，产生了"国将兴，听于民；将亡，听于神。神，聪明正直而壹者也，依人而行"⑤ 的重民轻神思想。齐相管仲认为施政的根基在民众，关键是民心向背，"政之所兴，在顺民心；政之所废，在逆民心"⑥。这些认识都从政治的角度肯定了民众的地位和作用。孔子的民本观传承并发展了前人的民本思想，基于社会现实将仁作为民本思想的精神底蕴，认为民是人的整体存在，众人为民，褪去了天命鬼神的神秘色彩，直接肯定了民的力量和民意在国家社稷中的决定性作用。为孟子提出"民贵君轻"这样进步的民本思想奠定了基础，也开启了中国政治思想以民本为主流的大门。

民本观就是指对民众在治国安邦中的基础地位和作用的根本观点。民本观教育就是使人认识到民众是治国安邦的根本，进而形成重视民意，维护人民利益的社会氛围和政治理念。孔子民本观教育是从属类意义上强调人的整体价值，归根到底是将民众作为最高的

---

① 〔清〕阮元校刻：《十三经注疏·尚书正义》（一），北京：中华书局2009年版，第385页。

② 〔清〕阮元校刻：《十三经注疏·尚书正义》（一），北京：中华书局2009年版，第486页。

③ 〔清〕阮元校刻：《十三经注疏·尚书正义》（一），北京：中华书局2009年版，第389页。

④ 〔清〕阮元校刻：《十三经注疏·尚书正义》（一），北京：中华书局2009年版，第484页。

⑤ 〔清〕阮元校刻：《十三经注疏·春秋左传正义》（四），北京：中华书局2009年版，第3870页。

⑥ 黎翔凤撰、梁运华整理：《管子校注》（上），北京：中华书局2004年版，第13页。

价值存在，其宗旨就是以人为本。

首先，仁是民本观教育的基石。孔子将仁注入民本观中，从而把民本思想推进到一个新阶段。孔子的民本观教育中民与人并没有对立的等级之分，只是在具体语境和说明对象的多寡意义上的区分，正因为人与民的概念相似，后世常常将人与民连用为人民。人的本质属性是仁，仁就是爱人，爱所有的人，是不分种族、等级的"泛爱众"。所以孔子的民本观教育是建立在发现人、爱人基础上围绕人展开的人本观念。

其次，松懈了神本的桎梏走向人本。孔子认为人在天地万物中是最宝贵的，将人们的视线从天命鬼神拉回到人自身上，用仁诠释道，使道具有人文精神，"人之为道而远人，不可以为道"①。他常言人道，罕言性与命，"不语怪、力、乱、神"②，强调"务民之义，敬鬼神而远之"③，不仅淡化了盲目的天命观，也体现了以人为本的思维方式。

再次，尊重民众的生命和人格。孔子珍视人的生命，尊重民众生存的权利，反对俑殉、战争和杀戮。他认为"为俑者不仁"，并拒绝回答卫灵公请教军旅之事，否定季康子滥用武力和刑法的做法。他赞赏管仲辅佐齐桓公"九合诸侯不以兵车"④，"相桓公，霸诸侯，

---

① 〔清〕阮元校刻：《十三经注疏·礼记正义》（三），北京：中华书局2009年版，第3531页。

② 〔清〕阮元校刻：《十三经注疏·论语注疏》（五），北京：中华书局2009年版，第5393页。

③ 〔清〕阮元校刻：《十三经注疏·论语注疏》（五），北京：中华书局2009年版，第5384页。

④ 〔清〕阮元校刻：《十三经注疏·论语注疏》（五），北京：中华书局2009年版，第5456页。

一匡天下，民到于今受其赐"①。同时孔子还维护人的平等、自由和尊严等。强调要把自己当成人，也把别人当成人，人人平等地拥有最基本的人性需求和道德情感等。他鼓励民众通过学习而从事政事，认识到自身的价值，承担起一定的社会责任。这些都凸显了民众的主体地位，不再是完全被奴役的对象，而是社会不可忽视的政治力量。

最后，肯定了民众在国家政治中的根本地位和决定作用。人民是国家的根本，"天下非一人之天下也，天下之天下也"②，天下人才是国家中的实体，得民方能得天下。孔子认为处理好君民关系是民本观的前提，首先为政者职掌权力要正当合法，同时要拥有良好的道德品质，取信于民，爱民惠民。"民以君为心，君以民为体。心庄则体舒，心肃则容敬。心好之，身必安之。君好之，民必欲之。心以体全，亦以体伤。君以民存，亦以民亡"③，虽然孔子没有明确提出民贵君轻的思想，但他的学生有若继承并宣传了他的思想，认为君与民如身心，互相依存，"百姓足，君孰与不足？百姓不足，君孰与足？"④ 君之用皆源于民的认识足以说明民在国家中的重要地位和作用。孔子认为国家治理的好不好要有三个条件，足食、足兵和民信，三者中民信是决定国家政权存亡的根本条件，因为"自古皆

---

① 〔清〕阮元校刻：《十三经注疏·论语注疏》（五），北京：中华书局2009年版，第5457页。

② 许维遹撰、梁运华整理：《吕氏春秋集释》，北京：中华书局2009年版，第25页。

③ 〔清〕阮元校刻：《十三经注疏·礼记正义》（三），北京：中华书局2009年版，第3581页。

④ 〔清〕阮元校刻：《十三经注疏·论语注疏》（五），北京：中华书局2009年版，第5437页。

第三章 孔子关于德育内容的论述

有死,民无信不立"①。这些都体现了人的自主意识和主动性的发挥,也具有以人为本的色彩。

公元前497年,孔子开启了周游列国之旅,他离开鲁国后首先来到卫国,他对卫国的第一印象就是人口稠密,并由衷赞叹道:"庶矣哉!"弟子冉有为孔子驾车就问他:"既庶矣,又何加焉?"孔子认为还要使人民富裕起来,然后再教化他们。从孔子和冉有关于治理国家的步骤是庶之、富之、教之的对话来看,孔子的民本观教育主要针对统治者或执政当权者提出的,其基本内容包括爱民、富民、教民三个方面。

第一,重民爱民。孔子民本观教育的感情基础是重民爱民,以爱人为本。孔子的远祖是殷王室后裔,其父是鲁国的一名武士,他三岁丧父,十七岁丧母,自述"吾少也贱"②。他从童年起就脱离了宗族,摆脱了宗法关系的束缚,获得了自由发展的机会,自谋生计磨炼了他的独立意志,自幼贫苦的生活境况,使他深切地了解民众的疾苦和要求,所以在感情上与民众亲近,满怀博爱的情怀。孔子重视"民、食、丧、祭"③,将民众放在了首位,重视民众的国本地位,大力倡导仁爱,存爱所有人之心、助人之情,主张"博施于民而能济众"④。美国学者狄柏瑞说过:"《论语》中从未出现孔子告诫、挑战、斥责或者谴责过百姓的内容。即使天下大乱,也不该归

---

① 〔清〕阮元校刻:《十三经注疏·论语注疏》(五),北京:中华书局2009年版,第5437页。

② 〔清〕阮元校刻:《十三经注疏·论语注疏》(五),北京:中华书局2009年版,第5408页。

③ 〔清〕阮元校刻:《十三经注疏·论语注疏》(五),北京:中华书局2009年版,第5508页。

④ 〔清〕阮元校刻:《十三经注疏·论语注疏》(五),北京:中华书局2009年版,第5385页。

罪于百姓。相反应当同情、体谅、关爱和保护百姓。"①

重民爱民落实在现实中就是要求一国之君或执政当权者要关心、体恤民众疾苦。首先，倾听民众的意见。孔子肯定子产不毁乡校的意见，赞同倾听民众意见，对待民意和社会舆论宜疏不宜堵的看法，直接否定子产不仁的评价。孔子主张"天下有道，则庶人不议"②，天下有道了，民众也就没有什么不满了，这恰恰说明了对民众议政的尊重和重视。其次，节用而爱人。一个国家如果奢侈、享乐、腐败之风兴盛，必然会伤财害民，面临亡国的危险。只有节用，即节俭、戒奢戒贪，才能爱民利民。"爱之，能勿劳乎？"③ 劳动体现人的价值，必要正当的劳民合乎人性，也是仁爱的体现。但劳民必须适度，不能随心所欲地劳民，要"使民以时"④。爱护和调动民众劳动的积极性就要在不违农时的条件下让他们从事力所能及的劳动，这样民众才劳而无怨，赢得民众的支持。最后，凝聚民心，增加人口数量。人口稠密既是国家繁荣、政治清明的标志，也是富民的前提条件。治理国家的人能够针对民众需要及民众关心的问题作出积极及时的回应，爱惜民力，"使民如承大祭"⑤，就会赢得民众的信

---

① 〔美〕狄柏瑞：《儒家的困境》，黄水婴译，北京：北京大学出版社 2009 年版，第 22 页。

② 〔清〕阮元校刻：《十三经注疏·论语注疏》（五），北京：中华书局 2009 年版，第 5477 页。

③ 〔清〕阮元校刻：《十三经注疏·论语注疏》（五），北京：中华书局 2009 年版，第 5454 页。

④ 〔清〕阮元校刻：《十三经注疏·论语注疏》（五），北京：中华书局 2009 年版，第 5336 页。

⑤ 〔清〕阮元校刻：《十三经注疏·论语注疏》（五），北京：中华书局 2009 年版，第 5436 页。

第三章　孔子关于德育内容的论述

任和拥护，就会让"近者说，远者来"①，"四方之民襁负其子而至矣"②。人民纷纷投奔而来，人丁兴旺，安居乐业，通过劳动或开发土地创造财富，国家会更加兴旺。《大学》中的"有德此有人，有人此有土，有土此有财，有财此有用"③反映出了这一思想的真谛。

第二，富民养民。富民养民是孔子民本观教育的重要环节。人口众多就能发展生产，增加社会财富，进而满足人生产生活的需要。将富民养民作为人口聚集后的首要选择。孔子继承了管仲"治国之道，必先富民"和"仓廪实则知礼节，衣食足则知荣辱"④等思想，在德治体系中提出富民养民，把"足食""足兵"视为治理国家的重要因素，只有足食足兵才能获得民众的信任。富民养民才能巩固社会的稳定，国家才能兴盛，民富则国强，民贫则国乱。孔子意识到造成春秋末期社会礼崩乐坏，上下失序的原因之一是阶级矛盾尖锐，民众饱受战争的疾苦，生活贫困，自然会有怨恨的情绪，"贫而无怨，难"⑤，这种贫困得不到改善和解决，到达一定限度就会通过革命、起义等暴力行为表现出来。尧告诫舜："四海困穷，天禄永终。"⑥意思是如果全天下的百姓都生活得贫穷困苦，那么上天给你

---

① 〔清〕阮元校刻：《十三经注疏·论语注疏》（五），北京：中华书局2009年版，第5447—5448页。

② 〔清〕阮元校刻：《十三经注疏·论语注疏》（五），北京：中华书局2009年版，第5446页。

③ 〔清〕阮元校刻：《十三经注疏·礼记正义》（三），北京：中华书局2009年版，第3635页。

④ 黎翔凤撰、梁运华整理：《管子校注》（上），北京：中华书局2004年版，第2页。

⑤ 〔清〕阮元校刻：《十三经注疏·论语注疏》（五），北京：中华书局2009年版，第5455页。

⑥ 〔清〕阮元校刻：《十三经注疏·论语注疏》（五），北京：中华书局2009年版，第5508页。

的君王之位也就永远地终止了。孔子"将富民利民视为为政目的和为政者的责任，这在当时的历史条件下，是十分宝贵的认识，是由工具理性的民本主义向价值理性的人本主义的迈进"①。

  怎样才能实现富民养民呢？首先，尊重民众合理的物质需要。"富与贵，是人之所欲也"，"贫与贱，是人之所恶也"②，荣华富贵是人所追求和向往的，清贫卑贱是人所厌恶和希望摆脱的。人有追求富裕的愿望才会有劳动生产的积极性，实现丰衣足食。孔子认为"富而可求也，虽执鞭之士，吾亦为之"③，而且对子贡经商致富也是赞许的。富贵是人之所欲，但还要遵循道德底线，做到"欲而不贪"④。孔子反对用不正当的手段追求富裕，主张"因民之所利而利之"⑤，就是顺着人民想得到的利益，不要漠视人民的合理要求，给予政策支持并创造条件，因势利导，让人民自食其力得到利益，满足需要。孔子称赞子产"其养民也惠，其使民也义"⑥，实行惠民主张既能满足民众的合理需要，又能为民众带来切身利益，显然比直接的物质救助更具有长久效力。其次，发展生产。中国自古以来就是以农业为主的社会，孔子将"足食"作为治理国家的最基本要素。

---

  ① 王恩来：《人性的寻找——孔子思想研究》，北京：中华书局2007年版，第235页。

  ② 〔清〕阮元校刻：《十三经注疏·论语注疏》（五），北京：中华书局2009年版，第5366页。

  ③ 〔清〕阮元校刻：《十三经注疏·论语注疏》（五），北京：中华书局2009年版，第5391页。

  ④ 〔清〕阮元校刻：《十三经注疏·论语注疏》（五），北京：中华书局2009年版，第5509页。

  ⑤ 〔清〕阮元校刻：《十三经注疏·论语注疏》（五），北京：中华书局2009年版，第5509页。

  ⑥ 〔清〕阮元校刻：《十三经注疏·论语注疏》（五），北京：中华书局2009年版，第5374页。

孔子在仕鲁期间，非常重视土地资源的合理利用，"乃别五土之性，而物各得其所生之宜，咸得厥所"①，将土地分为山林、川泽、丘陵、高原、平原五种类型，根据不同类型种植不同作物，万物都得到了适宜的生长条件。因地制宜正是促进农业发展的做法，同时强调"行夏之时"才与农业的时令季节一致，能够提高农作物的产量。更重要的是不要耽误农民季节性的劳动时间，孟子继承并发扬了这一思想，明确提出"不违农时"才有利于粮食和蔬菜等人们生活必需品的供应和储备，才有利于农业发展。孔子不仅认为要发展农业，还提倡发展工商业。《论语》中找不到一句孔子贬低和轻视商业和商人的言论。在手工业方面，他提出"来百工，则财用足"②，对百工实行"既廪称事"③，相当于我们今天的"按劳付酬"。在商业方面，他提倡商业的自由贸易和商品的自由流通，反对向商人收税，还提出"谨权量，审法度"④来消除商品流通的弊病。只有农业、工商业全面发展，才能有人民的富足。最后，厚施薄敛。春秋是中国历史上最典型的乱世，兼并、战争、杀伐、僭越等击碎了西周繁荣的外壳，社会内部千疮百孔的弊病纷纷显露出来，生活在这样一个时代的人民颠沛流离，饱尝生活艰辛。各诸侯国为了在征伐交战中获得胜利，就会加重赋税来搜刮民脂民膏，人们为了躲避繁苛重赋，宁愿一直住在虎患严重、"无苛政"的地方，即便亲人全都被虎吃

---

① 杨明朝、宋立林：《孔子家语通解》，济南：齐鲁书社2013年版，第2页。
② 〔清〕阮元校刻：《十三经注疏·礼记正义》（三），北京：中华书局2009年版，第3536页。
③ 〔清〕阮元校刻：《十三经注疏·礼记正义》（三），北京：中华书局2009年版，第3536页。
④ 〔清〕阮元校刻：《十三经注疏·论语注疏》（五），北京：中华书局2009年版，第5508页。

掉,也不愿意离开。孔子让他的弟子们牢记"苛政猛于虎也"①,反对横征暴敛,轻徭薄赋则民富。鲁哀公向孔子请教为政之道,孔子认为为政最急迫、最重要的就是使人民富裕和长寿,"省力役,薄赋敛,则民富矣"②。春秋时期,随着井田制的瓦解,公田的衰败,私田的发展,依靠赋税聚敛民财的统治者收入日益减少,各国改变了夏商周三代什一的赋税制度。鲁国的初税亩就是不分公田和私田一律按亩征税,税率由十分之一变为十分之二。哀公十一年,季孙氏想提高赋税,以"田赋"即重赋来敛财,就派遣孔子的弟子冉有向孔子征求意见,孔子认为这样做会加重人民的负担,以"君子之行也,度于礼,施取其厚,事举其中,敛从其薄"③ 为理由反对季孙氏的做法。冉有没有阻止季氏实行"田赋",反而"为之聚敛而附益之"④。孔子对此很生气,要将冉有逐出师门,甚至公开让其他弟子去批评他。孔子希望减轻人民的负担,根据不同的情况公正地征收相应的赋税,使人民过上富足的生活。民富则君不会贫困,国家也会强盛;民贫则君不会独富,国家必然衰败。

第三,教民化民。教民化民是孔子民本观的最终目的,为其民本观教育增添了新的独特内容。"庶之""富之"最后都要落脚到"教之",离开"教之"就不是孔子的民本观教育。富民养民固然重要,但孔子并不满足于此,而是将教民化民作为富裕之后的最终目

---

① 〔清〕阮元校刻:《十三经注疏·礼记正义》(三),北京:中华书局2009年版,第2843页。

② 杨朝明、宋立林:《孔子家语通解》,济南:齐鲁书社2013年版,第157页。

③ 〔清〕阮元校刻:《十三经注疏·春秋左传正义》(四),北京:中华书局2009年版,第4707页。

④ 〔清〕阮元校刻:《十三经注疏·论语注疏》(五),北京:中华书局2009年版,第5428页。

第三章 孔子关于德育内容的论述

的，主张在人民富裕的基础上，再进行教化，"先富后教"的主张是历史上最早关于富民和教民辩证关系的论述。富民是教民的先决条件，这是中国民本思想史上具有创造性的进步思想，既看到了教民化民需要必要的物质基础，又打破了"学在官府"的旧制，顺应文化下移的历史趋势，提出"有教无类"为民众普遍接受教育，提高素质，跻身于政治舞台开辟了道路。"孔子是我国历史上最早将教育与富民和发展经济紧密联系起来的思想家。"①

孔子认为在富民的基础上，民众的利益需要得到满足，再进行教育，教育就能普及，人民的素质也能够提高，就会各安其位，辛勤劳动，社会也会有序发展。孔子特别重视用道德教化人民，"道之以德，齐之以礼"②，强调用道德和礼制进行引导和规范，反对不教而杀，并把不教而杀列为四恶之首。只有将法令禁止的或违反礼法要求的内容，对人民进行广泛的宣传教育，才能使人民免受刑法杀戮。孔子要求治理国家的人要率先垂范，以身作则，正是包含潜移默化地教育人民、化民成俗的意义。"移风易俗，莫善于乐；安上治民，莫善于礼。是故圣王修礼文，设庠序，陈钟鼓。天子辟雍，诸侯泮宫，所以行德化。"③ 孔子虽然侧重用道德进行教育，但看到现实生活中战乱连绵，提出"以不教民战，是谓弃之"④，认为要让经过军事教育和训练的人去打仗，才不会使人民在战争中白白牺牲，

---

① 王恩来：《人性的寻找——孔子思想研究》，北京：中华书局2007年版，第236页。
② 〔清〕阮元校刻：《十三经注疏·论语注疏》（五），北京：中华书局2009年版，第5346页。
③ 〔汉〕刘向撰、程翔译注：《说苑译注》，北京：北京大学出版社2009年版，第496页。
④ 〔清〕阮元校刻：《十三经注疏·论语注疏》（五），北京：中华书局2009年版，第5450页。

同时也表现了爱民的思想。

这里还涉及与教民化民相对的愚民问题。人们根据"民可使由之，不可使知之"① 这一言论质疑孔子进行的教民化民，认为其实质是一种愚民政策。在中国历史上的确存在着不同程度的愚民政策，如果从孔子爱民、富民、教民的民本观来理解，理解为"老百姓能够使他们照着我们的道路走，却难以使他们知道那是为什么"②。这种解释既与孔子的一贯主张相符，又表现出引导人民的思想和行为发生改变的德育确实是很难很伟大的事业，因此，孔子一生投身于思想道德教育实践中，成为儒家德育的先祖。

（三）孝亲报国的爱国主义教育

中华文明能够源远流长，从未间断过的重要原因之一是中华民族拥有千百年来，深深融入民族意识之中的爱国主义传统，正是爱国主义犹如一根纽带紧紧团结着炎黄子孙，使中华民族产生了巨大的向心力和号召力，成为世界上最具凝聚力的民族。爱国主义是一个历史范畴，不同社会和不同时代具有不同的内容和形态，但作为一种人们对祖国的共同情感，却是一切民族国家所共有的。中国自古以来就有爱国主义的优良传统，这种感情渗透到人们生活中，作为一种社会意识形态得到认同并形成共同民族性格，这与爱国主义教育密不可分。尽管在孔子生活的时代还没有出现爱国主义教育这一概念，但他首次提出"父母之邦"，追求天下为公大一统的有序社会，一生的言论和行为都体现了对父母之国的热爱和华夏统一的向往，明知不可为还努力地维护国家利益和统一。孔子开启中国古代

---

① 〔清〕阮元校刻：《十三经注疏·论语注疏》（五），北京：中华书局2009年版，第5401页。

② 王恩来：《人性的寻找——孔子思想研究》，北京：中华书局2007年版，第338页。

第三章 孔子关于德育内容的论述

爱国主义教育的大门，为中华民族形成爱国主义优良传统奠定了基础。

孔子进行德育时，将孝亲报国的爱国主义教育作为经常性的政治教育，具体主要包括两方面的内容。

第一，在孝亲中培养爱国情感。中国古代社会是以血缘联结的家国一体的社会结构，国由家构成，是家的扩大。孔子抓住社会的这一特点，将人伦中的孝上升到政治层面，与忠联系起来，认为"孝慈，则忠"①。一个人在家能够孝敬父母、友爱弟兄，为国做事就能够积极认真，团结他人。孔子主张要像孝敬父母一样爱自己的国家，使爱国主义具有深厚的感情，牢固地将人民凝聚起来。孔子对孝进行了全面的论述，认为孝的本质不在于物质上的能养，而是精神上的敬。同时，将孝悌上升为仁之本的理论层面，强调孝不仅是对父母情感的敬爱、几谏无违，还是人之为人的根本。"弟子入则孝，出则悌，谨而信，泛爱众，而亲仁"②，孝具体的表现形式是子女能够对父母"生，事之以礼；死，葬之以礼，祭之以礼"③。总之，孝是对祖先的追思，对父母、亲人和他人的爱，这种对人民深厚的感情正是爱国主义的基本要求之一。

孔子被迫离开鲁国时说："迟迟吾行也，去父母国之道也"④，

---

① 〔清〕阮元校刻：《十三经注疏·论语注疏》（五），北京：中华书局2009年版，第5348页。

② 〔清〕阮元校刻：《十三经注疏·论语注疏》（五），北京：中华书局2009年版，第5337页。

③ 〔清〕阮元校刻：《十三经注疏·论语注疏》（五），北京：中华书局2009年版，第5346页。

④ 〔清〕阮元校刻：《十三经注疏·孟子注疏》（五），北京：中华书局2009年版，第6038页。

而他离开齐国时却是"接淅而行,去他国之道也"①。这两种不同的态度充分表达了他对祖国的眷恋和热爱,不忍离开生他养他的故土。经过十四年的漂泊后,由陈返鲁时说出:"归与!归与"②,这种回归祖国的喜悦之情溢于言表。回到鲁国后从事教育事业,专心整理文化典籍,仍在为国尽忠。这些表现了孔子对祖国的国土和文化的热爱。

第二,在维护祖国统一中践行爱国主义精神。爱国主义不仅仅停留在感情层面,更体现在现实中人们报效祖国应尽的责任和义务。

一是自觉捍卫国家利益。齐国大夫田常企图在齐国叛乱,但是顾虑到高昭子、国惠子、鲍牧和晏圉的势力,为了分散他们的势力,打算让他们的军队去攻打鲁国。孔子听闻此事,就对学生说:"夫鲁,坟墓所处,父母之国,国危如此,二三子何为莫出?"③ 教导学生们当祖国安全、利益受到威胁和损害时,要自觉担负保卫祖国的神圣职责,挺身而出同危害祖国安全作斗争。哀公十一年的春天,在齐国攻打鲁国时,嬖僮汪锜为国牺牲后不作为早夭对待,没有用殇礼而是用成人葬礼安葬了汪锜。这种违反周礼的做法,孔子不但没有反对,反而赞同,认为"能执干戈以卫社稷,可无殇也"④,为保卫国家利益而牺牲理应受到尊重。孔子倡导每一个人都要积极维护国家利益。

二是维护祖国统一。在面对社会无序混乱局面的时候,人们常

---

① 〔清〕阮元校刻:《十三经注疏·孟子注疏》(五),北京:中华书局2009年版,第6038页。

② 〔清〕阮元校刻:《十三经注疏·论语注疏》(五),北京:中华书局2009年版,第5375页。

③ 〔汉〕司马迁:《史记》(三),北京:中华书局2000年版,第1743页。

④ 〔清〕阮元校刻:《十三经注疏·春秋左传正义》(四),北京:中华书局2009年版,第4704页。

常习惯性地回头看，从中汲取经验以求寻得改变社会的良方。西周是周王室一统天下、社会稳定，政治、经济、文化等快速发展的繁盛时期，因此孔子希望结束礼崩乐坏、各自为战的动荡局势，恢复西周政令统一，天下有道的局面。虽然他认为"礼乐征伐自诸侯出"是天下无道的表现，但却以"仁"赞颂管仲，就在于他辅佐齐桓公"霸诸侯，一匡天下，民到于今受其赐"①。说明孔子虽然希望重现西周的一统天下，但也做了相应的变通，承认在诸侯国中能够实现"一匡天下"的做法。同时孔子也主张"远人不服，则修文德以来之"②，就是采取和平的方式实现祖国的统一。孔子希望构建的"大同"社会就是一个统一和谐的社会。《礼记·礼运》中把大同社会描述为"大道之行也，天下为公"③，天下是天下人所共有的天下，要求天下和谐统一。

在孔子爱国主义教育的启迪下，逐渐形成了中华民族以爱国主义为核心的民族精神，既是当前德育的宝贵资源，也是实现中华民族伟大复兴中国梦的精神动力。

二、以"传道闻道"为根本的思想教育

从历史发展的规律来看，当曾经繁盛一时的社会开始全面崩溃的时候，也是思想极为活跃的时期。春秋战国时期出现的百家争鸣正是思想空前活跃的表现，这一时期也是人类文明精神的重大突破

---

① 〔清〕阮元校刻：《十三经注疏·论语注疏》（五），北京：中华书局2009年版，第5457页。

② 〔清〕阮元校刻：《十三经注疏·论语注疏》（五），北京：中华书局2009年版，第5476页。

③ 〔清〕阮元校刻：《十三经注疏·礼记正义》（三），北京：中华书局2009年版，第3062页。

期。孔子生活在这一时期，面对新旧交替的社会现实，他重点在尊重人们思想自由的基础上，通过德育纠正错误的思想观点，引导人们建构并提升正确的思想观点，开启了思想教育的先河。

孔子是道的追求者和传播者，他不仅自己志于道，求于道，还将道传给人，进而启发和引导人的思想。因而他在进行德育的过程中重在以"传道闻道"为根本进行思想教育。习近平总书记在同北京师范大学师生代表座谈时强调完全称职的老师应该将"传道"放在第一位，进一步指出："一个优秀的老师，应该是'经师'和'人师'的统一，既要精于'授业''解惑'，更要以'传道'为责任和使命"①。孔子重人，人是有思想的，思想包括思和想，人能够通过思考发现事物本质，也能够由此想象到其他事物。他主张博学多思，并赞同子贡对颜渊"闻一以知十"②的评价。这种由表及里、由此及彼对事物的认识正是我们常说的理性认识。他还肯定了人认识客观世界和人自身的主观能动性，"人能弘道，非道弘人"③。孔子追求的"道"正是他进行思想教育的根本，主要原因在于四个方面。其一，道是思想理论的最高目标。孔子提出"朝闻道，夕死可矣"④，将生命与道联系在一起，作为毕生的追求。其二，道是思想理论的集中概括。孔子曾对学生曾参说过："吾道一以贯之"⑤，道就

---

① 习近平：《做党和人民满意的好老师——同北京师范大学师生代表座谈时的讲话》，载《人民日报》，2014年9月10日，第2版。

② 〔清〕阮元校刻：《十三经注疏·论语注疏》（五），北京：中华书局2009年版，第5372页。

③ 〔清〕阮元校刻：《十三经注疏·论语注疏》（五），北京：中华书局2009年版，第5470页。

④ 〔清〕阮元校刻：《十三经注疏·论语注疏》（五），北京：中华书局2009年版，第5367页。

⑤ 〔清〕阮元校刻：《十三经注疏·论语注疏》（五），北京：中华书局2009年版，第5367页。

是他所有思想观点最高的抽象概括，既与每个思想观点相关联，又超出每个思想观点之上。其三，道以历史和现实为依据。孔子潜心整理研究古代文献，就是在从历史上传授和弘扬古人之道。他根据社会实践经验对社会现象直接作出自己的结论和评判，追求天下有道的社会。其四，道具有人文性。孔子所言的道属于人道的范围，"夫子之言性与天道，不可得而闻也"①，基本上对性与天道避而不谈。至于宇宙万物的发生发展问题也没有涉及，他更关注的是"观乎人文，以化成天下"②。

（一）不论鬼神的世界观教育

世界观是指人们对整个世界的根本看法和观点。世界观具有历史性和阶级性，不同时期有不同表现。世界观教育是一个出现较晚的概念，但人类历史上培育人们对自然界、人类社会和人类思维发展规律的认识活动却普遍存在。尽管孔子生活的时代没有世界观教育的这一名词，但他关于天、命、鬼神的态度等，解决的都是与人相关的问题，是引导人思想、精神的问题，这本身就属于德育内容中的世界观教育。

首先，无神论的认知取向。孔子是中国较早对天命鬼神提出质疑，并开辟出新认识和实践路线的思想家。因此他不用"六合之外"的天命鬼神去解释自然和人类社会，而是专注于从现实生活中的人自身出发，去考察人与人之间的关系，把人道看得比天道更为重要，摒弃了许多无知和虚幻的东西，从而确立了以人为本位的认知取向，形成了中国人独特的思维方式和意识形态。《庄子》中记载道："六

---

① 〔清〕阮元校刻：《十三经注疏·论语注疏》（五），北京：中华书局2009年版，第5373页。

② 〔清〕阮元校刻：《十三经注疏·周易正义》（一），北京：中华书局2009年版，第75页。

合之外，圣人存而不论；六合之内，圣人论而不议。"①鲁迅先生在《再论雷峰塔的倒掉》一文中肯定了孔子无神论的倾向，认为"孔丘先生确是伟大，生在巫鬼势力如此旺盛的时代，偏不肯随俗谈鬼神；但可惜太聪明了，'祭如在祭神如神在'，只用他修《春秋》的照例手段以两个'如'字略寓'俏皮刻薄'之意，使人一时莫名其妙，看不出他肚皮里的反对来"②。

　　孔子没有盲目地迷信鬼神。他从小接触祭祀活动，"常陈俎豆，设礼容"③，重视对祖先的祭祀，主张"死，葬之以礼，祭之以礼"④，但并没有盲目地迷信鬼神，而且还怀疑鬼神的存在。他不仅自己不谈这方面的问题，还反对他的弟子探讨鬼神问题。孔子认为探讨"知生"和"事人"的问题要比谈论"知死"和"事鬼神"的问题更重要、更有意义。另外，孔子高明的地方在于鲁迅所说的"巫鬼势力如此旺盛的时代"没有直接向鬼神宣战，而是"敬鬼神而远之"⑤，采用"人道"改造"神道"的做法，这样更符合现代意义上的接受理论，更有益于他宣传自己的主张。从墨子对儒家的批评："儒以天为不明，以鬼为不神，天鬼不说，此足以丧天下。"⑥可以看出孔子不迷信于鬼神，对鬼神怀疑和否定，却又拥护祭祀，

---

　　① 〔清〕王先谦撰：《庄子集解》，北京：中华书局2012年版，第32页。
　　② 鲁迅：《鲁迅全集》第一卷，北京：人民文学出版社2005年版，第202页。
　　③ 〔汉〕司马迁：《史记》（二），北京：中华书局2000年版，第1538页。
　　④ 〔清〕阮元校刻：《十三经注疏·论语注疏》（五），北京：中华书局2009年版，第5346页。
　　⑤ 〔清〕阮元校刻：《十三经注疏·论语注疏》（五），北京：中华书局2009年版，第5384页。
　　⑥ 吴毓江撰、孙启治点校：《墨子校注》（下），北京：中华书局2006年版，第691页。

提倡三年之丧，看似是互相矛盾的主张，墨子也感到疑惑说："执无鬼而学祭礼，是犹无客而学客礼也，是犹无鱼而为鱼罟也"①。实际上这并不矛盾，他赋予了祭祀新的意义，淡化了对鬼神的迷信，强调的是祭祀之礼的精神实质，在追思先人的同时，表达了对人与人之间的爱，也就是从敬鬼神转变为对人的尊敬，作为一种教育形式和手段为现实服务。正如他的学生曾子所理解的"慎终追远，民德归厚矣"②。

孔子对天命的理性认识。孔子使用的"天""命""天命"等概念既有自然属性，又有人文精神。他认为天是自然现象，不具有至上神的意义。四季和万物无需什么超自然的力量来操控，自身就能变化和生长，即"天何言哉？四时行焉，百物生焉。天何言哉？"③他主要说明四时和百物的轮转和生长有自身的规律，没有自己的教诲，学生同样可以有所发展，也是对学生的鼓励。四季的变化、万物的生长是孔子对自然规律的认识，他在《周易·系辞下》中有："天下何思何虑？日往则月来，月往则日来，日月相推而明生焉。寒往则暑来，暑往则寒来，寒暑相推而岁成焉"④。日月、寒暑的变化是自然法则与人类社会发展变化殊途同归，表明孔子对天文、自然、天人关系的认识，来自于平时的观察和研究。正是因为有了这样的理性认识，他才不去研究和探讨关于神秘的超自然的事物。尽管有

---

① 吴毓江撰、孙启治点校：《墨子校注》（下），北京：中华书局2006年版，第690页。

② 〔清〕阮元校刻：《十三经注疏·论语注疏》（五），北京：中华书局2009年版，第5337页。

③ 〔清〕阮元校刻：《十三经注疏·论语注疏》（五），北京：中华书局2009年版，第5487页。

④ 〔清〕阮元校刻：《十三经注疏·周易正义》（一），北京：中华书局2009年版，第182页。

时孔子在遇到困难或抑郁难舒的时候也会呼天叹命。如颜渊死后，他悲痛地说："噫！天丧予！天丧予！"① 伯牛生病，他在探望时说："亡之，命矣夫！斯人也而有斯疾也！斯人也而有斯疾也！"② 这里表达的并不是超于人外在天的肯定，而是对学生遭遇不幸的遗憾和感伤。天或命还具有人文精神。孔子将"知天命"和"畏天命"作为成为君子的要求，人通过学习努力提高认识水平可以知天命，"与天地合其德，与日月合其明，与四时合其序"③。这里天命并非是某种神秘的力量，而更接近于人所遵循的规律和承担的使命。强调在天命面前人不是被动的，只要主客观高度一致也能获得成功。这是对天人关系认识上的一次转折。

其次，朴素的辩证唯物主义教育。马克思主义最基本的世界观和方法论就是辩证唯物主义和历史唯物主义。按照马克思主义的观点分析孔子德育内容，可以看出虽存在唯心主义的因素，但朴素的唯物主义成分还是主要的，重点体现在三个方面。其一，注重社会发展的物质基础。孔子认为社会发展的三个重要目标是庶、富、教。古代社会人口多起来就能多生产粮食，国家和人民就会富裕起来，让更多的人接受教育，提高全民的思想道德水平。孔子在回答子贡问政时将"足食"放在治理国家的重要地位。无论是人的生存还是国家的发展都要必须具备一定的生活资料和物质条件，而且是越充沛越好。这些证明了孔子重视物质生产，符合历史唯物主义发展的规律。其二，人类社会是普遍联系、变化和发展的。孔子认为人类

---

① 〔清〕阮元校刻：《十三经注疏·论语注疏》（五），北京：中华书局2009年版，第5427页。

② 〔清〕阮元校刻：《十三经注疏·论语注疏》（五），北京：中华书局2009年版，第5382页。

③ 〔清〕阮元校刻：《十三经注疏·周易正义》（一），北京：中华书局2009年版，第30页。

社会是相互联系、不断发展的,周的制度文化继承和发展了夏商两代的制度文化。如对礼的认识,他说:"殷因于夏礼,所损益可知也;周因于殷礼,所损益可知也。其或继周者,虽百世,可知也。"① 任何一个社会的存在和发展都是对前代的继承和扬弃,这是社会历史发展的必然规律。事物的变化发展就像河水一样滚滚流动,"逝者如斯夫,不舍昼夜!"② 孔子晚年喜欢《易》并学《易》,受《易经》中用阴阳来解释事物发展变化的思想影响,认识到事物由矛盾双方产生变化的现象。矛盾双方互相渗透,在一定条件下会相互转化。"好仁不好学,其蔽也愚。好知不好学,其蔽也荡。好信不好学,其蔽也贼。好直不好学,其蔽也绞。好勇不好学,其蔽也乱。好刚不好学,其蔽也狂"③,仁、知、信、直、勇、刚是好的品质,如果脱离了好学这个条件就会走向它们的反面,变成愚、荡、贼、绞、乱、狂六种弊端。其三,重视客观规律。孔子认为人通过后天的学习和实践能够获得知识,掌握客观规律。强调"知之为知之,不知为不知"④,就是要求从客观实际出发,有实事求是的态度,杜绝四种毛病:"毋意、毋必、毋固、毋我"⑤,教育人们一定要戒除主观臆测、独断专行、固执己见、唯我独尊四种毛病。用今天的话说就是不要用孤立的、静止的、绝对的观点看问题,这明显地体现

---

① 〔清〕阮元校刻:《十三经注疏·论语注疏》(五),北京:中华书局2009年版,第5349页。

② 〔清〕阮元校刻:《十三经注疏·论语注疏》(五),北京:中华书局2009年版,第5410页。

③ 〔清〕阮元校刻:《十三经注疏·论语注疏》(五),北京:中华书局2009年版,第5485页。

④ 〔清〕阮元校刻:《十三经注疏·论语注疏》(五),北京:中华书局2009年版,第5348页。

⑤ 〔清〕阮元校刻:《十三经注疏·论语注疏》(五),北京:中华书局2009年版,第5407页。

了孔子在认识论方面朴素的唯物主义因素。人们要积极主动地去认识客观事物，具体问题具体分析，进而实现温故知新，做到学以致用。由不知到知、由对已有知识的思考创新到获得新的知识，再到用获得的知识指导实践，这一过程是辩证上升运动。

最后，中庸的思维方法教育。中庸一词出自于孔子，是正确认识客观事物和人的思想行为的根本方法。毛泽东曾说中庸思想是"孔子的一大发现，一大功绩，是哲学的重要范畴，值得很好地解释一番"①。"中"表示肯定，有中和、正确的意思。庸通用，有用中、执中的意思。孔子将中庸视为最根本的原则和方法，认为"中庸之为德也，其至矣乎！民鲜久矣"②，人们只有遵循具体的准则，审时度势而行才是正确的，这是有难度的，所以才会"民鲜久矣"。

中庸揭示了事物具有的质的规定性。孔子认为凡是正确、合乎规律的言行都属于中庸之道，在此基础上提出了"过犹不及"，在一定程度上看到了事物的质与量的辩证关系，量的变化会改变事物的质，为了保持事物一定质的量的界限和范围，必须无过无不及，说明孔子已经意识到了"度"的存在。事物依中道而行，超出一定的界限就会发生转化。如勇是中，过就是鲁莽，不及就是怯懦。节是中，过就是吝啬，不及就是奢侈。由此可知，中是过和不及的关节点和临界点，中的两端就是一定质的量的活动范围的最高界限和最低界限。孔子提出的"叩其两端"就是最高界限的过和最低界限的不及，是两个极端的表现。为了防止中向两个极端转化，使两个极端能向中转化，孔子通过批评不正确的异端邪说，恢复正道，在教学方面针对子路和冉有提出的同一个问题，孔子根据子路智勇过人

---

① 《毛泽东书信集》，北京：人民出版社 1983 年版，第 147 页。
② 〔清〕阮元校刻：《十三经注疏·论语注疏》（五），北京：中华书局 2009 年版，第 5385 页。

第三章 孔子关于德育内容的论述

的特点，希望他能有所顾及，根据冉有做事退缩的特点，鼓励他大胆行事。这些都体现了孔子希望用中庸去克服过与不及。

中庸并不是折中主义，主要原因在于两方面。一方面，折中主义是在矛盾对立的情况下无原则地、机械地采取迁就、调和的思维方式。中庸不是无原则地取中、用中，而是有原则的，这个原则就是孔子所维护的礼。"礼乎礼，夫礼所以制中也"①，以礼制中，有了礼作为标准才能区分什么是过、什么是不及、什么是正确合理的中。另一方面，中庸不是对矛盾的迁就和调和，而是立场鲜明地承认矛盾的多样性，通权达变。孔子认为"乡原，德之贼也"②，乡原就是随波逐流的人，类似孟子所说的"同乎流俗，合乎污世"③的人。孔子痛恨这种人的原因就是这样的人含糊苟且，没有立场和原则。他在善恶、是非面前，坚持隐恶扬善的鲜明态度。孔子本人就是不盲从、不随波逐流的人，他多闻、多见、谨言慎行，不道听途说，甚至敢于直接批评当权者。孔子已经察觉到矛盾的表现形式多种多样，主张"和而不同"，体现了矛盾有统一和谐的一面，也有排斥斗争的一面，客观事物既有差别，又相互依赖。孔子不主张僵化、教条的中，要审时度势以用中，就是《中庸》表达的"君子之中庸，君子而时中"④。"时中"是立身行事的最高阶段，与"可与共

---

① 〔清〕阮元校刻：《十三经注疏·礼记正义》（三），北京：中华书局2009年版，第3500—3501页。
② 〔清〕阮元校刻：《十三经注疏·论语注疏》（五），北京：中华书局2009年版，第5486页。
③ 〔清〕阮元校刻：《十三经注疏·孟子注疏》（五），北京：中华书局2009年版，第6049页。
④ 〔清〕阮元校刻：《十三经注疏·礼记正义》（三），北京：中华书局2009年版，第3528页。

学,未可与适道;可与适道,未可与立;可与立,未可与权"① 中的"权"的意思相似,即审时度势,随机应变,用灵活自由的权变方法执中,达到"从心所欲,不逾矩"② 的境界。由此可见,中庸既坚持原则性,又讲求灵活性,正是辩证思维的体现。

(二) 积极救世的人生观教育

孔子重人道,极为关注人生问题,对人生目的、人生态度和人生价值有独特的论述。他是中国最早提出成体系的人生观教育之人,他对人生问题的观点奠定了中国古代人生观教育的基础,对当前进行人生观的形成和确立仍发挥着积极的影响。

孔子根据自己的人生历程,绘制了一幅人生发展坐标轨迹图,即"吾十有五而志于学,三十而立,四十而不惑,五十而知天命,六十而耳顺,七十而从心所欲,不逾矩"③。这是他对自己追求美好和谐人生的概述,反映了人在每个生命阶段有不同的要求,人生就是不断社会化的过程。孔子在这一过程中始终为实现天下有道而积极奋斗,把人事、社会和自然融入人生观教育之中。

首先,追求高尚的人生理想。理想信念教育是德育的核心内容,因为有没有高尚的理想信念,决定了人生是否有意义。孔子进行德育时,非常重视人类心灵世界的核心——志。"志"在《论语》中共出现17次,包含两层意思:一是指志向,是人对未来社会和自身发展目标的向往与追求。二是指立志,是确立志向并以顽强的意志

---

① 〔清〕阮元校刻:《十三经注疏·论语注疏》(五),北京:中华书局2009年版,第5411页。

② 〔清〕阮元校刻:《十三经注疏·论语注疏》(五),北京:中华书局2009年版,第5346页。

③ 〔清〕阮元校刻:《十三经注疏·论语注疏》(五),北京:中华书局2009年版,第5346页。

第三章 孔子关于德育内容的论述

去实现。孔子所说的"志"就是理想信念,它贯穿于人的整个生命历程,对人生具有重要的作用。志向能够给人一个安身立命的确定性。孔子说"三军可夺帅也,匹夫不可夺志也"①,帅是军队中的核心,军队没有核心就会人心不一,缺乏战斗力。孔子将志与三军之帅相比,认为一个人没有志向比三军没有帅更可怕,人如果没了追求的目标,就没了主心骨,活得飘飘荡荡,不能称其为人。志向能够为人生确定方向。人生是一个不断奋斗的过程,有了志向能够为人生指出一个方向,使生命有意义。孔子一生以天下为己任,不断寻求施展才华的机会,一句"岁寒,然后知松柏之后凋也"② 道出了志向使他方向明确、积极乐观,所以他始终坚守着自己的志向。志向能够为人生提供动力。志向属于精神现象,是一种特殊的精神动力。人的一生既要克服外部的困难,又要克服自身的弱点而超越自我,志向就是为人提供一种后天追加的、内在而持久的动力。孔子一生积极入世、救世,即便遇到重重困难,仍旧锲而不舍,明知不可为而为之,被后人誉为"至圣先师"。志向能够提升人生境界。一个有志之人,内心充实安宁,不会迷茫空虚,会不断追求更高的人生目标,塑造高尚的人格。"士志于道,而耻恶衣恶食者,未足与议也。"③ 孔子认为人应该追求仁道,提升精神境界,不贪图生活享受,才能成为有志之士。

孔子进行理想信念教育主要包括立志、笃志、酬志三方面内容。

---

① 〔清〕阮元校刻:《十三经注疏·论语注疏》(五),北京:中华书局2009年版,第5411页。
② 〔清〕阮元校刻:《十三经注疏·论语注疏》(五),北京:中华书局2009年版,第5411页。
③ 〔清〕阮元校刻:《十三经注疏·论语注疏》(五),北京:中华书局2009年版,第5367页。

其一，立志。"苟志于仁矣，无恶也"①，任何人都应该以仁为基础确立志向，这样就是正确的。人区别于其他动物在于人有智能和追求，追求活得有价值、有意义。孔子认为人人都应该追求远大的理想、坚定崇高的信念，把对人生理想的追求和实现看得比生命重要，"朝闻道，夕死可矣"②。孔子非常重视立志，将言志作为教育学生的重要内容。《论语·先进》中记载了一段篇幅最长的关于孔子师徒谈论志向的对话，当子路、冉求、公西华和曾皙倾吐各自治国的理想抱负后，曾皙想听听老师的评价，孔子说："亦各言其志也已矣"③。由于人存在个体差异，就会形成不同的志向，在志向的指引下每个人的人生也会不同，在不违背社会道德和公众利益的前提下，孔子肯定人各有志，提倡立志要趁早。他从十五岁就立志向学，从自身的经历中认识到人的青年时期是志向形成、巩固的重要时期。"人无远虑，必有近忧"④，人应该尽早地确定奋斗目标，不能鼠目寸光，否则马上就会出现忧患。那些青年时期就立下鸿鹄之志，并为之而努力奋斗的人，会成为有所成就的人。他认为立志要远大。人应该树雄心，立大志，追求高远的志向，这样才能激励人不断超越自我。立志远大并不是虚无缥缈和高不可攀的，而是实实在在地将每个人的奋斗目标与为社会、国家繁荣发展联系在一起，立报国之志。孔子一生追求天下有道，希望实现"老者安之，朋友信之，

---

① 〔清〕阮元校刻：《十三经注疏·论语注疏》（五），北京：中华书局2009年版，第5366页。

② 〔清〕阮元校刻：《十三经注疏·论语注疏》（五），北京：中华书局2009年版，第5367页。

③ 〔清〕阮元校刻：《十三经注疏·论语注疏》（五），北京：中华书局2009年版，第5427页。

④ 〔清〕阮元校刻：《十三经注疏·论语注疏》（五），北京：中华书局2009年版，第5469页。

少者怀之"①，天下为公、安定和谐的大同社会。其二，笃志。立志与笃志紧密相连，立志后要"博学而笃志"②，"笃"字有"固"和"厚"的意思，笃志就是巩固、坚守志向。一个人立下志向就会坚持不懈地学习广博的知识，从而形成执着而坚定的信念，终生都全身心地投入到志向所要求的事业中去。这种执着地坚守并不是失去理智的狂热，而是根据现实，保持是非的判断能力，对人生的本质、对所从事的事业的执着，不仅仅是对物质生活、个人名利的执着，更侧重对精神追求的执着，即"君子谋道不谋食""忧道不忧贫"③。孔子就是一个执着地坚守志向的人，无论是在顺境还是在逆境，都能够孜孜以求、全神贯注、满怀热情、始终不渝地去努力奋斗。其三，酬志。酬志就是实现志愿，远大的志向必须落实在躬行上，通过踏踏实实地奋斗，志向才能实现。如果美好的志向仅仅停留在头脑中和口头上，离开追求志向的行动，志向就不是志向，那就只能是列宁所说的"无实花"。孔子一生追求志向的过程，既是一个屡屡失败的过程，也是时时强化和升华志向的过程。正是这两方面的有机融合，才丰满了他的人生，成为彪炳史册的伟人。

其次，确立积极进取的人生态度。人生理想明确了人生追求的目标和方向，进而应该思考人要以怎样的态度对待人生，这就涉及人生态度的问题。孔子认为人在遇到生死、成败、忧乐、贫富等人生矛盾时，要用积极进取的人生态度对待和处理这些问题，才能实现人生价值。

---

① 〔清〕阮元校刻：《十三经注疏·论语注疏》（五），北京：中华书局2009年版，第5376页。
② 〔清〕阮元校刻：《十三经注疏·论语注疏》（五），北京：中华书局2009年版，第5501页。
③ 〔清〕阮元校刻：《十三经注疏·论语注疏》（五），北京：中华书局2009年版，第5470—5471页。

人生态度的形成既是一个心理过程，也是一定客观环境影响的结果。天下有道和无道，顺境和逆境，在位和失位等不同的境况下，会形成不同的态度和行为。当天下有道，"用之则行"，只要被任用，就积极行动，推行仁道；若天下无道，"舍之则藏"，一旦不被任用，就韬光养晦，隐藏起来。这种藏不是隐士们的消极态度，而是不断修身，静待时机，一旦有可能，再施展才华。这种人生态度，根据社会现实进退自如，是真正的大智慧。人生态度也影响着人的精神状态和人生走向。一个人如果积极乐观，就能坚强地战胜各种困难，不断开拓人生的新境界；相反一个人如果消极悲观，遇到困难一蹶不振，总是痛苦烦恼，人生只能碌碌无为。孔子一生可谓跌宕起伏，在遇到各种各样的矛盾和困难时，始终用积极进取、顽强奋斗的精神面貌予以面对。"发愤忘食，乐以忘忧，不知老之将至云尔"[1] 是孔子对自己一生人生态度的真实写照，同时也表明正确的人生态度应该是认真务实、乐观向上、积极进取。

孔子认为人生需要认真务实，他早年就已明确了生活目标，志于学、志于道、志于仁，并把志向寓于具体行动中，发愤图强、一步一个脚印地为实现理想而终身奋斗。《史记·孔子世家》中记载了孔子跟着乐师师襄子学琴的情形，从熟悉弹琴到掌握弹琴的技巧，再到领悟曲子的意境直到了解了曲作者，从这一层层深入的学琴过程，可以看出他学而不厌、穷究事物本源的认真态度。他学琴精益求精、没有浅尝辄止，体现了务实的精神。

孔子认为人生应当乐观向上。孔子之乐不在于物质生活的享受上，而是在于因为立志于仁，在躬行中所感受的精神满足。"知者乐

---

[1] 〔清〕阮元校刻：《十三经注疏·论语注疏》（五），北京：中华书局2009年版，第5392页。

水,仁者乐山"①,"饭疏食,饮水,曲肱而枕之,乐亦在其中矣。不义而富且贵,于我如浮云"② 等都表达了他超越眼前功利和物质利益,而追求为仁行义更高的人生之乐。正是有了这种乐观向上的人生态度,孔子才从未退缩,即使到了晚年,仍满怀"自见于后世"③ 的自信而作《春秋》,整理古籍,授徒讲学。孔子和他的弟子在周游列国时被围困在陈、蔡之间,没有粮食,有的学生饿病了,他仍能"讲诵弦歌不衰"④,鼓励并教育自己的学生要坚守自己的志向,保持乐观向上的态度,绝不畏难退缩。

孔子认为人生应该积极进取。孔子一生从事教育事业,为实现天下有道的社会而奋争奋进。无论是在仕鲁施政时期,还是在颠沛流离、四处碰壁时期,不在乎权臣大夫的轻蔑,野人的嘲弄和暴民的围攻,从不消极退缩,贪图安逸,始终保持积极进取、有所作为的态度,知其不可而为之。从孔子短暂的从政经历来看,不因循守旧,积极有为。"孔子为中都宰,一年,四方皆则之"⑤,为大司寇,从齐国收回鲁国的失地,政绩突出,从而引起了齐国的担心,认为孔子如果当政,鲁国必然会称霸。

最后,创造有价值的人生。孔子重视人的价值,认为"人能弘道,非道弘人"⑥,人不要虚度光阴,要使人生有意义。因而他十分

---

① 〔清〕阮元校刻:《十三经注疏·论语注疏》(五),北京:中华书局2009年版,第5384页。
② 〔清〕阮元校刻:《十三经注疏·论语注疏》(五),北京:中华书局2009年版,第5392页。
③ 〔汉〕司马迁:《史记》(二),北京:中华书局2000年版,第1563页。
④ 〔汉〕司马迁:《史记》(二),北京:中华书局2000年版,第1554页。
⑤ 〔汉〕司马迁:《史记》(二),北京:中华书局2000年版,第1544页。
⑥ 〔清〕阮元校刻:《十三经注疏·论语注疏》(五),北京:中华书局2009年版,第5470页。

关注人生活动对自身和社会所具有的作用和意义的问题，实际上这些问题正是现代意义上的人生价值问题。人生价值是自我价值和社会价值的统一。一方面，人生的自我价值指人生活动对完善自身所具有的价值。孔子教育人们要不断完善自身，特别重视提高人的精神境界，把"修己"作为人生价值理论的逻辑起点。另一方面，人生的社会价值指人生活动对他人和社会所具有的价值。孔子认为"士不可以不弘毅，任重而道远"①，人要有主动承担其对社会和他人的责任。把如何处理个人与社会的关系视为人生价值理论的逻辑终点。孔子看到世道衰微和人民困苦的社会现实，鼓励人们为改变这一现状而完善自身、救人济世，这样的人生才是有意义的。由此可见，孔子的人生价值教育是修身、齐家、治国、平天下逻辑结构的统一。

孔子一生以天下归仁、救人济世为己任，最担心的四件事是"德之不修，学之不讲，闻义不能徙，不善不能改"②。他认为人生不要一味地追求享乐和财富，要把追求道德学问的长进和力行仁义作为最高的价值目标。每一个人都应该不断完善自我，修己并不是人生的全部，不能够安人、达人的修己是没有意义的。因此，孔子并没有将自我修养所达到的程度作为人生价值的评价标准，而是将人的行为对他人和社会所带来的效果作为人生价值的评价标准。也就是说孔子认为有价值的人生在于为国家和人民作出积极的贡献，贡献可以是物质方面的，也可以是精神方面的。从孔子对许多历史人物的评价中，可以证明他所持的标准就是看一个人对社会所做的贡献。如他对远古圣王先贤的颂扬，认为尧舜禹"巍巍乎"，是因为

---

① 〔清〕阮元校刻：《十三经注疏·论语注疏》（五），北京：中华书局2009年版，第5401页。

② 〔清〕阮元校刻：《十三经注疏·论语注疏》（五），北京：中华书局2009年版，第5390页。

他们一心为公，一心为人民谋利益。又如他对同时代的政治活动家的评价，称赞子产有君子之道，"其行己也恭，其事上也敬，其养民也惠，其使民也义"①，对自己要求严格，对待君上恭敬、认真负责，对待人民宽厚仁义，能够给人民带来好处。肯定管仲一匡天下，使人民收益，其有功于国，有功于民，故称其仁。再如他对弟子的评价，在所有学生中，唯独称赞颜渊好学，"不迁怒，不贰过，不幸短命死矣。今也则亡，未闻好学者也"②。颜渊不仅好学，还是能够长久保持仁爱的人。孔子认为颜渊是唯一能够做到既好学又仁爱的学生，他为世人和社会留下了宝贵的精神财富。同时也可以看出孔子试图用将人的自我完善与人的行为对他人和社会的效果相统一的方法来客观、准确地评价人生价值的大小。

（三）见利思义的价值观教育

价值观与价值紧密相连。"价值"一词在我们日常生活中经常被使用，在马克思看来，价值是物的一种优秀品质和属性。"'价值'这个普遍的概念是从人们对待满足他们需要的外界物的关系中产生的"③，说明价值存在于主客体的相互关系之中，是客体与人的需要、兴趣、愿望和利益等联系在一起的。价值观是对价值及其相关内容的基本观点和根本看法，是"主体对客体有无价值和价值大小的立场与态度的总和"④，是对事物的是非、善恶、美丑、利弊等最

---

① 〔清〕阮元校刻：《十三经注疏·论语注疏》（五），北京：中华书局2009年版，第5374页。
② 〔清〕阮元校刻：《十三经注疏·论语注疏》（五），北京：中华书局2009年版，第5381页。
③ 《马克思恩格斯全集》第19卷，北京：人民出版社1963年版，第406页。
④ 罗国杰主编：《马克思主义价值观研究》，北京：人民出版社2013年版，第31页。

根本稳定的评判观点。价值观具有多样性,在价值观体系中居于核心地位反映基本价值取向并支配其他价值观的称为核心价值观。中国古代的价值基本上是分开使用的,价通常写作价或贾,值通直,都具有物品价钱的意思。虽然中国古代价值的含义与今天不同,也没有"价值观"一词,但却存在表达对事物判断的态度和观点的价值观意义上的词汇,如贵、重、尚、敬等。正如张岱年先生所说:"中国古代的价值学说,虽不如近代西方的繁富和详密,也有其独到的内容。"①

儒、墨、道、法不同流派的思想家纷纷从不同的立场和视角,表达各不相同的价值倾向,将价值观的探讨引向深入。以孔子为代表的儒家倡导道德价值观。继承西周敬德保民尊礼的价值观,吸收了管仲礼义廉耻核心价值观的认识,凸显出人在进行价值判断和实践活动中价值选择的主体性,孔子以"仁"为最高的价值目标,提出仁、义、礼、智、信、和的价值准则。以墨子为代表的墨家倡导公利价值观,认为利是最高价值准则,"凡言、凡动,利于天鬼百姓者为之;凡言、凡动,害于天鬼百姓者舍之"②。墨子用"利"来解释"义",即"义,利也"③,"万事莫贵于义"④,义的可贵之处就在于能有利于国家和人民。可见他既尚利,又贵义,并没有狭隘地理解利,而是理解为天下国家的、公利的提倡的利,"仁人之所以为

---

① 张岱年著,刘鄂培主编:《张岱年文集》,北京:清华大学出版社1995年版,第82页。

② 吴毓江撰、孙启治点校:《墨子校注》(下),北京:中华书局2006年版,第671页。

③ 吴毓江撰、孙启治点校:《墨子校注》(下),北京:中华书局2006年版,第461页。

④ 吴毓江撰、孙启治点校:《墨子校注》(下),北京:中华书局2006年版,第670页。

事者，必兴天下之利，除去天下之害"①。以"兼相爱，交相利"为基本的价值准则，人与人、人与社会之间要有无差等的爱，人要为天下人谋利，追求"一同天下之义"的价值目标。以老子和庄子为代表的道家倡导自然主义价值观。认为"道"为最高价值准则，"人法地，地法天，天法道，道法自然"②，主张人只有按照自己的本性做事才是有价值的，反对外在约束和干预的"有为"，强调"无为""无用"。只有不被世间的贵贱等价值标准迷惑，才能追求到真正的价值，"挫其锐，解其纷，和其光，同其尘，是谓玄同。故不可得而亲，不可得而疏；不可得而利，亦不可得而害；不可得而贵，亦不可得而贱。故为天下贵"③。庄子进一步认为"以道观之，物无贵贱"④，"物无非彼，物无非是"⑤，贵与贱、是与非、善与恶都是相对的，没有一定的价值标准和原则，进而也就没有必要进行价值判断，在价值观上表现出了相对主义的倾向。以韩非为代表的法家倡导功利主义价值观。韩非否认道德的价值，"吾以是明仁义爱惠之不足用，而严刑重罚之可以治国也"⑥，将法与德对立，认为仁义道德是没用的。只承认"力"的价值，"古人亟于德，中世逐于智，当今争于力"⑦。认为人都是自私、利己的，以追求私利为最终

---

① 吴毓江撰、孙启治点校：《墨子校注》（上），北京：中华书局2006年版，第155页。
② 朱谦之撰：《老子校释》，北京：中华书局1984年版，第103页。
③ 朱谦之撰：《老子校释》，北京：中华书局1984年版，第228—229页。
④ 〔清〕王先谦撰：《庄子集解》，北京：中华书局2012年版，第173页。
⑤ 〔清〕王先谦撰：《庄子集解》，北京：中华书局2012年版，第24页。
⑥ 〔清〕王先慎撰、钟哲点校：《韩非子集解》，北京：中华书局1998年版，第105页。
⑦ 〔清〕王先慎撰、钟哲点校：《韩非子集解》，北京：中华书局1998年版，第426页。

价值目标的，因而要以强力的法为基本的价值原则，明公私后"立公利"。这里强调的"公利"与墨子提倡的"天下之公利"不同，指的是"人主之公利"，即君主的私利，表现出为了统治者的利益而牺牲人民利益的价值取向。

孔子是中国古代社会价值观教育的缔造者，关于价值观教育中价值目标、价值准则与价值评价等问题的论述对中国传统价值观的产生和发展有着根深蒂固的影响，不但在春秋战国百家争鸣的局面中逐渐脱颖而出，而且引领着中华民族最早的梦想，成为涵养中国特色社会主义核心价值观的重要源泉。"认真汲取中华优秀传统文化的思想精华，深入挖掘和阐发其讲仁爱、重民本、守诚信、崇正义、尚和合、求大同的时代价值。"① 孔子继承了西周时期形成的重德的倾向，强调用道德的力量去规范人们的行为，维护社会的秩序，形成了以德至上的价值观。正如习近平总书记在北京大学师生座谈会上总结的"核心价值观，其实就是一种德，既是个人的德，也是一种大德，就是国家的德、社会的德。国无德不兴，人无德不立"②。孔子创建的仁、义、礼、智、信价值体系奠定了儒家主流价值的基础，成为两千多年来中华民族价值观念的核心内容。进一步在孔子的价值体系中，从国家、社会、个人三个层面，提炼了尚和合、求大同、重民本、崇正义、讲仁爱、守诚信的核心价值观。其中，尚和合、求大同是国家层面的价值理想，重民本、崇正义是社会层面的价值取向，讲仁爱、守诚信是个人层面的价值准则。这六个方面虽然从不同主体的价值诉求分为三个层面，但彼此之间是内在融贯的统一体，发挥核心价值观的引领作用，共同维护社会的有序运行，

---

① 中共中央宣传部编：《习近平总书记系列重要讲话读本》，北京：学习出版社、人民出版社2014年版，第101页。

② 习近平：《青年要自觉践行社会主义核心价值观——在北京大学师生座谈会上的讲话》，北京：人民出版社2014年版，第4页。

实现天下有道的理想局面。

首先，尚和合、求大同是最高的价值理想。理想蕴含着价值，人们对美好理想的追求其本身就是值得人们拥有的价值追求。西周末年，周太史史伯将"和"与"同"对比来强调"和"是万事万物存在与发展的依据和动因，"夫和实生物，同则不继。以它平它谓之和，故能丰长而物归之；若以同裨同，尽乃弃矣"①。和合更是治国理政的价值诉求，正所谓"以和邦国，以统百官，以谐万民"②。"和"最初是指音乐的协调、和谐，因此古人常常以乐喻和。晋文公在赏赐魏绛时说："八年之中，九合诸侯，如乐之和，无所不谐。"③**孔子总结并概括了前人对和的认识，提出"和而不同"。"和"包含着有差异的事物多样性的统一，"同"则是无差异性的统一。和而不同并不是无差异、无原则的调和，而是以承认事物存在差异性和多样性为前提，肯定事物之间相互依存、和谐统一发展的状态。孔子主张"和为贵"，和合是追求理想社会的价值依据。**他期待的理想社会就是大同社会，认为大同是能够彻底实现仁的美好和谐社会，并将其作为应当追求和努力实现的最高价值目标。《礼记·礼运》中描绘了国家大同的图景："大道之行也，天下为公，选贤与能，讲信修睦。故人不独亲其亲，不独子其子，使老有所终，壮有所用，幼有所长，矜寡孤独废疾者，皆有所养。男有分，女有归；货恶其弃于地也，不必藏于己；力恶其不出于身也，不必为己。是故谋闭而不

---

① 〔春秋〕左丘明著、〔三国〕韦昭注：《国语》，上海：上海古籍出版社2015年版，第347页。

② 〔清〕阮元校刻：《十三经注疏·周礼注疏》（二），北京：中华书局2009年版，第1389页。

③ 〔清〕阮元校刻：《十三经注疏·春秋左传正义》（四），北京：中华书局2009年版，第4235页。

兴，盗窃乱贼而不作，故外户而不闭，是谓大同。"① 由此可知，大同就是一个既存在公私、老幼、男女等差别，又是经济发达、政治清明、文化繁荣、社会和谐的统一发展的国家。从孔子提出"和而不同"到有若的"礼之用，和为贵"②、《中庸》中的"致中和，天地位焉，万物育焉"③，再到孟子的"天时不如地利，地利不如人和"④，构成了儒家关于理想的大同世界的蓝图。

其次，重民本、崇正义是高尚的价值取向。"天下为公"的和谐社会把民本作为价值导向。"天下为公"意思是天下为全体人民所共有，孔子赞颂尧舜禹是因为他们富有天下却不谋私利，造福于人民，实际上是以人为出发点和核心，推崇至公至善、爱民保民的治国理念和价值取向。只有天下是全体人民的，才能"选贤与能，讲信修睦"，人人有平等的机会做事，以诚相待，和睦相处。这样社会既有活力，又有凝聚力，"人不独亲其亲，不独子其子"能够缓和社会矛盾，"使老有所终，壮有所用，幼有所长，矜寡孤独废疾者，皆有所养"，将每个人作为人来对待，确保每个人生存和发展的需要得到尊重和照顾，使人民安居乐业。重民爱民，以民为本，追求和谐有序的社会秩序、良好的人际关系、公平合理的制度等正是孔子对美好社会的向往，他在宣传自己主张时也产生了实际的价值引领作用。"天下为公"的社会还是崇尚公平正义的社会。"公"的字形为上八

---

① 〔清〕阮元校刻：《十三经注疏·礼记正义》（三），北京：中华书局2009年版，第3062页。

② 〔清〕阮元校刻：《十三经注疏·论语注疏》（五），北京：中华书局2009年版，第5338页。

③ 〔清〕阮元校刻：《十三经注疏·礼记正义》（三），北京：中华书局2009年版，第3527页。

④ 〔清〕阮元校刻：《十三经注疏·孟子注疏》（五），北京：中华书局2009年版，第5858页。

下ㄙ，与私相背就是公，《说文》中把"公"解释为"平分"①。孔子认为社会要和谐有序，就要建立公平正义的制度，这也是他崇尚周礼的原因，希望通过恢复礼的合法性，引导人们的思想和行为走向合理正确。只有在公平正义的社会中，人民才能安居乐业、各得其所。在社会的经济关系中，孔子主张"有国有家者，不患寡而患不均，不患贫而患不安"②，要坚持分配公正，社会如果分配不公正就会导致不安定的因素增多，出现动荡倾覆的状态。由此可见，公平正义实际上是人们对分配形式和自身利益关系的价值判断，利的分配予取及其标准问题就成为社会的重要问题，孔子对这一问题进行深入探讨，提出见利思义、义利统一的义利观。利的分配和获取需要有衡量的标准，这个标准就是义，孔子倡导的义是调节个人与他人、个人与社会等关系公平正义的价值取向。他虽很少谈利，但还是肯定人对利欲的追求，"富与贵，是人之所欲也"③，这样人才有积极性去创造丰厚的物质生活资料，社会和人民才能富裕起来。他主张"见利思义"，反对人以追求个人私利为唯一目的，认为采取不正当、不合理的手段获得的利不可取，"不义而富且贵，于我如浮云"④。人们有致富达贵的欲求，也有摆脱贫贱的欲求，这都是人的正常的需要，但不能放纵自己的欲望。如果放任个人欲望生长，势必会损害他人和社会的利益，社会就会产生各种矛盾和冲突，进而

---

① 〔汉〕许慎撰、〔宋〕徐铉校定：《说文解字》，北京：中华书局1963年版，第28页。

② 〔清〕阮元校刻：《十三经注疏·论语注疏》（五），北京：中华书局2009年版，第5476页。

③ 〔清〕阮元校刻：《十三经注疏·论语注疏》（五），北京：中华书局2009年版，第5366页。

④ 〔清〕阮元校刻：《十三经注疏·论语注疏》（五），北京：中华书局2009年版，第5392页。

破坏社会的正常秩序。孔子认为"放于利而行，多怨"①，只有"欲而不贪"才能兼顾自己与他人、社会的利益。在义与利发生冲突不能兼顾的情况下，孔子主张"义以为上"。这并不代表他重义轻利，只是强调"义然后取"、取"以其道得之"的利，并没有将义与利看成是对立的，而是认为两者是统一和谐的，"利物足以和义"②。孔子提出了社会发展需要遵循以人为本，崇尚公平正义的价值取向。

最后，讲仁爱、守诚信是基本的价值准则。没有人们共同的努力，民本公平正义的社会风尚就不会形成，没有人们修养的提升，一个国家的和谐大同、繁荣强盛就会遥遥无期。孔子早已认识到这一点，将价值观教育落脚于修身上，提出仁爱、诚信的价值准则。孔子认为天地万物中人是最宝贵的，坚持人不可与鸟兽同群，而要生活在人与人相处的社会群体之中，仁就是人际关系的总和。要提升自身的情操修养关键要为仁，爱人即为仁，将对自己和亲人的爱扩大到社会和人民，"人不独亲其亲，不独子其子"就是"泛爱众"的体现。孔子并不推崇墨子的那种无差别的兼爱，而是以血缘关系的心理基础，循序渐进的差等之爱。从一般意义上来看，一个不爱自己，不爱父母的人，也很难超功利、无条件地爱其他人。卢梭曾说过："为了保持我们的生存，我们必须要爱自己，我们爱自己要胜于爱其他一切的东西；从这种情感中将直接产生这样一个结果：我们也同时爱保持我们生存的人。所有儿童都爱他们的乳母；罗谬拉斯也一定是爱那只曾经用乳汁哺育过他的狼的。"③ 孔子将仁爱作为

---

① 〔清〕阮元校刻：《十三经注疏·论语注疏》（五），北京：中华书局2009年版，第5367页。

② 〔清〕阮元校刻：《十三经注疏·周易正义》（一），北京：中华书局2009年版，第25页。

③ 〔法〕卢梭：《爱弥儿：论教育》（上卷），李平沤译，北京：商务印书馆2009年版，第318—319页。

第三章　孔子关于德育内容的论述

修身的价值准则，"为仁由己"①培养仁爱的品德要凭借自己的努力，要严格要求自己，"克己复礼"②节制自己的欲望使自己的行为符合社会规范，每个社会成员能够做到这一点便能"天下归仁焉"③。还要做到"己所不欲，勿施于人"④，尊重人，不强加于人，人与人就能相互理解，避免了许多纷争，在此基础上提升自身，可以成仁。还要"己欲立而立人，己欲达而达人"⑤推己及人帮助他人，为社会做贡献。孔子说："能行五者于天下，为仁矣"⑥，五者即恭、宽、信、敏、惠，强调恭敬、宽容、诚信、敏捷、慈惠都是仁爱的具体体现。"弟子入则孝，出则悌，谨而信，泛爱众，而亲仁"⑦，可见，信与仁互为表里，仁是信的根本，信是仁的外在表现。另外"子以四教：文、行、忠、信"，信占其一，足见其对人修养提升的重要性。孔子将守诚信作为价值准则是因为"信则人任

---

① 〔清〕阮元校刻：《十三经注疏·论语注疏》（五），北京：中华书局2009年版，第5346页。

② 〔清〕阮元校刻：《十三经注疏·论语注疏》（五），北京：中华书局2009年版，第5346页。

③ 〔清〕阮元校刻：《十三经注疏·论语注疏》（五），北京：中华书局2009年版，第5346页。

④ 〔清〕阮元校刻：《十三经注疏·论语注疏》（五），北京：中华书局2009年版，第5346页。

⑤ 〔清〕阮元校刻：《十三经注疏·论语注疏》（五），北京：中华书局2009年版，第5385页。

⑥ 〔清〕阮元校刻：《十三经注疏·论语注疏》（五），北京：中华书局2009年版，第5485页。

⑦ 〔清〕阮元校刻：《十三经注疏·论语注疏》（五），北京：中华书局2009年版，第5337页。

焉"①，没有诚信的人将失去他人的信任和认可，没有诚信的社会也会失去正常运行的支撑力。因此无论是个人还是社会都需要弘扬诚信价值观，"民信"即取信于民是维护社会安定、国家统治的条件和保证。个人守诚信是安身立命的基础，是人所具有的内在价值也是成仁的途径。诚信的人能够真正修己，交到好朋友，"虽蛮貊之邦，行矣"②。每一个社会成员能够坚守内诚外信，知行统一，就会获得高尚的德性，达到人自身的身心与他人、社会、自然的和谐统一。

三、以"志道尚德"为基础的道德教育

在孔子德育理论体系中，道德教育是基础，广泛地渗透在思想教育、政治教育之中，发挥着不可替代的认识与调节作用。孔子继承和发展了西周敬德、重德的思想，从现实出发通过研究、总结、概括而建立了一个以仁为核心，以家庭美德、职业道德、社会公德、个人品德为着力点的独具特色的道德规范体系。

（一）志于道据于德

"道"与"德"的合成词"道德"见于《韩非子·五蠹》中记载："上古竞于道德，中世逐于智谋，当今争于气力。"③ 在春秋时代还没有"道德"这一合成词，道是道，德是德，分别代表两个范畴而分开使用。老子的《道德经》即分为《道经》和《德经》。《论

---

① 〔清〕阮元校刻：《十三经注疏·论语注疏》（五），北京：中华书局2009年版，第5485页。

② 〔清〕阮元校刻：《十三经注疏·论语注疏》（五），北京：中华书局2009年版，第5467页。

③ 〔清〕王先慎撰、钟哲点校：《韩非子集解》，北京：中华书局1998年版，第445页。

语》中也没有出现"道德"的合成词,但"道"与"德"却有着密切的关系。"道"原始的意思指道路,有"大路为道,小路为径"的说法,逐渐引申为原则、规范、规律。"德"字从"彳"从"心",本意为攀登,引申为德行、品德,"德者,得也"从心到行能够内得于己,外得于人。日新又新称为盛德,即"富有之谓大业,日新之谓盛德"①,对道的追求,称之为"得道"。老子说:"道生之,德畜之,物形之,势成之。是以万物莫不尊道而贵德。"② 意思是道是世界人生的本原,能够产生万物,生而后用德来哺育,说明了德是由道而来。孔子提出"志于道,据于德"③,道在前,德在后。道侧重于抽象性、一般性的原则,德侧重于具体性、动态性的力行。道指导德,德是道的具体实践,只有遵循道的要求而行,并以德为据点,才能不断地扩大德行,因此道与德已经具备连称的意义。

孔子一生矢志不渝地追求道,"朝闻道,夕死可矣"④,"学以致其道"⑤ 是最好的体现。他提出"志于道"强调的是求学立志要了解宏大的天地人生之理,才能遵循规律而为之,追求人生最大限度的微观自由,由此将行路的大道引申为人生之道、做人之道。他说:"谁能出不由户?何莫由斯道也。"⑥ 意思是做人要遵循规律,掌握

---

① 〔清〕阮元校刻:《十三经注疏·周易正义》(一),北京:中华书局2009年版,第162页。

② 朱谦之撰:《老子校释》,北京:中华书局1984年版,第203页。

③ 〔清〕阮元校刻:《十三经注疏·论语注疏》(五),北京:中华书局2009年版,第5390页。

④ 〔清〕阮元校刻:《十三经注疏·论语注疏》(五),北京:中华书局2009年版,第5367页。

⑤ 〔清〕阮元校刻:《十三经注疏·论语注疏》(五),北京:中华书局2009年版,第5501页。

⑥ 〔清〕阮元校刻:《十三经注疏·论语注疏》(五),北京:中华书局2009年版,第5384页。

根本的道,就像人出入要经过门户一样。他的学生有子认为"君子务本,本立而道生。孝弟也者,其为仁之本与"①,道不能能动地呈现出来,只有靠人去发现和践行,首先要在人伦中遵守孝悌。在社会生活中,人要"行义以达其道"②,"不以其道得之,不处也"③用正确的手段去实现人生目的,维护社会秩序。在治国安邦方面,要把握好道这个根本的原则,"道千乘之国,敬事而信,节用而爱人,使民以时"④。以有道来改变无道,实现天下有道,即和谐美好的治理状态和政治目标。孔子所追求的道从个人正确行为之道扩展社会生活之道、天下国家之道,形成了一个包含高尚人生理想和治国理政精神的统一而丰富的理论。"'道'的最终源泉是个人在造就自己时所作的努力,它包含了全部历史所组织和构造的人的经验。它也是一个造就世界的过程,是一个将人类文化的各个领域所取得的成就中的基本一致性统一起来的过程。"⑤

道分有道和无道,要实现有道需要具有主体自觉的有德之人去发现、探求、践履和弘扬。孔子所言的德是各种德目和德行的总称,人之为人就在于能够不断修德性。因此他提出"据于德",朱熹对此注解为"德者,得也,得其道于心而不失之谓也。得之于心而守之

---

① 〔清〕阮元校刻:《十三经注疏·论语注疏》(五),北京:中华书局2009年版,第5335页。

② 〔清〕阮元校刻:《十三经注疏·论语注疏》(五),北京:中华书局2009年版,第5480页。

③ 〔清〕阮元校刻:《十三经注疏·论语注疏》(五),北京:中华书局2009年版,第5366页。

④ 〔清〕阮元校刻:《十三经注疏·论语注疏》(五),北京:中华书局2009年版,第5336页。

⑤ 〔美〕赫大维、〔美〕安乐哲:《孔子哲学思微》,蒋戈为、李志林译,南京:江苏人民出版社2012年版,第179页。

不失，则终始惟一，而有日新之功矣"①。人遵循道的规律，逐渐形成内在之德行，努力身体力行坚守而不使其丢掉，人才能成为真正的人，如果不能保持自己的德行，就失去了为人的根本。孔子认为到达德的标准是不容易的，在孔子生活的时代，战争不断，人们大多崇尚武力或追求利益，知道或了解德的人并不多，能够自发自觉地"好德""修德"的人则更加少，这种现实状况不能不引起孔子的担忧，所以他说："德之不修，学之不讲，闻义不能徙，不善不能改，是吾忧也"②。孔子希望德能够为政治服务，建立以德治国的治国思路。"道之以德，齐之以礼，有耻且格"③，用德和礼来引导和规范人民，人民不但有是非、善恶、羞耻之心，而且人民能够获得本性，自觉地遵循正道，从而使国家长治久安。

《大戴礼记·主言》中记载："道者所以明德也，德者所以尊道也，是故非德不尊，非道不明。"④ 用道来指导德，用德来勾画了道，便有了道德。合道与德而言，孔子认为人遵循的道不是一般的自然宇宙之道，而是具有人性标志的属人之道，将道内化于心、外化于行，就是德。将道的政治原则性和社会规范性与德的具体认知、情感、意志和实践融合在一起，道德具有了政治化的特点。因此孔子所言的道德是合理调节人与人、人与社会、人与自然关系的准则，以善恶为评价标准，影响和规范人们的思想和行为。荀子在《劝学篇》中发展了孔子的道德思想，指出"故学至乎礼而止矣。夫是之

---

① 〔宋〕朱熹：《四书章句集注》，北京：中华书局2012年版，第94页。
② 〔清〕阮元校刻：《十三经注疏·论语注疏》（五），北京：中华书局2009年版，第5390页。
③ 〔清〕阮元校刻：《十三经注疏·论语注疏》（五），北京：中华书局2009年版，第5346页。
④ 方向东撰：《大戴礼记汇校集解》（上），北京：中华书局2008年版，第6页。

谓道德之极"①，说的就是人无论在任何情况下都要受到道德的影响，通过学习将道德规范内化为道德品质进而转化为自觉的道德行为。这一过程就是道德教育，重与人为善、引人向善、助人行善，使人形成道德品质，自觉践行道德义务。钱穆先生曾说过："孔门儒家之讲学立教，彻始彻终，纯为一种人道精神，此即谓之为一种道德精神。"②

　　孔子关切人，重视人事，会让人联想到今天普遍论述关于人的思想学说"人学"或"人论"，西方的人学或人论与中国的人学或人论研究思路是不同的，中国传统文化中儒墨道法对人的研究也各有侧重，不尽相同，这样所谓的人学或人论在泛称中被淡化了。因此不能用人学或人论来理解孔子关于人的论述，他关于人的学说是对人的一种反思，关注人之为人的本体问题。人之为人在于能够修德行而尽人道，"人能弘道，非道弘人"③，人具有的自我意识和主观能动性是道德产生的主观条件。人不与鸟兽同群，生活在社会中，扮演着君臣、夫妇、父子等不同的角色，这些人伦关系是道德产生的客观条件。孔子重视的是正确处理人与人之间应该共同遵守的道德。一些人认为孔子说过"天生德于予"④，表明他的道德教育思想笼罩着天命的神秘面纱。其实，孔子很少谈六合之外神秘的问题，而是在极力地摆脱天、命、鬼神等神秘事物的束缚。他在痛苦或遇

---

① 〔清〕王先谦撰，沈啸寰、王星贤点校：《荀子集解》（上），北京：中华书局1988年版，第12页。

② 钱穆：《中国学术思想史论丛》（第一卷），合肥：安徽教育出版2004年版，第200页。

③ 〔清〕阮元校刻：《十三经注疏·论语注疏》（五），北京：中华书局2009年版，第5470页。

④ 〔清〕阮元校刻：《十三经注疏·论语注疏》（五），北京：中华书局2009年版，第5393页。

到挫折时，偶尔呼天以表达自己的抑郁难舒的情绪。实际上，他所言的天是指自然的客观存在，"天何言哉？四时行焉，百物生焉。天何言哉？"① 天既是自然存在，同时又能影响人事，"有天地然后有万物，有万物然后有男女，有男女然后有夫妇，有夫妇然后有父子，有父子然后有君臣，有君臣然后有上下，有上下然后礼义有所错"②，说明了道德起源于人事，与自然客观存在相连，在家庭血缘关系和国家政治关系之中道德逐渐产生，荀子继承这一思想提出："道者，非天之道，非地之道，人之所以道也，君子之所道也"③。人类需要提高道德品质，因而也就需要道德教育。

（二）依于仁是道德教育的基本要求

孔子深切地体会到世界的一切问题都是人的问题，儒家学派比其他任何学派更重视人的道德修养，把恢复社会秩序的基础放在了人的道德修养上面，并探寻到了具有最高道德品质意义的仁来作为人道德性存在的依据，从而建立了一个与现实生活联系紧密的、完备的道德教育系统。在这一系统中，孔子对仁进行了创新性阐发，将其视为一切道德的根本和进行道德教育的起点及最基本的要求，离开了仁，道德教育就失去了依据。

首先，孔子创造性地将仁提升成为一个统摄诸德的总名。仁在孔子之前已经出现，没有具体的解释，仅仅停留于使用的层面，其内容涉及人的英俊外貌、男子气魄和出众能力等方面，从一定意义

---

① 〔清〕阮元校刻：《十三经注疏·论语注疏》（五），北京：中华书局2009年版，第5487页。
② 〔清〕阮元校刻：《十三经注疏·周易正义》（一），北京：中华书局2009年版，第200—201页。
③ 〔清〕王先谦撰，沈啸寰、王星贤点校：《荀子集解》（上），北京：中华书局1988年版，第122页。

上看，仁是诸德中的一个子目。如《诗经》中出现的"洵美且仁"①和"卢令令，其人美且仁"②，《尚书·周书·金縢》中记载："予仁若考，能多材多艺，能事鬼神"③，表达了周公有卓越的材艺和能力。春秋时期，仁被广泛使用，其含义不断丰富，但仍然从属于德，是其中之一目。《国语·晋语二》提到了仁、智、勇三德，《左传·僖公十四年》中提到了四德，"背施无亲，幸灾不仁，贪爱不祥，怒邻不义。四德皆失，何以守国？"④孔子承袭前人对仁的认识，进一步将仁与德融合，更新其内容和意义，几乎包括了全部的美德，提高了仁的地位，使其成为诸德之长，用来统摄众德的一个总称。仁在《论语》中一共出现了109次，"通观孔子平日所言及所定五经中所有诸德，殆无不在仁之中"⑤，谢无量先生共列举了仁所包含的49个德目。这些德行分别表现了仁的不同内涵、特点和作用，只有所有德行的统一才是真正的仁，仁才具有动态的包容性，不至于僵化。因而孔子并没有给予仁一个明确而完整的定义，却探讨了很多具体的仁，并教导人们如何才能向仁靠近而成仁。仁作为人的道德品质的内涵和指向自我完善的内容，正好符合孔子对人的道德性的反思和完善人格的总目标，进而成为道德教育的基本要求。

---

① 〔清〕阮元校刻：《十三经注疏·毛诗正义》（一），北京：中华书局2009年版，第713页。

② 〔清〕阮元校刻：《十三经注疏·毛诗正义》（一），北京：中华书局2009年版，第748页。

③ 〔清〕阮元校刻：《十三经注疏·尚书正义》（一），北京：中华书局2009年版，第416页。

④ 〔清〕阮元校刻：《十三经注疏·春秋正义》（四），北京：中华书局2009年版，第3914页。

⑤ 谢无量：《中国哲学史》，北京：中华书局1976年版，第65页。

其次,孔子肯定了仁与人的情感相连。仁体现人的本质,自然要有情感的润泽,孔子用爱来解释仁,在对仁的很多阐释中始终贯穿着"爱人"的主旨。仁是人性,爱是人内心表达出来的真性情,是人类自然流落的情感。爱人是爱自己和爱他人的统一,从人类最初始的情感推及对他人、社会的情感,以人的情感去体味和认识仁,实质上使仁具有了普遍性,将其内化为道德情感。《礼记·祭义》中说:"立爱自亲始,教民睦也"①,意思是爱始于爱自己的父母,这样人们才能和睦相处。孔子的学生宰我认为"三年之丧"时间太长了,应该为父母守"一年之丧"就可以了。孔子说宰我不仁,不仅仅在于他安于美食,穿锦缎,而理由是"子生三年,然后免于父母之怀。夫三年之丧,天下之通丧也。予也有三年之爱于其父母乎?"② 实际上是批评宰我忘记了父母对他的三年之爱,没有哀戚的情感。有若明白这个道理说:"孝弟也者,其为仁之本与!"③ 仁离不开人的家庭亲情。"弟子入则孝,出则悌,谨而信,泛爱众,而亲仁"④,指的是在家孝敬父母,在外尊敬长辈,恭谨而诚信,广泛地关爱他人、尊重他人,推己及人,做到"己欲立而立人,己欲达而达人"⑤。孔子还说能行恭、宽、信、敏、惠于天下,就是仁人,也只有具备仁德的人,才能分清楚喜欢什么人,厌恶什么人。孝悌、

---

① 〔清〕阮元校刻:《十三经注疏·礼记正义》(三),北京:中华书局2009年版,第3459页。

② 〔清〕阮元校刻:《十三经注疏·论语注疏》(五),北京:中华书局2009年版,第5488页。

③ 〔清〕阮元校刻:《十三经注疏·论语注疏》(五),北京:中华书局2009年版,第5335页。

④ 〔清〕阮元校刻:《十三经注疏·论语注疏》(五),北京:中华书局2009年版,第5337页。

⑤ 〔清〕阮元校刻:《十三经注疏·论语注疏》(五),北京:中华书局2009年版,第5385页。

恭敬、宽厚、诚信、机敏、恩惠、好恶等是人内在本质的反映，也是人真情实感的表露，都没有离开爱人之情。从情感入手更有助于仁的内化和认同，仁从道德情感上升为道德意志，支撑、激励着人去"成人"，实现人生价值。

再次，孔子将仁与知相贯通，突出了仁包含着理性的道德自觉。仁的获得涉及一个理性的发展过程，必须具有一个理智的向度。古希腊哲学家亚里士多德把人的德行分为道德德行和理智德行，认为理智在德行的完全发展过程中是不可或缺的，"正如在形成意见的方面灵魂有聪明与明智两个部分，在道德的方面也有两个部分：自然的德行与严格意义的德行。严格意义的德行离开了明智就不可能产生"①。孔子虽然不像亚里士多德那样对德行进行划分，强调思辨思维的理智，但对德行主体理智状态的论述与亚里士多德有相似的认识。孔子提出"仁者安仁，知者利仁"②，在我国古代，"知"通"智"，朱熹将此句理解为"惟仁者则安其仁而无适不然，知者则利于仁而不易所守"③。仁者无论遇到什么情况都能坚守道德，"知者不惑"能够理智地选择，有利于仁者坚守住自己的道德信仰。知需要仁的指导，"知及之，仁不能守之，虽得之，必失之"④，知只有在仁的指导下才能得之守之，健康地发展。如果知没有仁的指导，虽然得到了，最终还是会失去的。仁也需要知来反思和涵养，人只有好的道德是不够的，还要通过学习增长知识和智慧，明辨是非、

---

① 〔古希腊〕亚里士多德：《尼各马可伦理学》，廖申白译，北京：商务印书馆2009年版，第206—207页。

② 〔清〕阮元校刻：《十三经注疏·论语注疏》（五），北京：中华书局2009年版，第5366页。

③ 〔宋〕朱熹：《四书章句集注》，北京：中华书局2012年版，第69页。

④ 〔清〕阮元校刻：《十三经注疏·论语注疏》（五），北京：中华书局2009年版，第5471页。

善恶，不感情用事，理智待人做事，人才能够具有仁的品质。因此孔子提出修德近仁离不开三畏、六言六弊、九思等理智的参与。荀子对孔子仁与知关系的理解十分精准，他说："知而不仁不可，仁而不知不可，既知且仁，是人主之宝也，而王霸之佐也"①。这一仁知统一的思想与孔子是一脉相承的。李泽厚先生在评价孔子时强调了他的理性主义精神，认为"孔子所以取得这种历史地位是与他用理性主义精神来重新解释古代原始文化——'礼乐'分不开的。他把原始文化纳入实践理性的统辖之下。所谓'实践理性'，是说把理性引导和贯彻在日常现实世间生活、伦常感情和政治观念中，而不作抽象的玄思"②。

最后，孔子重视仁的道德践履，主张"力行近乎仁"。仁在社会生活和人际交往中作为调节人自身、人与人、人与社会、人与自然之间关系的道德范畴，不能只停留在形而上的层面上，更要落实在实践中，使人们养成自觉的道德行为。"刚、毅、木、讷，近仁"③指的就是接近仁的四种品德厚重不虚浮，能够落实在实践中。孔子认为实践仁德要靠自己，发挥自己的能动作用，"仁远乎哉？我欲仁，斯仁至矣"④。他还用堆土成山打比方，反对不求进取、半途而废的做法，赞成"譬如平地，虽覆一篑，进，吾往也"的做法⑤，

---

① 〔清〕王先谦撰，沈啸寰、王星贤点校：《荀子集解》（上），北京：中华书局1988年版，第240页。

② 李泽厚：《美的历程》，北京：中国社会科学出版社1989年版，第48页。

③ 〔清〕阮元校刻：《十三经注疏·论语注疏》（五），北京：中华书局2009年版，第5449页。

④ 〔清〕阮元校刻：《十三经注疏·论语注疏》（五），北京：中华书局2009年版，第5394页。

⑤ 〔清〕阮元校刻：《十三经注疏·论语注疏》（五），北京：中华书局2009年版，第5410页。

仁的实现重要的在于人们能够自觉地日积月累、坚持不懈地躬行、实践。主张在社会生活中不要把自己的意志强加于人，从点滴做起，仁就不是遥不可及的。只有这样才能帮助别人或立、或达，进而博施济众，为人民、为国家做贡献，才能实现仁的高尚境界。此外，人的道德行为不仅要符合道德规范，还要符合一定的典章制度，孔子将仁与礼联系起来，认为"克己复礼为仁"①，克制自己，使自己的言行符合礼制、礼法，就是仁了，礼是仁的表现形式和实现途径。"人而不仁，如礼何"② 表明了仁是礼的根本，复礼必先兴仁。人在任何时候都要遵守社会规范，不背离仁，"行义以达其道"③ 努力躬行践履，必然会达到崇高的道德境界。

（三）"四德"是道德教育的主要内容

道德教育是内于心而外于行地提升人道德品质的过程，重在引导人们内化道德规范，形成道德观念，明确道德认知，陶冶道德情操，磨炼道德意志，养成道德行为，提升道德境界。孔子提出修己—安人—安百姓，指明了人只有提高自身后才能逐步安人、安定社会和国家。《大学》中集中概括了这一思想指出："身修而后家齐，家齐而后国治，国治而后天下平。"④ 孔子正是沿着修身、齐家、治国、平天下的思路展开的道德教育，既涉及了个人道德素质，

---

① 〔清〕阮元校刻：《十三经注疏·论语注疏》（五），北京：中华书局2009年版，第5436页。

② 〔清〕阮元校刻：《十三经注疏·论语注疏》（五），北京：中华书局2009年版，第5356页。

③ 〔清〕阮元校刻：《十三经注疏·论语注疏》（五），北京：中华书局2009年版，第5480页。

④ 〔清〕阮元校刻：《十三经注疏·礼记正义》（三），北京：中华书局2009年版，第3631页。

第三章 孔子关于德育内容的论述

又涉及家庭领域中的道德、职业活动领域中的道德和社会公共生活领域中的道德。我们今天加强的社会公德、职业道德、家庭美德、个人品德教育,即"四德"教育既与孔子道德教育一脉相承,又是其的创新发展。2014年,习近平总书记在北京大学考察时提出:"中国古代历来讲格物致知、诚意正心、修身齐家、治国平天下。从某种角度看,格物致知、诚意正心、修身是个人层面的要求,齐家是社会层面的要求,治国平天下是国家层面的要求。"①

首先,以培育个人品德为根本。个人品德顾名思义就是个人的道德品质,是社会道德规范在个人身上所表现出比较稳定的心理状态和行为习惯。个人品德是道德认知、道德情感、道德意志和道德行为的统一。个体提升自身的道德品质的过程,也就是修身的过程,因而在修身、齐家、治国、平天下中,孔子将修身放在首位,强调"自天子以至于庶人,壹是皆以修身为本"②,培养和塑造个人的人格,重视道德的自律和自觉。格物、致知、诚意、正心是人修身过程中的几个阶段,朱熹认为"格,至也。物,犹事也。穷至事物之理,欲其极处无不到也"③。至可以引申为参与、实践的意思,格物可指人的道德实践。"物格而后知至",致知则是人的道德认知,只有通过道德实践才能实现对事物和人生的理性认识,进而提高人的道德认知。"知至而后意诚",诚意就是诚于中,行于外,不自欺。随着道德知识的积累,便有了自觉追求自我完善和自律的意识。"意诚而后心正",有了自觉自律的道德情感和道德意志,就会在实践活动中净化自己的心灵,美化自己的言行,这就是主体坚持不懈的修身过程。孔子强调"修己以安人",正是以自身为出发点,专注如何

---

① 习近平:《习近平谈治国理政》,北京:外文出版社2014年版,第169页。
② 〔清〕阮元校刻:《十三经注疏·礼记正义》(三),北京:中华书局2009年版,第3631页。
③ 〔宋〕朱熹:《四书章句集注》,北京:中华书局2012年版,第4页。

塑造完善人格，达到内圣的境界，而后将自身人格扩大后，便是外王，内圣而后外王。任何道德品德最终都是要落实在个人品德的养成上。孔子提倡正人先正己，认为"其身正，不令而行；其身不正，虽令不从"①。个人品德提高了，才能由己及人去影响他人，使多数人致力于修养自身品德，只有每一个人的道德品德都提高了，才会促进社会道德进步。

其次，以培育家庭美德为重点。中国传统社会的特质是家国一体，家是社会最重要的细胞，人出生最先接触的人就是父母、兄弟姐妹，人的道德品德首先在家庭中形成，又在家的范围内扩大。孔子重人事，自然也重人伦。"伦是什么呢？我的解释就是从自己推出去的和自己发生社会关系的那一群人里所发生的一轮轮波纹的差序。""伦重在分别，在礼记祭统里所讲的十伦，鬼神、君臣、父子、贵贱、亲疏、爵赏、夫妇、政事、长幼、上下，都是指差等。'不失其伦'是在别父子、远近、亲疏。伦是有差等的次序。"②孔子希望建立亲亲、尊尊、长长有差等的人伦秩序和道德秩序。"君子笃于亲，则民兴于仁"③，家庭美德正是在人类自然亲情基础上而形成的伦理道德，其中孝集中体现了家庭伦理中的道德精神，成为家庭美德教育的切入点。孝是中华民族最古老的道德传统，孝文化甚至成了中华文化的代表。法国思想家孟德斯鸠认为中国是在以治家的思想来治国，"中国的立法者们……认为应该鼓励人们孝敬父母；他们并且集中一切力量，使人恪遵孝道。他们制定了无数的礼节和仪式，

---

① 〔清〕阮元校刻：《十三经注疏·论语注疏》（五），北京：中华书局2009年版，第5446页。

② 费孝通：《乡土中国》，北京：生活·读书·新知三联书店1985年版，第25页。

③ 〔清〕阮元校刻：《十三经注疏·论语注疏》（五），北京：中华书局2009年版，第5400页。

第三章 孔子关于德育内容的论述

使人对双亲在他们的生前和死后,都能克尽人子的孝道"①。孝最初的含义是对祖先的祭祀和追思,在孔子之前已经被看作是伦理规范,并且与政治相连,《诗经》中记载"有冯有翼,有孝有德,以引以翼。岂第君子,四方为则"②,说的就是统治者既要有孝,又要有德,才能成为众人的榜样,这是伦理政治化的萌芽。孔子非常重视孝,继承孝的伦理道德传统并进一步发挥,将孝融入仁、礼之中,与政治和教育紧密相连,从而使孝发展到一个新的高度。善事父母为孝,子女对父母不仅要孝养,更重要的是孝敬,发自内心地关切和敬重父母。子女要关心父母,"父母唯其疾之忧"③,及时行孝,对父母要和颜悦色,满足父母精神上的需要。真正做到孝敬父母,要在三个方面努力践行。第一,子女要爱护自己,"身体发肤,受之父母,不敢毁伤,孝之始也"④,不让父母担心。第二,不要违背父母意愿。孔子的学生孟懿子问孝,孔子说:"无违"。"无违"就是不违背礼,"生,事之以礼;死,葬之以礼,祭之以礼"⑤,不做悖礼的事情,听从父母的意见,维护、尊重父母在家庭中的地位。当子女与父母有不同意见时,孔子反对盲目地听话、顺从,而是依礼

---

① 〔法〕孟德斯鸠:《论法的精神》(下册),张雁深译,北京:商务印书馆1961年版,第315页。

② 〔清〕阮元校刻:《十三经注疏·毛诗正义》(一),北京:中华书局2009年版,第1177页。

③ 〔清〕阮元校刻:《十三经注疏·论语注疏》(五),北京:中华书局2009年版,第5347页。

④ 〔清〕阮元校刻:《十三经注疏·孝经注疏》(五),北京:中华书局2009年版,第5526页。

⑤ 〔清〕阮元校刻:《十三经注疏·论语注疏》(五),北京:中华书局2009年版,第5346页。

而"事父母几谏"①,父母如果有过失,为了不让父母陷入不义的困境,"子不可以不诤",要委婉地提醒,敢于谏诤。父母若不接受子女的意见,子女也不要怨恨父母。第三,子承父志,承担家庭的责任。在古代社会,子作为家庭成员,担负着光宗耀祖的责任,对父母的事业要支持并继承,使家族兴旺发达,"立身行道,扬名于后世,以显父母,孝之终也"②。孔子提倡孝的同时,也提倡慈。慈是父母对待子女要慈爱,《大学》总结为"为人子,止于孝。为人父,止于慈"③。父慈子孝说明孝与慈互相支撑,体现了父子之间双向、平等的道德要求,因而成为调整家庭关系的道德准则。

孔子创造性地将孝纳入到仁之中,并从仁的视角提升了孝的境界。他的学生有若理解较为深刻,提出"孝弟也者,其为仁之本与"④,提倡孝就是在推行仁的主张。孔子要求"弟子入则孝,出则悌,谨而信,泛爱众,而亲仁"⑤,行仁要以孝悌为起始点。孝悌是亲情,属于亲亲之爱,泛爱众属于爱人,从孝到仁,从父慈子孝到尊老爱幼,由爱亲到爱众,为孝注入了一泉活水,使其良性发展。夫妻关系是家庭的原点,孔子虽然没有关于夫妻之德的论述,但他不反对男欢女爱,从他把自己女儿嫁给公冶长,侄女嫁给南容,可

---

① 〔清〕阮元校刻:《十三经注疏·论语注疏》(五),北京:中华书局2009年版,第5367页。
② 〔清〕阮元校刻:《十三经注疏·孝经注疏》(五),北京:中华书局2009年版,第5526页。
③ 〔清〕阮元校刻:《十三经注疏·春秋左传正义》(四),北京:中华书局2009年版,第3632页。
④ 〔清〕阮元校刻:《十三经注疏·论语注疏》(五),北京:中华书局2009年版,第5335页。
⑤ 〔清〕阮元校刻:《十三经注疏·论语注疏》(五),北京:中华书局2009年版,第5337页。

第三章 孔子关于德育内容的论述

以看出,择偶最重要的标准是品德。此外,孔子主张勤俭持家。《尚书·虞书·大禹谟》中记载"克勤于邦,克俭于家"①,孔子提倡节俭,虽然重礼,以礼来教育儿子,但认为礼的重心不在于形式,而在于实质,"礼,与其奢也,宁俭;丧,与其易也,宁戚"②。勤俭与奢侈相对,"奢则不孙,俭则固"③,俭能够使人谦虚谨慎,礼让于人,维护父慈子孝、夫贤妇顺、兄友弟恭这样和睦的家庭关系。当前我国社会主义道德建设体系中提倡的"尊老爱幼、男女平等、夫妻和睦、勤俭持家、邻里团结"的家庭美德都可以从孔子以孝为起点的家庭美德构建中汲取营养。

再次,以培育职业道德为关键。孔子不赞同隐士的生活方式,提倡入世的精神,主张有识之士能够出来做事,这种在社会中做事、办事的原则属于我们今天所说的职业道德。当前我国提倡的"爱岗敬业、诚实守信、办事公道、服务群众、奉献社会"的职业道德,可以认为是孔子"敬事而信""行之以忠"职业道德的继承和创新。职业是由社会分工发展而来的,在中国古代按照宗法等级把人划分为十等。春秋时期,随着生产力的发展,社会阶层的自由流动,士阶层崛起,社会分工也有所变化,《周礼·考工记》中提出六种职业的划分,包括王公、士大夫、百工、商旅、农夫和妇功。孔子主张"不在其位,不谋其政"④,意味着在其位,要谋其政,职位的不同,

---

① 〔清〕阮元校刻:《十三经注疏·尚书正义》(一),北京:中华书局2009年版,第285页。

② 〔清〕阮元校刻:《十三经注疏·论语注疏》(五),北京:中华书局2009年版,第5356页。

③ 〔清〕阮元校刻:《十三经注疏·论语注疏》(五),北京:中华书局2009年版,第5395页。

④ 〔清〕阮元校刻:《十三经注疏·论语注疏》(五),北京:中华书局2009年版,第5402页。

其承担的职责和任务，掌握的知识与技能等也都不同。从事治理国家事物的人应遵守德政，"敬事而信，节用而爱人，使民以时"① 的道德要求。从事商业活动的人应遵守"布帛精粗不中数、幅广狭不中量不粥于市""五谷不时、果实未孰不粥于市，木不中伐不粥于市"② 的道德要求，从事教育的人应遵守"学而不厌，诲人不倦"③ 的道德要求。人们从事一定的职业活动，不仅是谋生的手段，更是实现自身人生价值，不断为社会创造着物质财富和精神财富。

　　孔子把"敬事而信"视为职业道德的灵魂。敬本义是指恭敬，敬事就是对所从事工作和事业的热爱和敬重，即敬业，《礼记》中提出人有所小成要"三年视敬业乐群"④。孔子认为敬业首先要热爱自己所从事的工作和事业，将"执事敬"作为仁具体说明的一个方面，敬与仁联系起来，具有了热爱的意思。热爱自己的事业就能全身心的投入，勤勤恳恳，兢兢业业，不懈怠，认真履行自己的职责。"其行己也恭，其事上也敬"⑤，尽职尽责，做好本职工作是君子的道德品质之一，"居其位无其言，君子耻之；有其言无其行，君子耻之；既得之而又失之，君子耻之；地有余而民不足，君子耻之；众寡均

---

① 〔清〕阮元校刻：《十三经注疏·论语注疏》（五），北京：中华书局2009年版，第5336页。

② 〔清〕阮元校刻：《十三经注疏·礼记正义》（三），北京：中华书局2009年版，第2909页。

③ 〔清〕阮元校刻：《十三经注疏·论语注疏》（五），北京：中华书局2009年版，第5390页。

④ 〔清〕阮元校刻：《十三经注疏·礼记正义》（三），北京：中华书局2009年版，第3297页。

⑤ 〔清〕阮元校刻：《十三经注疏·论语注疏》（五），北京：中华书局2009年版，第5374页。

第三章 孔子关于德育内容的论述

而倍焉,君子耻之"①。敬的极致可谓诚,不仅对人诚信,做事更要诚信。"事思敬"才能"谨而信",认真恭敬地做事,才能重信誉,诚实劳动,不弄虚作假,懈怠散漫。

孔子把"行之以忠"视为职业道德的关键。人无论从事哪种职业,都应该忠于职守,有勤勉工作的行动。孔子使用的忠包含了两方面的含义,一方面指臣子在君臣关系的道德定位,"君使臣以礼,臣事君以忠"②。孔子的忠君思想不同于后世的忠君,孔子认为"君使臣以礼"是前提,君有错误,臣要敢于直谏,君如不听,臣可以另投明君。孔子本人就是这样离开鲁国的。当然他的忠君思想也包含着保守、消极的因素。另一方面指的是尽心竭力,尽职尽责。凡是有职位做事者,应当忠于职守,踏踏实实地履行职责,以求利于他人和社会。孔子大赞禹"卑宫室而尽力乎沟洫"③,领导人民疏通江河,兴修水利,为民造福。禹这样的尽职尽责而得到人们的赞扬和钦佩。"行之以忠"要勤勉做事,孔子说:"爱之,能勿劳乎?忠焉,能勿诲乎?"④ 意思是说爱护一个人,会劝勉他勤劳,不要成为散漫懒惰的人。忠于一个人,会时刻提醒他,教他如何立身处世。曾子认为能够"一以贯之",孔子之道就是"忠恕",尽己、达己为

---

① 〔清〕阮元校刻:《十三经注疏·礼记正义》(三),北京:中华书局2009年版,第3398页。

② 〔清〕阮元校刻:《十三经注疏·论语注疏》(五),北京:中华书局2009年版,第5360页。

③ 〔清〕阮元校刻:《十三经注疏·论语注疏》(五),北京:中华书局2009年版,第5404页。

④ 〔清〕阮元校刻:《十三经注疏·论语注疏》(五),北京:中华书局2009年版,第5454页。

忠,"己所不欲,勿施于人"①为恕,忠恕是仁的两种表现。忠恕之道是人际交往的道德原则,能建立推己及人,互信互爱,团结合作的人际关系和生活环境,有助于提高职业技能和职业道德,更好地服务他人、奉献社会。

最后,以培育社会公德为基础。孔子认为人有群居性、社会性,重视人与人之间的交往的道德要求,《论语》的开篇就提到"有朋自远方来,不亦说乎"②。孔子虽没有提出过"社会公德"这一概念,但却包含着社会成员在社会生活中应共同遵循的道德准则,涵盖了人与人、人与社会、人与自然之间的关系,提出了"约之以礼",乐于助人,保护环境的社会公德要求。其一,约之以礼要求人们在社会生活中以礼来约束自己。礼兼具道德与法律的作用,"夫礼,天之经也,地之义也,民之行也"③,不学礼就不能在社会中立足,待人"恭而有礼",讲礼貌、有礼节、尊礼仪,做到"非礼勿视,非礼勿听,非礼勿言,非礼勿动"④,就会结交很多好朋友,自然"四海之内,皆兄弟也"⑤。孔子的弟子有子说:"礼之用,和为贵。"⑥礼可以维护人际关系的和谐,使社会生活和谐而有序,"礼,

---

① 〔清〕阮元校刻:《十三经注疏·论语注疏》(五),北京:中华书局2009年版,第5436页。

② 〔清〕阮元校刻:《十三经注疏·论语注疏》(五),北京:中华书局2009年版,第5335页。

③ 〔清〕阮元校刻:《十三经注疏·春秋左传正义》(四),北京:中华书局2009年版,第4576页。

④ 〔清〕阮元校刻:《十三经注疏·论语注疏》(五),北京:中华书局2009年版,第5436页。

⑤ 〔清〕阮元校刻:《十三经注疏·论语注疏》(五),北京:中华书局2009年版,第5436页。

⑥ 〔清〕阮元校刻:《十三经注疏·论语注疏》(五),北京:中华书局2009年版,第5338页。

经国家、定社稷、序民人、利后嗣者也"①，离开了礼的制度规范，其他道德就无从谈起。其二，乐于助人的核心是爱人。只有爱人才能助人，孔子崇尚仁爱，修已后能够立人、安人、达人，正是泛爱众的表现。帮助人不要将自己的意愿强加于人，多反省自身，少责怪、苛求别人，能够宽容别人，成人之美，关心并帮助他人实现正当的愿望，并提倡见义勇为。乐于助人还体现在扶弱济贫，能够使"矜寡孤独废疾者，皆有所养"②，孟子进一步强调"老吾老，以及人之老；幼吾幼，以及人之幼"③。这些都是孔子助人为乐思想的体现。其三，保护环境是人与自然和谐相处的道德规范。孔子提出"知者乐水，仁者乐山"④，表明他对大自然的喜爱，同时也说明人与自然相处的基本原则。他教育学生要"多识于鸟兽草木之名"⑤，了解自然才能改造自然为民造福。但他反对无节制地获取自然资源而破坏生态平衡的行为，"钓而不纲，弋不射宿"⑥表明他对自然生物的同情心，注意维护生物资源的可持续发展。他主张人与自然也要和谐相处，从他与学生们各言其志可以佐证，曾皙之志是"莫春

---

① 〔清〕阮元校刻：《十三经注疏·春秋左传正义》（四），北京：中华书局2009年版，第3770页。
② 〔清〕阮元校刻：《十三经注疏·礼记正义》（三），北京：中华书局2009年版，第3062页。
③ 〔清〕阮元校刻：《十三经注疏·论语注疏》（五），北京：中华书局2009年版，第5808页。
④ 〔清〕阮元校刻：《十三经注疏·论语注疏》（五），北京：中华书局2009年版，第5384页。
⑤ 〔清〕阮元校刻：《十三经注疏·论语注疏》（五），北京：中华书局2009年版，第5486页。
⑥ 〔清〕阮元校刻：《十三经注疏·论语注疏》（五），北京：中华书局2009年版，第5393页。

者,春服既成,冠者五六人,童子六七人,浴乎沂,风乎舞雩,咏而归"①,正是描绘了一幅人与自然融为一体,各得其乐的美景。

---

① 〔清〕阮元校刻:《十三经注疏·论语注疏》(五),北京:中华书局2009年版,第5430页。

第四章　孔子关于德育原则与方法的论述

开展德育活动，不仅要有明确的目标、内容，还要遵循一定原则，通过一定途径运用有效的方法，才能做好德育工作。正确总结并运用德育原则和方法，对顺利开展德育活动，提高其实效性具有重要意义。孔子在长期从事教育和宣传政治主张的实践活动中，形成了一系列德育基本原则和有效方法。

一、孔子德育原则

古汉语中，"原"有水的本源、根源的含义。"则"表示均等地划分财物，引申为法则或准则，"原则"连在一起使用指的是事物存在所依据的法则或标准。顾名思义，德育原则就是开展德育活动应该遵循的基本准则，它以客观规律为依据，是具体实践经验的科学总结。德育原则与规律有着内在的联系。德育规律源于实践和人的思想活动规律，是其固有的、本质的、必然的联系，决定德育原则。"原则不是研究的出发点，而是它的最终结果；这些原则不是被应用于自然界和人类历史，而是从它们中抽象出来的；不是自然界和人类去适应原则,而是原则只有在符合自然界和历史的情况下才是正确的。"① 孔子从德育实践活动中抽象出有教无类、因材施教、尚中贵和三大原则。其中有教无类是普遍提高人的思想道德素质的方针性原则,因材施教是在德育中经常使用并且行之有效的方法,而上升为辩证施教的原则,尚中贵和是解决人们思想问题、恢复社会秩序的目的性原则,三者统一构成了孔子德育原则。这一原则体系既符合规律,又符合实际;既包含普遍性,又包含特殊性;既具有导向性,又具有发展性。

（一）坚持有教无类原则

孔子说自己"吾十有五而志于学,三十而立"②,据此推断他从30岁左右开始办私学,进行德育活动,到73岁离世,他兴办的私学虽不是最早的（早于他的有晋国的叔向）,但却是当时首个最大的私学,历史上组织比较完备的学校。他积累了近半个世纪的教育经验而提出"有教无类"③的主张,客观上冲击了贵族子弟享有教育特权的传统,使广大人民有受教育的可能,强调了教育对象的普遍性和平等性。古往今来对"有教无类"有各种不同的解释。首先,从字义分析。"教"一般指教化、教育,《说文解字》中解释为"上所施,下所效也"④。"教"与"诲"互相通用,表示对人的教育。如

---

① 《马克思恩格斯文集》第9卷,北京:人民出版社2009年版,第38页。
② 〔清〕阮元校刻:《十三经注疏·论语注疏》（五）,北京:中华书局2009年版,第5346页。
③ 〔清〕阮元校刻:《十三经注疏·论语注疏》（五）,北京:中华书局2009年版,第5471页。
④ 〔汉〕许慎撰、〔宋〕徐铉校定:《说文解字》,北京:中华书局1963年版,第69页。

第四章　孔子关于德育原则与方法的论述

《论语》中的"学而不厌，诲人不倦"①，《诗经》中的"教诲尔子，式谷似之"②。孟子将孔子的"诲人不倦"直接用为"教不倦"，直接将"教"与"育"连用，"得天下英才而教育之"③。"类"是族类、类别、种类的意思。如《左传·成公四年》中的"非吾族类，其心必异"④，《孟子·告子上》中的"故凡同类者，举相似也"⑤。

其次，从句义分析。"有教无类"中包含"有"与"无"这对反义词，它们与教和类之间的关系有四种情况，即有教有类、有教无类、无教有类、无教无类。无教有类、无教无类都是处于蒙昧时代的状况，有教有类亦如同孔子之前只有贵族才能享受教育的资格或教育不分具体情况而用一个模式的状况，唯有有教无类才是合乎德育规律的，人人能够享有受教育的权利，进行教育时不分对象，不进行同一、僵化的教育，要根据个体差异进行教育，才能提高人的思想政治素质。最后，从前人对"有教无类"的注解中分析。东汉的马融、魏国的何晏、南朝的皇侃都把"类"理解为种类，认为教是不分人的贵贱庶鄙的。宋代的朱熹认为"人性皆善，而其类有善恶之殊者，气习之染也。故君子有教，则人皆可以复于善，而不当复论

---

① 〔清〕阮元校刻：《十三经注疏·论语注疏》（五），北京：中华书局2009年版，第5390页。

② 〔清〕阮元校刻：《十三经注疏·毛诗正义》（一），北京：中华书局2009年版，第969页。

③ 〔清〕阮元校刻：《十三经注疏·孟子注疏》（五），北京：中华书局2009年版，第6019页。

④ 〔清〕阮元校刻：《十三经注疏·春秋左传正义》（四），北京：中华书局2009年版，第4128页。

⑤ 〔清〕阮元校刻：《十三经注疏·孟子注疏》（五），北京：中华书局2009年版，第5982页。

其类之恶矣"①。根据以上的分析,"有教无类"包含两方面的含义,一方面从教育对象来看,不论人的出身、国别、富贵、贫贱、品行等如何,只要志于学,都应该接受教育;另一方面从教育者来看,不要不顾差异进行单一的教育,要因地、因人、因时给予及时而有针对性的教育,引导受教育者形成良好的思想政治品格和道德素养。

有教无类作为原则属于德育方针性原则。所谓方针性原则指的就是在德育中居于主导地位,引导方向,起统领作用的原则。有教无类为什么能够成为孔子的德育原则呢?主要体现在四个方面。其一,有教无类与政治理想紧密相连。孔子看到春秋时期社会的乱象,希望能够用周制恢复社会秩序,但他也感到当时的时局不能完全照搬周制,因而主张在政治上要进行有所损益的改良。由此发展了周礼,主张仁政德治,看到了人的力量,提出"为政在人"②,因而他将实现"天下有道"的愿望寄托于对人的教育中,希望通过培养内圣外王的人才来实现理想的政治要求。据此,他顺应学术下移的历史趋势,打破了"礼不下庶人""学在官府"的"有教有类"的限制,兴办私学,面向整个社会广招学生,"自行束脩以上,吾未尝无诲焉"③,只要送上菲薄的拜师礼物,他都会尽心教诲。有的人指出孔子只对"自行束脩以上"的人进行教育,是对学生财产的要求,不能算做有教无类。其实"自行束脩以上"重在自行,表明自愿志于学,真心求教的人,哪里有不教的道理。另外,孔子对互乡的童子能够既往不咎,只要有所问,必有所答。这样做不仅扩大了教育

---

① 〔宋〕朱熹:《四书章句集注》,北京:中华书局2012年版,第169—170页。

② 〔清〕阮元校刻:《十三经注疏·礼记正义》(三),北京:中华书局2009年版,第3535页。

③ 〔清〕阮元校刻:《十三经注疏·论语注疏》(五),北京:中华书局2009年版,第5390页。

第四章 孔子关于德育原则与方法的论述

对象的范围，而且客观上促进了教育和学术的下移，加速了"天子失官，学在四夷"①的历史趋势及社会结构的变化。在人民中传播治国方针，为从根本上实现为政以德、人民富裕、天下归仁、和谐有序的政治理想提供了群众基础，郭沫若曾说："大体上他是站在代表人民利益的方面的，他很想积极地利用文化的力量来增进人民的幸福"②。他培养的具有独立意志和文化知识的各种人才，又直接为政治目标的实现而服务。孔子在对学生进行系统的德育之后，才推荐他们到各国出仕。冉有、子贡、仲弓、樊迟、公西华、子游、漆雕开等学生都被他推荐出仕治国。其二，有教无类与人的思想品德形成发展规律相连。有教无类是孔子"性相近也，习相远也"③人性观的反映，即人的本性都是十分相近的，通过学习和教育才有了差距。人的思想品德的形成和发展正是在实践基础上，人的主观努力和客观教育的相互作用和影响下形成的。孔子虽然将人分为"生知""学知"和"困知"三个层次，认为"生而知之者，上也。学而知之者，次也。困而学之，又其次也。困而不学，民斯为下矣"④，但其实他认为生而知之者是不存在的，他不承认自己是生而知之的天才，也没有肯定过谁是生而知之的人，他只是"好古，敏以求之者也"⑤。人的思想品德不是与生俱来的，而是在主体敏于实

---

① 〔清〕阮元校刻：《十三经注疏·春秋左传正义》（四），北京：中华书局2009年版，第4526页。

② 郭沫若：《十批判书》，北京：人民出版社2012年版，第66页。

③ 〔清〕阮元校刻：《十三经注疏·论语注疏》（五），北京：中华书局2009年版，第5484页。

④ 〔清〕阮元校刻：《十三经注疏·论语注疏》（五），北京：中华书局2009年版，第5479页。

⑤ 〔清〕阮元校刻：《十三经注疏·论语注疏》（五），北京：中华书局2009年版，第5393页。

践,即求的过程中主客观因素共同作用的结果。孔子在教育的实践中遵循这一规律,深信人的思想品德是通过学习和教育可以形成和提高的。其三,有教无类与仁紧密相连。孔子首创了仁的概念,仁就是爱人,爱众。《说文解字》中将"仁"解释为"亲也,从人从二"①,说明仁是关于人际关系的理论。将仁的理念体现在德育原则中最直接的就是有教无类。孔子认为,只有贵族才能接受教育而将百姓排除在外的德育不是立人、达人、"泛爱众",而是偏爱,不利于仁政的实施。只有坚持有教无类,才能由"学在官府"变为"学在四夷",从教育权利的有限性到全民性,真正实现爱所有人,使德育能够"博施于民而能济众"②。其四,有教无类与孔子的个人经验相连。孔子出生在败落的贵族家庭,3岁时父亲去世,与母亲相依为命,所以他说自己"吾少也贱"③。从治学经历来看,他15岁立志于学习,通过自己努力学习逐渐立足于社会,成为新士中的代表人物。他学无常师,认为"三人行,必有我师焉;择其善者而从之,其不善者而改之"④,曾向老子虚心学礼,向当时著名的音乐家苌弘请教音乐方面的知识,向师襄子学习鼓琴,还向自己的学生学习,鼓励学生"当仁不让于师"⑤,这与亚里士多德提出的"我爱我师,但我更爱真理"意思相近,在真理面前人人平等。从施教经历来看,

---

① 〔汉〕许慎撰、〔宋〕徐铉校定:《说文解字》,北京:中华书局1963年版,第161页。

② 〔清〕阮元校刻:《十三经注疏·论语注疏》(五),北京:中华书局2009年版,第5385页。

③ 〔清〕阮元校刻:《十三经注疏·论语注疏》(五),北京:中华书局2009年版,第5408页。

④ 〔清〕阮元校刻:《十三经注疏·论语注疏》(五),北京:中华书局2009年版,第5393页。

⑤ 〔清〕阮元校刻:《十三经注疏·论语注疏》(五),北京:中华书局2009年版,第5471页。

第四章　孔子关于德育原则与方法的论述

一生以学不厌、教不倦为最大乐趣，即便是在陈、蔡绝粮之际，仍然能"讲诵弦歌不衰"①。坚持在学中教，在教中学，教学相长。孔子正是通过勤奋好学，才能成为新士的代表，也正是通过学习，才能成为博学多思的老师。所以他从自身的经历体验中，同情没有权利受到教育的人，并敢于冲破旧制度，兴办私学使每一个人都能受到教育，有所成就。

孔子坚持有教无类的原则具体体现在他招收弟子的情况上。孔子的成功不仅在于兴办的私学规模超过前人，而重要的在于他培养出了很多德才兼备、出类拔萃的学生。《史记·孔子世家》中称他的"**弟子盖三千焉，身通六艺者七十有二人**"②。孔子在当时已经是有了一定名声，应该会有很多人向他求教，按照他自己说的"未尝无诲"③，也可说明他的弟子众多。他坚持有教无类的原则，弟子一定会有很多，每个人又是不同的，也必定会"杂"，其实"杂"正是有教无类的体现。首先，从出身来看，他的学生来自各个阶层。出身贵族的有孟懿子、南宫敬叔、司马牛；平民百姓出身的学生很多，有贱人出身的仲弓，野人出身的子路、冉雍，鄙家出身的子张，盗贼出身的颜涿聚，刑满释放的公冶长；商人出身的子贡；家庭贫寒的颜渊、原宪；等等。其次，从地域来看，他的学生来自不同的地方，《吕氏春秋·有度》中称"弟子徒属，充满天下"④。他的学生绝大多数是鲁国人，据清朝朱彝尊撰写的《孔子弟子考》记载，来自卫、齐、晋、陈、蔡、宋、薛、秦、吴、楚的学生也不少。楚当

---

① 〔汉〕司马迁：《史记》（二），北京：中华书局2000年版，第1554页。
② 〔汉〕司马迁：《史记》（二），北京：中华书局2000年版，第1560页。
③ 〔清〕阮元校刻：《十三经注疏·论语注疏》（五），北京：中华书局2009年版，第5390页。
④ 许维遹撰、梁运华整理：《吕氏春秋集释》，北京：中华书局2009年版，第665页。

时被认为是蛮夷之邦，可见孔子打破了夷夏和蛮夷的界限而进行施教。再次，从个性方面来看，人的个性也各有不同。好学的颜渊，性格粗野的子路，能言善辩的子贡、宰我，孤僻偏激的子张，愚直的子羔，鲁钝的曾参，等等。最后，从年龄、美丑等其他方面来看，也是多种多样。孔子的弟子年龄差距也很大，与孔子年龄相仿的有颜路、冉耕、子路，他们比孔子分别小6岁、7岁、9岁。与他年龄相差较大的有子游、子张，他们比孔子小45岁、48岁。孔子也曾犯过以言、以貌取人的错误，"以容取人乎，失之子羽；以言取人乎，失之宰予"①，宰我利口善辩，提出改革丧礼，将三年之丧改为一年之丧，孔子虽说他不仁，但我们可以看出他独立思考的能力，他还善于外交。子羽相貌丑陋，孔子认为他才疏博浅，后来却发现他品德端正，能力出众。孔子的学生中还有父子、弟兄同门的，如颜路、颜回父子，曾点、曾参父子，孟懿子和南宫敬叔弟兄。

（二）贯彻因材施教原则

因材施教原则属于德育的方法性原则。在德育中，经常使用并且行之有效的工作方法才能够从原则层面来把握。因材施教是孔子进行德育的重要做法和重要原则，他的这一发明不仅在他本人的实践中得到检验，至今仍被验证、沿用，表现出强大的生命力并闪耀着真理性的光辉。

孔子坚持有教无类原则扩大了受教育者的范围，学生多了后他一直思考如何才能使每个人都能够成人，在德育的实践中他找到了答案。他认识到要使人人都能具有完美的品格，在具体方式上就不能千篇一律，而要依于仁将理解人、关心人、尊重人与塑造人、教

——————

① 〔清〕王先慎撰、钟哲点校：《韩非子集解》，北京：中华书局1998年版，第460页。

第四章 孔子关于德育原则与方法的论述

育人、培养人结合起来。因为人与人存在着性格、智力、年龄、兴趣、品德、能力和专长等多方面的差异，所以要针对不同学生的特性进行德育，才能取得良好的效果。

孔子是因材施教的发明者，尽管他没有在理论上直接提出这一概念，但在他开展德育的实践中，却处处体现着这一方法性原则。"因材"最早出现在《中庸》中，即"故天之生物，必因其材而笃焉"①，孟子同样提倡因材施教，主张"教亦多术矣"②，列出"有如时雨化之者，有成德者，有达财者，有答问者，有私淑艾者"③五种不同的教育方式，意思就是要及时抓住时机进行引导，对长于德行的人引导他成为品德高尚的人，对于长于才能的人引导他成为通才，还可以采用问答和自主学习的方式成才。后儒们在孔子的实践经验基础上，对因材施教这一概念及其理论进行阐释、概括和总结。北宋的程颐是首位阐释因材施教的人，明确指出"孔子教人，各因其材，有以政事入者，有以言语入者，有以德行入者"④。南宋的朱熹进一步解释因材施教，从德行、言语、政事、文学四科出色学生的列举中，认为"孔子教人各因其材"⑤。他在注解《孟子》中"有成德者，有达财者"时指出："财与材同。此各因其所长而教之者也。成德，如孔子之于冉闵；达财，如孔子之于由赐"⑥。还提出

---

① 〔清〕阮元校刻：《十三经注疏·礼记正义》（三），北京：中华书局2009年版，第3533页。

② 〔清〕阮元校刻：《十三经注疏·孟子注疏》（五），北京：中华书局2009年版，第6010页。

③ 〔清〕阮元校刻：《十三经注疏·孟子注疏》（五），北京：中华书局2009年版，第6028页。

④ 〔宋〕程颢著、王孝鱼点校：《二程集》第一册，北京：中华书局1981年版，第252页。

⑤ 〔宋〕朱熹：《四书章句集注》，北京：中华书局2012年版，第124页。

⑥ 〔宋〕朱熹：《四书章句集注》，北京：中华书局2012年版，第369页。

了因材施教的意义和作用，能够使人"小以成小，大以成大，无弃人也"①。"因"指的是根据、依据，"材"包含受教育者个体的差异性的意思，施教是影响人的思想和行为，从而使其成为德才兼备的人，主要指的就是德育。所谓因材施教就是从受教育者的实际出发，根据每个人不同的差异特点进行有针对性的施教过程。因材施教是德育活动中必须遵循的基本原则，而不是一般的随机运用的技巧或方法，它对设定的目标和任务、选择的内容、采取的方法等都具有普遍性的影响，因此它才能够上升为被人熟知、认可、遵循和运用的德育主要原则。

孔子贯彻因材施教的原则是基于他深信人通过德育是可以转变、提升的，坚持有教无类原则普遍性的同时，又注意到人的差异性而提出的。人的个体差异性理论是因材施教的基础和前提。孔子是最早注意到人个体差异的教育家，认为人是有共同性的，是学习和教育而使人与人产生了差异。实际上"成人"并不是平均发展，而是承认人的个性基础上，各方面素质尽可能地得到发展。他承认每一个人存在个体差异，从个体间的智力差异来看，智力是人的观察、记忆、想象、思维等多种认识能力的综合体现，孔子将人的智力以中等为界，划分为上等、中等、下等，认为"中人以上，可以语上也。中人以下，不可以语上也"②。这与由法国人比奈提出的"智商"，即 IQ 的划分非常相似。比奈和他的学生根据测验认为正常人的智商在 85—115 之间，平均智商定为 100，代表智力中等。现实生活中一般人的智力水平相当，确实也存在高智商的人和低智商的人，所以孔子这样的划分也是符合事实的。在具体的德育过程中要传授

---

① 〔宋〕朱熹：《四书章句集注》，北京：中华书局 2012 年版，第 369 页。
② 〔清〕阮元校刻：《十三经注疏·论语注疏》（五），北京：中华书局 2009 年版，第 5384 页。

第四章　孔子关于德育原则与方法的论述

不同的内容，中等以上智商的人，就给他讲一些高深的道理，中等以下智商的人，就给他讲一些简单的道理，循序渐进，但不能开始就直接讲高深的道理。在他的学生中有"闻一以知十"的颜回，由绘画而联想到礼义制度的子夏，也有愚直的子羔、迟钝的曾参。从个体间的非智力因素来看，非智力因素主要体现在个体间的兴趣、气质、性格、情感等智力因素以外的方面，孔子特别重视学生兴趣的培养，认为"知之者，不如好之者；好之者，不如乐之者"①。人的气质类型也是不同的，孔子认为"不得中行而与之，必也狂狷乎！狂者进取，狷者有所不为也"②，狂者、中行、狷者分别是三种不同的气质类型。狂者类似于今天心理学中的多血质和胆汁质的气质类型，具有活泼好动，思维反应灵活，易于冲动、任性等特征；狷者类似于黏液质和抑郁质的气质类型，具有安静沉稳，踏实、柔软、胆小等特征；中行就是温和，不偏不倚，具有适中和谐的特征，孔子认为狂者和狷者都是不好的，中行才是最好的。子张过于偏激容易任性而走极端；子夏稳重、谨慎；子贡敏锐灵活；冉求多才多艺，但优柔寡断。从个体间的特殊才能来看，不同的人一般具有不同的特长，有的偏于观察能力，有的偏于语言表达能力，有的偏于抽象思维，有的偏于形象思维，等等，并且表现的程度也有所不同。孔子根据每个学生身上表现突出的才能，分成德行、言语、政事、文学四类，其中颜渊、闵子骞、冉伯牛、仲弓在德行方面的才能优秀；宰我和子贡在言语方面的才能出众；冉有和季路在政治上的才能突出；子游和子夏在文学方面的才能超群。孔子不仅认识到不同人之间存在着个体差异，而且看到同一个人在不同年龄阶段也存在差异。

---

① 〔清〕阮元校刻：《十三经注疏·论语注疏》（五），北京：中华书局2009年版，第5384页。

② 〔清〕阮元校刻：《十三经注疏·论语注疏》（五），北京：中华书局2009年版，第5448页。

他说:"少之时,血气未定,戒之在色;及其壮也,血气方刚,戒之在斗;及其老也,血气既衰,戒之在得。"①指出了人在少年、中年和老年不同年龄阶段的特点,并有针对性地提出应着重克服的弱点,说明了每个人自身不是一成不变的,而是在不断变化中的,只有具体问题具体分析,才能施以正确的、有效的德育。综上所述,人的个体差异具有三方面的特征:一是多元性,由于遗传、环境、实践、教育等因素影响,每个人会形成不同的特性,严格意义上来说,没有完全一样的两个人。二是可教性,人之所以会产生个体差异除了遗传因素外,最重要的因素就是教育,通过教育引导人个性的形式与发展。三是发展性,每一个人随着年龄和阅历的不断增加,认识水平不断提高,看待问题的角度会有所不同,表现出的思想和行为也在不断发展变化。

孔子进行德育过程中,在尊重、了解学生不同特点的基础上,有针对性地因材施教。首先,认真了解不同的学生特点。从孔子对每一个学生的评价中可以看出,正是他对学生有深刻的了解,才能作出恰如其分的评价。他主张"不患人之不己知,患不知人也"②,在实践中他积累了很多知人的经验和方法。如"视其所以,观其所由,察其所安"③,"听其言而观其行"④,"众恶之,必察焉;众好

---

① 〔清〕阮元校刻:《十三经注疏·论语注疏》(五),北京:中华书局2009年版,第5479页。

② 〔清〕阮元校刻:《十三经注疏·论语注疏》(五),北京:中华书局2009年版,第5339页。

③ 〔清〕阮元校刻:《十三经注疏·论语注疏》(五),北京:中华书局2009年版,第5347页。

④ 〔清〕阮元校刻:《十三经注疏·论语注疏》(五),北京:中华书局2009年版,第5373页。

第四章 孔子关于德育原则与方法的论述

之,必察焉"①,"观过,斯知仁矣"②,等等。另外他在与学生之间推心置腹、畅所欲言的和谐氛围中,更加真实地了解了每一个学生。

其次,根据学生的个体差异,对症下药,使学生扬长避短,长善救失。孔子对同一个问题,回答不同的学生也不尽相同、各有侧重,引导学生各自思考、理解和实践。如关于问仁。仁是孔子德育的核心,在学生请教关于仁的问题时,他根据不同学生的理解能力、志向、性格、学习态度的特点,从不同角度作了回答和论述。颜渊好学,被列为孔门七十二贤之首,孔子对他讲的是较为高深和抽象的道理,说明了他思想中两个非常重要的概念仁和礼之间的关系,鼓励颜渊继续注重自身的品德修养,还教他礼的具体四方面表现。仲弓以德行著称,孔子称赞他"可使南面"③,因此对他的回答着重在仁政德治的具体实施和运用。司马牛"多言而躁",孔子教导他说话要谨慎,"志浅则言疏,思深则言讱"。樊迟理解能力不强,问仁多次,孔子做了最简明扼要、具体形象的直接回答,可见对同一人问同一个问题,他也不厌其烦地根据不同时间和情况给予回答。子张以忠信而扬名,有志于"学干禄",因此孔子给他讲了政治家要有全面的政治品德素养,以此纠正他性格偏激的弊端。关于问孝。孝是孔子非常重视的伦理规范,是仁的基础和重要表现。《论语》中记载了孟懿子、孟武伯、子游和子夏问孝后,孔子给予的不同回答。孟懿子是鲁国大夫,孔子希望他能够不违背礼,并能身先示范地维护礼。孟武伯是孟懿子的儿子,孔子希望他关心父母,进而关注百姓

---

① 〔清〕阮元校刻:《十三经注疏·论语注疏》(五),北京:中华书局2009年版,第5470页。

② 〔清〕阮元校刻:《十三经注疏·论语注疏》(五),北京:中华书局2009年版,第5367页。

③ 〔清〕阮元校刻:《十三经注疏·论语注疏》(五),北京:中华书局2009年版,第5381页。

的疾苦。子游和子夏是孔子后期学生中的佼佼者,因此孔子将孝的真谛孝敬教给他们。关于"闻斯行诸"① 的问题。冉求和子路都提出了听到后要不要马上去做的问题,孔子却给出了完全不同的答复。公西华不解地问其原因,孔子说:"求也退,故进之;由也兼人,故退之"②,他认为冉求做事瞻前顾后,孔子鼓励他凡是要把握机会,马上行动。而仲由胆大,做事轻率莽撞,孔子要约束他,教他遇事先思考下。

(三) 把握尚中贵和原则

尚中贵和原则属于哲学范畴的原则,即哲学原则。所谓哲学原则就是认识和把握客观事物及人的思想行为的基本准则,是最高层次的指导原则。

尚中贵和就是尚中道、贵和谐,它不仅是中华民族的基本精神,也是孔子进行德育过程中遵循的最高原则。尚中贵和突出的是"中"与"和",所谓"中"在孔子之前就已存在,主要含义是正或正确,作为执政理念和道德规范使用。《论语》中记载:"尧曰:'咨!尔舜!天之历数在尔躬,允执其中。四海困穷,天禄永终。'舜亦以命禹"③,这是统治者由上而下的谕诫,反映了尧、舜、禹相传相授的执政理念,在《尚书·虞书·大禹谟》中记载了舜让位给禹时的告

---

① 〔清〕阮元校刻:《十三经注疏·论语注疏》(五),北京:中华书局2009年版,第5429页。

② 〔清〕阮元校刻:《十三经注疏·论语注疏》(五),北京:中华书局2009年版,第5429页。

③ 〔清〕阮元校刻:《十三经注疏·论语注疏》(五),北京:中华书局2009年版,第5508页。

第四章 孔子关于德育原则与方法的论述

诫:"人心惟危,道心惟微,惟精惟一,允执厥中"①。商汤继承尧、舜、禹关于"允执其中"的告诫,接受左相仲虺"建中于民"②的建议,因此孟子有"汤执中,立贤无方"③的评价。成汤的第十世孙盘庚"行汤之政"④,在迁殷时告诫群臣要"各设中于乃心"⑤。到了西周,周公担心武王弟弟康叔治理的卫国会受到贵族大臣酗酒的影响,而荒于政事,丧德致亡,于是命令康叔宣布禁酒。他在《酒诰》中提出:"丕惟曰,尔克永观省,作稽中德。尔尚克羞馈祀,尔乃自介用逸。"⑥从尧、舜、禹到汤、文、武,再到周公明确地把"中"升华为执政道德。孔子继承和发展了"执中""中德"的思想,吸收了《周易》卦爻辞中的"中行"思想,首次创造性地提出了"中庸",将其视为最高的道德原则,即"中庸之为德也,其至矣乎!民鲜久矣"⑦。中庸的中指恰当、合理、适中之意,凡是正确合理的就属于中道,"过"和"不及"就是不符合中道的两种表现,从而揭示了客观事物普遍具有的质的规定性。中庸是孔子对"允执其中"的传承,从他提到的狂与狷、文与质、进与退等,可知

---

① 〔清〕阮元校刻:《十三经注疏·尚书正义》(一),北京:中华书局2009年版,第285页。

② 〔清〕阮元校刻:《十三经注疏·尚书正义》(一),北京:中华书局2009年版,第342页。

③ 〔清〕阮元校刻:《十三经注疏·孟子注疏》(五),北京:中华书局2009年版,第5931—5932页。

④ 〔汉〕司马迁:《史记》(一),北京:中华书局2000年版,第74页。

⑤ 〔清〕阮元校刻:《十三经注疏·尚书正义》(一),北京:中华书局2009年版,第362页。

⑥ 〔清〕阮元校刻:《十三经注疏·尚书正义》(一),北京:中华书局2009年版,第438页。

⑦ 〔清〕阮元校刻:《十三经注疏·论语注疏》(五),北京:中华书局2009年版,第5385页。

他承认客观事物是矛盾的统一体,只有使矛盾双方保持平衡、适度,"叩其两端而竭焉"①,才能维持事物一定质的量的界限,处于相对和谐有序的状态,防止向不良的状态转化。由此,中庸上升为辩证思维的哲学高度,作为人们认识和把握客观事物的最高准则。

与中庸联系紧密的就是和。"和"字的起源很早,在甲骨文和金文中均有记载。"和"最初是指声音的相应,"声应相保曰和"②,后与音乐相关,将不同声音、音调协调统一就能达到和谐,郭沫若先生认为"和之本义必当为乐器,由乐声之谐,和始能引出调和之义"③。原始先民们用乐舞的形式进行祭神活动,《尚书·虞书·尧典》中说:"诗言志,歌永言,声依永,律和声。八音克谐,无相夺伦,神人以和"④,祭神的目的是协调人与神、人与自然的关系。《尚书》中的"协和万邦"⑤"和恒四方民"⑥"用咸和万民"⑦等论述,足见"和"中心含义指的就是和谐,由指音乐的和谐逐渐引申为天地万物的和谐,广泛地适用于个体、群体、政治等各个领域。

---

① 〔清〕阮元校刻:《十三经注疏·论语注疏》(五),北京:中华书局2009年版,第5408页。

② 〔春秋〕左丘明著、〔三国〕韦昭注:《国语》,上海:上海古籍出版社2015年版,第84页。

③ 郭沫若:《郭沫若全集·考古编》,北京:科学出版社2002年版,第93—106页。

④ 〔清〕阮元校刻:《十三经注疏·尚书正义》(一),北京:中华书局2009年版,第276页。

⑤ 〔清〕阮元校刻:《十三经注疏·尚书正义》(一),北京:中华书局2009年版,第250页。

⑥ 〔清〕阮元校刻:《十三经注疏·尚书正义》(一),北京:中华书局2009年版,第458页。

⑦ 〔清〕阮元校刻:《十三经注疏·尚书正义》(一),北京:中华书局2009年版,第472页。

第四章　孔子关于德育原则与方法的论述

和谐不是简单的同一，关于"和"与"同"的区别，早在西周末年太史伯阳父有过辩证的认识："夫和实生物，同则不继。以它平它谓之和，故能丰长而物归之。若以同裨同，尽乃弃矣"①。差异、矛盾是和的前提，和是使差异的、矛盾的双方处于一种平衡、和谐的统一关系。"和"是事物有矛盾差异的多样统一，是事物多样性存在和发展的动力，如五行相互配合而生成万物。如果去和取同，只有一种声音、一种颜色、一种味道相应地就没有悦耳的音乐，五彩的世界、美味的佳肴，这样无矛盾差异的绝对同一是不能促进事物更新发展的。与孔子同时代的齐国大夫晏婴，曾经用五味、五声和"以水济水""琴瑟之专一"分别比喻"和"与"同"，并进一步将其引申出君臣之间不要可可相因、否否相袭，而要可否相济。君要善倾听各种不同的意见，兼听则明，偏信则暗，臣不能为了讨好君主而一味阿谀，说假话。孔子继承了前人的"和"思想，认同史伯和晏婴关于"和"与"同"的内涵，承认客观事物矛盾构成多样性，和是世界万物存在和发展的规律，首次将"和"作为道德原则，将"和而不同"作为区别君子和小人的标准，他的弟子有若表达了孔子贵和的主张。

"中"与"和"不是截然分开的，而是相互渗透、相互交融、辩证统一的，中内含着和，和也包括了中。"喜怒哀乐之未发，谓之中；发而皆中节，谓之和"②，"中"与"和"都标志事物存在和发展的最佳状态。"中"侧重事物内部的不偏不倚、无过无不及的适度，"和"侧重事物与事物之间、事物要素之间的协调状态。只有每个事物都能适得其中，各种不同的事物组合在一起就能适得其和。

---

① 〔春秋〕左丘明著、〔三国〕韦昭注：《国语》，上海：上海古籍出版社2015年版，第347页。

② 〔清〕阮元校刻：《十三经注疏·礼记正义》（三），北京：中华书局2009年版，第3527页。

和并不是盲目、无原则地混合与调和，而是尊重差异，坚持正确性的协调、平衡，而"中"恰恰提供了达到合理、正确的原则和方法，因此事物各要素或各种不同事物只要在"中"的状态下运行、发展，就能够实现整体的和谐有序。冯友兰先生认为："要达到和，合在一起的各种异都要按适当的比例，这就是中，所以中的作用是达到和"①。由此可见，"中"是"和"的前提和内在本质；"和"是"中"的表现和目的。无"中"便无"和"，求"和"必要"中"，只有尚中贵和，才能最终实现天地位、万物育、天下平、国家宁、百姓安。

尚中贵和连接着世界观与方法论，是真善美统一的最高原则。德育的目标在于培养真善美统一的自由人格，尚中贵和是集中体现真善美统一与发展的原则。

首先，从"真"来看，尚中贵和体现了事物存在与发展根本规律的正确认识。真实与客观事实相符，在孔子看来凡是正确、合理的言行都属于中道。"过犹不及"的提出揭示了客观事物具有的质的规定性，了解了事物的两端，然后因时、因地、因事、因人灵活地执中，做到因"中"而"和"，才是保持事物存在和发展正确性的一般规律。尚中贵和是事物的正反两方面在不偏不倚、协调平衡中相济相生，从而形成一种整合力推动事物生成与发展。显然，尚中贵和本质上符合关于矛盾对立统一的根本规律，而这种矛盾对立统一关系构成了唯物辩证法的本质。列宁曾说过："可以把辩证法简要地规定为关于对立面的统一的学说。这样就会抓住辩证法的核心。"② 坚持尚中贵和就是在德育过程中时刻遵循着如何做，做到什

---

① 冯友兰：《中国哲学简史》，北京：北京大学出版社2010年版，第146—147页。

② 《列宁专题文集·论辩证唯物主义和历史唯物主义》，北京：人民出版社2009年版，第141页。

第四章 孔子关于德育原则与方法的论述

么程度才是正确、合理和恰当的要求，发挥其最大作用。德育内部各要素之间以及德育与其他事物之间处于无偏倚、正确、合理、协同和谐的状态正是"真"的本质。因此，《中庸》将中和视为天下之"大本"和"达道"，求真的过程也是认识和把握尚中贵和之道。

其次，从"善"来看，尚中贵和是隐恶而扬善的实践活动。孔子赞美中庸为至德是基于理性智慧和人文精神的审思和选择，为的是使行为恰到好处、和谐统一，收到完美的效果。孔子说："不得中行而与之，必也狂狷乎！"① 中行就是实事求是、无过无不及，择善而为的正确之道。德无常善，时中为善。德不是僵化的，而是要因时因势而外显为正确的善行，这就需要以礼对社会成员进行约束，最终目的是为了抑恶扬善。孔子的学生有若有深刻的理解"礼之用，和为贵"②，孔子对周礼推行中，有所损益和改造，将仁作为礼的根本，提出"克己复礼为仁"③ "人而不仁，如礼何"④，从人的情感、思想和行为出发由内而外促进身心和谐、人际和谐、人与自然和谐。人人都能够适中、和谐，也会有善言善行。另外，孔子主张将中、和与权变结合起来，能够让人尊德性、达至善，有动力和活力。他说："可与共学，未可与适道；可与适道，未可与立；可与立，未可

---

① 〔清〕阮元校刻：《十三经注疏·论语注疏》（五），北京：中华书局2009年版，第5448页。

② 〔清〕阮元校刻：《十三经注疏·论语注疏》（五），北京：中华书局2009年版，第5338页。

③ 〔清〕阮元校刻：《十三经注疏·论语注疏》（五），北京：中华书局2009年版，第5436页。

④ 〔清〕阮元校刻：《十三经注疏·论语注疏》（五），北京：中华书局2009年版，第5356页。

与权"①，权就是通达权变，可以权衡轻重，补不足，损有余，调整平衡以达至善。孟子继承了孔子的这一思想提出："执中无权，犹执一也。所恶执一者，为其贼道也，举一而废百也。"②

最后，从"美"来看，尚中贵和表现了主体精神上的审美体验。美就是客体具有的中和之美，为主体带来了精神上的愉悦。世界上的万事万物平衡有序就是美的，和谐就是天下的大美。自然界中寒来暑往、春去秋来、山水相间等属于中和之美；《关雎》所表达的"乐而不淫，哀而不伤"③的中和之美；乐是"天下之大齐也，中和之纪也，人情之所必不免也"④，是中和之美的典范；政治上的为政以德，依于仁，爱民恤民，用礼来协调人际关系，"允执厥中"等就是先王治世的美政；君子要"文"与"质"适中和谐才能称得上"文质彬彬"的和谐君子。无论是自然之美、艺术之美、政治之美，还是人格之美，从本质上来看都是一种中和之美，都是以中和为判断美丑的标准。《中庸》提出："仲尼祖述尧舜，宪章文武，上律天时，下袭水土。辟如天地之无不持载，无不覆帱。辟如四时之错行，如日月之代明，万物并育而不相害，道并行而不相悖。小德川流，大德敦化，此天地之所以为大也。"⑤ 这些既赞扬了孔子，又描绘出

---

① 〔清〕阮元校刻：《十三经注疏·论语注疏》（五），北京：中华书局2009年版，第5411页。

② 〔清〕阮元校刻：《十三经注疏·孟子注疏》（五），北京：中华书局2009年版，第6025页。

③ 〔清〕阮元校刻：《十三经注疏·论语注疏》（五），北京：中华书局2009年版，第5360页。

④ 〔清〕王先谦撰，沈啸寰、王星贤点校：《荀子集解》（下），北京：中华书局1988年版，第380页。

⑤ 〔清〕阮元校刻：《十三经注疏·礼记正义》（三），北京：中华书局2009年版，第3547页。

天地自然、万物、德行等和而不同的中和之美。

真善美统一于尚中贵和之中，尚中贵和本身就是一个不断推动真善美发展、实现人格全面发展的最高原则。在孔子进行德育过程中，表现出人自由全面发展的理想和人自身不断超越中和理想人格的实现过程。

二、孔子德育途径

从古至今，德育都是通过一定的途径来实施的。途径就是通往既定目标的必由路径和渠道。德育途径是德育过程的中间环节，是一个概括性的概念，指的是教育主体采取的渠道和方式的总称。德育途径主要包含三方面：其一，德育途径是各种具体的方式、手段的概括，是解决问题客观存在的总渠道；其二，德育途径受原则的指导，服务于其目标、内容。离开了目标、内容和原则，它就没有存在的意义和价值。其三，德育途径是连接教育者与受教者的桥梁，是顺利、有效地开展德育必由之路。与德育途径紧密相连又难以区分的是德育方法。德育方法是教育者对受教者施教的基本手段，一般指德育的实施方法。德育途径和方法同属于德育过程的中间环节，共同遵循德育原则，连接着目标和内容，直接影响效果，这些都是两者之间的重要联系。德育途径和方法的区别在于：一方面，途径相对于方法概念具有较高的概括性，解决的是总渠道的问题，一般表现为客观存在或主观见之于客观的经验总结；另一方面，方法比途径更加具体，解决的是落实的问题，一般在德育实践中表现出主观性和灵活性。

孔子在进行德育过程中，在有教无类、因材施教、尚中贵和原则的指导下，力求通过学、思、行三种途径传授德育内容，实现培养"成人"的目标。其中学是最基本的途径，包括向老师学、向身边的人学和向自己学。思是重要的途径，只有通过思考才能受到启迪，将学到的内容消化，从而内化为美好的品质。行是关键的途径，将理论与实践结合起来，通过实践行动把内在的品质表现出来，在实践中又受到教育。三种途径相辅相成，良性循环，避免了无的放矢的空洞说教。

（一）"学"是基本途径

孔子顺应了时代的要求，兴办了当时最大的学校，遵循"有教无类"的原则，学生日益增多，如何提高德育的效果成为重要问题。他充分尊重学生的主体地位，强调人人可以通过教育成才的同时，特别重视通过学而发挥受教育者的主体作用。教与学的宗旨是一致的，学是教的基础，离开了学，教就无意义。《左传》提出了"夫学，殖也，不学将落"①，指明了为学对人生存和发展的重要性。孔子特别重视学，《论语》开篇就是《学而》，第一章的第一句话就是从学开始。由此可见，"学"在孔子德育中的特殊地位。

首先要确定孔子所提倡"学"的本质和对象，然后再进一步分析为什么"学"是德育的基本途径。提到"学"常常给人的感觉就是读书，中国人将读书做过令人心动的比喻"书中自有黄金屋，书中自有颜如玉"，也有凿壁偷光、悬梁刺股等数不清的勤奋刻苦的读书人。孔子提倡的"学"不仅仅指读书，还是一种认识活动。朱熹认为"学之为言效也。人性皆善，而觉有先后，后觉者必效先觉之所为，乃可以明善而复其初也"②，"学"要以人为师，通过仿效才能有所觉悟，即"明善而复其初"。他没有将"觉悟"和"仿效"

---

① 〔清〕阮元校刻：《十三经注疏·春秋左传正义》（四），北京：中华书局 2009 年版，第 4530 页。

② 〔宋〕朱熹：《四书章句集注》，北京：中华书局 2012 年版，第 47 页。

第四章 孔子关于德育原则与方法的论述

对立，而是将仿效作为一种方式，因此他的理解较为符合孔子言"学"的意思。孔子常将"学"与"思"对言，"学"侧重于外向的认知活动，如读书、观察、提问、模仿等，"思"侧重于内在的认知活动，如思考、反省、体悟等。"述而""好古""问""闻""见"都是为了获得知识、认识世界和改造世界，因此均属于"学"的范畴。在与人交往的过程中，取法别人也属于"学"，正所谓"三人行，必有我师焉：择其善者而从之，其不善者而改之"①，孔子本人就是随处取益、无处不学的。对此他的学生子贡曾有过这样的描述："文武之道，未坠于地，在人。贤者识其大者，不贤者识其小者。莫不有文武之道焉。夫子焉不学？而亦何常师之有？"② 赞美了孔子善于向他人学习，学无常师的美好品德。总之，孔子将"学"视为一种认识活动，其目的是为了获得知识，提升道德修养，提高人们认识世界和改造世界的能力，实现人的全面发展。可以说，孔子大大拓展了"学"的内涵和外延，改变了仅仅依靠教而获取知识的唯一渠道，在实践中，人们可以通过问、视、听、言、行等手段实现博学，为进行德育活动开辟了广阔的天地。孔子明确地提倡博学，《雍也》和《颜渊》重复出现了"博学于文"，孔子的学生子夏也说："博学而笃志，切问而近思，仁在其中矣"③。由此可见，博学是通向仁，"作为一个完整的人，占有自己的全面的本质"④ 的一种必由

---

① 〔清〕阮元校刻：《十三经注疏·论语注疏》（五），北京：中华书局2009年版，第5393页。

② 〔清〕阮元校刻：《十三经注疏·论语注疏》（五），北京：中华书局2009年版，第5503页。

③ 〔清〕阮元校刻：《十三经注疏·论语注疏》（五），北京：中华书局2009年版，第5501页。

④ 《马克思恩格斯文集》第1卷，北京：人民出版社2009年版，第189页。

之路。在《论语》中将"学"的内容总结为"文、行、忠、信",这四个方面相互联系、相互影响构成了统一的整体。文包括《诗》《书》《礼》《乐》《易》《春秋》;行要笃敬,学以致用;忠信侧重在交往做事中的道德修养。孔子的私学设置了德行、言语、政事、文学四个专业,既有对古代历史文化遗产的"学",又有对现实社会政治、伦理、体育以及自然科学的"学",可见"学"是全面地学,具有广泛性。

孔子把"学"作为提高人思想品德素质的第一步骤,作为德育的基本途径主要理由体现在四个方面。其一,成为自由发展的"成人"始于学。孔子为每个人设计人生之路是"吾十有五而志于学,三十而立,四十而不惑,五十而知天命,六十而耳顺,七十而从心所欲,不逾矩"①。人实现自由全面发展,是一个漫长的过程,不是一蹴而就的,需要人长期勤奋努力。"从心所欲"就是人的自由性大大提升,自觉、自为状态下的发展,"不逾矩"说明自由是相对的、具体的,有规矩的自由才是最大的自由。想要达到自由的世界就必须从"学"开始,在"学"的促进下,人逐渐立、不惑、知天命、耳顺一直到"从心所欲,不逾矩"。可见"学"对于人生和人类社会具有非常重要的作用。其二,成为全面发展的"成人"基于学。孔子进行德育的根本目标就是要培养"成人",而"成人"的每一个基本要求都离不开"学"。他说:"好仁不好学,其蔽也愚。好知不好学,其蔽也荡。好信不好学,其蔽也贼。好直不好学,其蔽也绞。好勇不好学,其蔽也乱。好刚不好学,其蔽也狂。"② 仁、知、

---

① 〔清〕阮元校刻:《十三经注疏·论语注疏》(五),北京:中华书局2009年版,第5346页。

② 〔清〕阮元校刻:《十三经注疏·论语注疏》(五),北京:中华书局2009年版,第5485页。

信、直、勇、刚这六种美好的品德都需要通过"学"而获得和完善，如果脱离了"学"的途径，就会失去维护人发展的动力，甚至走向过的一面流变为愚仁、荡知、贼信、绞直、乱勇、狂刚六种弊病。孔子一贯提倡适度，时中，"学"恰好是保持事物处于良好状态的最有效的途径。仁是孔子毕生追求的，它不是抽象的、盲目的，而是通过"学"而获得践行的美好品质。仁要通过"学"才会明其所以，才是一种较高的理智德行。离开了学，仁会向不良的状态转化，变成愚。管仲辅佐"桓公九合诸侯不以兵车"而"一匡天下，民到于今受其赐"[1]，使从不轻易许人以仁的孔子，连连称赞管仲为仁人、惠人。他并没有因为管仲"器小"、不俭、不知礼而否定其仁，正是通过"学"才能不教条，不以点盖面，克服愚忠的弊病，作出全面客观的评价。人有了聪明才智而不学就会肆意妄为，如同漂在水面上，没有行驶方向的船一样。诚实守信本是好事，若不以"学"所获，只是一味坚守其后果则为贼。这里的贼并不是盗贼的意思，而是伤害的意思。信之过就会害人害己。直之过则绞，"直"就是实事求是、正直，"举直错诸枉，能使枉者直"[2] 就有弘扬社会正气的意思。"直"脱离了"学"就会因急切、尖酸刻薄而伤及无辜。"勇"之过为"乱"，人生无勇一定会困难重重、步履维艰，有勇才会奋进前行、伸张正义，若离开了"学"就会因鲁莽而生乱。"刚"之过为"狂"，"刚"是一种坚韧不拔的精神，过度的"刚"就会导致狂妄自大，通过"学"才能刚柔并济。总之，成为全面发展的人必须通过"学"增长理性智慧，用理性去驾驭，才能明辨是非利弊，

---

[1] 〔清〕阮元校刻：《十三经注疏·论语注疏》（五），北京：中华书局2009年版，第5457页。

[2] 〔清〕阮元校刻：《十三经注疏·论语注疏》（五），北京：中华书局2009年版，第5348页。

实现利人利己。其三，学联结着德育中的各个要素。孔子最担忧的事就是"学之不讲"①，为人师表要先不断通过"学"来改造和发展自我，"温故而知新，可以为师矣"②。他认为"教学相长"，教的过程就是学的过程，可见教育者与受教育者之间是双向互动的关系。受教育者通过"学"，认同并内化教育者所传递的思想观念、政治观点、道德规范等，从而在实践中表现出良好的品行。"学"承担着传递、反馈、调节德育内容的功能，促使目标、原则、方法等要素同向互动，产生良好的效果。其四，人思想的转变缘于学。孔子认为人人都有可教性和可塑性，要重视学、勤于学、善于学。人们在实践中积累经验，加深思想认识，从而能够具备深刻的洞察力和高屋建瓴的远见卓识，遵循客观事物发展规律，恪守"毋意、毋必、毋固、毋我"③的教诲，少犯固执己见的主观主义错误，掌握分析问题和解决问题的能力，也就可以出仕以安人、安百姓。孔子的学生子夏对孔子的这一思想理解得非常到位，提出"贤贤易色；事父母，能竭其力；事君，能致其身；与朋友交，言而有信。虽曰未学，吾必谓之学矣"④，句中的第一个"贤"为动词，可用"劳"来解释，第二个"贤"为贤能、贤德的意思，"贤贤"连用意思是指用自己的辛劳实现美好的贤德。"易"有不间断地改变、转变、变化的意思，"色"引申为态度、思想等。"贤贤易色"可以理解为通过学习

---

① 〔清〕阮元校刻：《十三经注疏·论语注疏》（五），北京：中华书局2009年版，第5390页。

② 〔清〕阮元校刻：《十三经注疏·论语注疏》（五），北京：中华书局2009年版，第5347页。

③ 〔清〕阮元校刻：《十三经注疏·论语注疏》（五），北京：中华书局2009年版，第5407页。

④ 〔清〕阮元校刻：《十三经注疏·论语注疏》（五），北京：中华书局2009年版，第5337页。

第四章　孔子关于德育原则与方法的论述

积累提升贤德，进而改变自己思想，这四个字可谓是抓住了"学"的精华，人为学在于树立正确的思想，学习实践是正确思想的形成的基本途径。人在家庭中能够孝顺父母，在工作中尽心竭力，与朋友交往能够言而有信，在生活实践中不断地学，即便是没有读书，却也是有真学问的。人往往从实践中获得的认识理解得更为扎实，正确的思想也容易形成和巩固。但也不能只重视实践而轻视理论的指导，而是要将"无字书"与"有字书"即理论与实践结合起来。

孔子不仅强调学的重要性和基础作用，怎样学才能收到良好的效果才是最为关键的问题。

首先，孔子认为"习"是"学"的延续。"学而时习之，不亦说乎"①，将学、习并举不是简单的重读，"习"本义是指鸟反复地试飞，引申为实践、实习、温习，与"学"相连侧重于"用"。"习"不仅是"学"的巩固和提高，还能够灵活变通，举一反三，获得新知，这也是温故知新的道理。习近平总书记在中央党校建校80周年庆祝大会上提出："读书是学习，使用也是学习，并且是更重要的学习。"②

其次，对"学"的态度直接影响"学"的效果。在孔子看来，"学"是艰苦而漫长，伴随人一生的实践活动，端正对"学"的态度才能取得良好的学习效果。第一，要实事求是。"学"是一件非常严肃、认真、谨慎的事情，"知之为知之，不知为不知"③，理论联

---

①　〔清〕阮元校刻：《十三经注疏·论语注疏》（五），北京：中华书局2009年版，第5335页。

②　习近平：《在中央党校建校80周年庆祝大会暨2013年春季学期开学典礼上的讲话》，北京：人民出版社2013年版，第10页。

③　〔清〕阮元校刻：《十三经注疏·论语注疏》（五），北京：中华书局2009年版，第5348页。

系实际，提倡真学、实学。毛泽东曾在《改造我们的学习》一文中提到学习要"恭恭敬敬地学，老老实实地学。不懂就是不懂，不要装懂。不要摆官僚架子。钻进去，几个月，一年两年，三年五年，总可以学会的"①。第二，要虚心勤奋。孔子认为自己不是"生而知之"的天才，深感自己的不足"学如不及，犹恐失之"②。因此，他废寝忘食地学习，进入周公的太庙，每件事都要虚心求教、"敏而好学，不耻下问"③。第三，要持之以恒。学是一个坚持不懈的过程，最怕半途而废。孔子教人学要"有恒"，只要有恒心，才能百折不挠，使"亡而为有，虚而为盈，约而为泰"④。正如毛泽东在延安告诫各级干部："学习一定要学到底，学习的最大敌人是不到'底'。……把学习的一切困难都克服下去，是一定可以把这些学问搞好的，但主要的是不要半途而废，如果不是这样，那会一无所成的。"⑤

最后，重在培养对"学"的兴趣。只有对"学"有浓厚的兴趣，才能将"要我学"变为"我要学"，调动人的积极性，把学习当成一种志向和追求，而好学乐学。好学才能学好，孔子自己感到自豪的就是好学。他说："十室之邑，必有忠信如丘者焉，不如丘之好学也。"⑥ 颜渊是他众多学生中最好学的一位，他认为颜回死后就

---

① 《毛泽东选集》第四卷，北京：人民出版社1991年版，第1481页。

② 〔清〕阮元校刻：《十三经注疏·论语注疏》（五），北京：中华书局2009年版，第5402页。

③ 〔清〕阮元校刻：《十三经注疏·论语注疏》（五），北京：中华书局2009年版，第5374页。

④ 〔清〕阮元校刻：《十三经注疏·论语注疏》（五），北京：中华书局2009年版，第5393页。

⑤ 《毛泽东文集》第二卷，北京：人民出版社1993年版，第184页。

⑥ 〔清〕阮元校刻：《十三经注疏·论语注疏》（五），北京：中华书局2009年版，第5376页。

再也没有他那样好学的人了。孔子赞许颜回好学，能够"不迁怒，不贰过"，意思是通过学习能够不迁怒于人，有过必改，不会再犯同样的错误，这也是好学的标准。好学就是"食无求饱，居无求安，敏于事而慎于言，就有道而正焉"①，好学是在生活中不讲求吃穿住等，有志于学的一种健康生活方式，是勤快做事、谨慎说话的言行方式，是向品德高尚的人看齐的一种追求。好学不如乐学，"知之者，不如好之者；好之者，不如乐之者"②，兴趣是学的直接动力，在学习中感受乐趣，才会自觉、自为地学习而不厌倦。

（二）"思"是重要途径

"思"是人脑具有的功能，孔子将"思"与"学"作为德育两条并行的途径而提出，明确了"学"与"思"的辩证关系，对人之"思"作了质的规定，提出"思"的具体表现。

"学"与"思"之间是相辅相成、辩证统一的关系。孔子将两者之间的辩证关系总结为"学而不思则罔，思而不学则殆"③。一方面，"学"离不开"思"，无"思"之"学"不是真学而是白学。如果只学习不思考，就会受蒙蔽，使"学"陷于困境或置于死地。因为只有通过"问""见""闻""察"等得到知识，通过分析、归纳、判断、推理的理性思维整理和加工，才能不被所学的知识迷惑，转化为自己的认知系统，做到学以致用。否则，不经过思考，所学的

---

① 〔清〕阮元校刻：《十三经注疏·论语注疏》（五），北京：中华书局2009年版，第5338页。
② 〔清〕阮元校刻：《十三经注疏·论语注疏》（五），北京：中华书局2009年版，第5384页。
③ 〔清〕阮元校刻：《十三经注疏·论语注疏》（五），北京：中华书局2009年版，第5348页。

认知就如同人吃下食物没有经过咀嚼和消化一样，必然是杂乱而零散的，甚至会使学习的道路受阻，更不是为己为人有用的"学"。孔子说："未之思也，夫何远之有？"① 在学基础上的思可以弥补学的不足，有助于锻炼人的思维肌肉，培养创新能力，进而扩大学的广度和深度，掌握正确系统的知识。另一方面，"思"也不能脱离"学"，"学"是"思"的根本和依据，无"学"之"思"不是真思而是空想。如果只思考不学习，是徒劳无益的，甚至会遭受到危险。因为只有在不断学习基础上的思考，才会有牢固的根基，能够循着客观规律开拓创新。否则，只思考不学习，会导致思而无物，使思考脱离实际，进入想入非非的无控制状态。所以孔子说："吾尝终日不食，终夜不寝，以思，无益，不如学也。"② 脱离学的思会使人产生疑惑而变得惶恐不安，进而偏离人间正道，还有可能危害社会和他人并断送了自己。"学"能够为"思"提供源源不断的营养，把握好"思"的方向，提升思考的效率，促使"思"开花结果，绽放出思维的光辉。孔子主张学思兼得，包含着感性认识和理性认识同时并重的萌芽。在学与思并重的同时，强调"学"在前、"思"在后的逻辑关系，这一观点符合唯物主义认识规律。

　　孔子对"思"的理解，主要体现在三个方面。首先，体现在他对咸卦九四爻辞的解释中。《周易》中说："憧憧往来，朋从尔思"③，描绘了"思"这一不可捉摸之物的动态存在方式。孔子对

---

① 〔清〕阮元校刻：《十三经注疏·论语注疏》（五），北京：中华书局2009年版，第5411页。
② 〔清〕阮元校刻：《十三经注疏·论语注疏》（五），北京：中华书局2009年版，第5470页。
③ 〔清〕阮元校刻：《十三经注疏·周易正义》（一），北京：中华书局2009年版，第182页。

第四章 孔子关于德育原则与方法的论述

"憧憧往来,朋从尔思"这八个字提出了自己的看法,认为"天下何思何虑?天下同归而殊途,一致而百虑"①。他用自问自答的方式概括了"思"的实质和特点。其一,说明"思"并不仅仅存在于人脑中,还存在于人的实践之中。因为人的最终归宿是一致的,但所走的道路却各式各样,所以人之思才会千差万别。其二,说明"思"是多样性的统一。天下的人都有思有虑,"同归"使"思"具有一致性、同一性,"殊途"使"思"有"百虑",即多样性。在孔子看来,"思"是既简单又复杂的统一体。其三,说明"思"要遵循客观规律。他说:"日往则月来,月往则日来,日月相推而明生焉。寒往则暑来,暑往则寒来,寒暑相推而岁成焉。往者屈也,来者信也,屈信相感而利生焉。"② 意思是人之"思"不过是在天地自然运转的规律之内,借用了日月、寒暑的自然更替得出人的"思"也是有规律的,并要遵循这一来一往的流变。其四,说明"思"的主观能动性。"思"是人所特有的,人通过思考能够判断是非,谨慎选择,趋利避害。孔子说:"尺蠖之屈,以求信也。龙蛇之蛰,以存身也。精义入神,以致用也。利用安身,以崇德也。"③ 人通过思考能够自主地判断,作出正确选择,该屈则屈,该伸则伸,该蛰伏则蛰伏,该施展才干则施展才干。其次,体现在他对《诗》的评价中。《诗》是我国最早的诗歌总集,用"雅言"描绘了社会生活的方方面面,有对昏暗政治的控诉,有对礼仪的颂歌,有展现价值观念的民歌,

---

① 〔清〕阮元校刻:《十三经注疏·周易正义》(一),北京:中华书局2009年版,第182页。
② 〔清〕阮元校刻:《十三经注疏·周易正义》(一),北京:中华书局2009年版,第182页。
③ 〔清〕阮元校刻:《十三经注疏·周易正义》(一),北京:中华书局2009年版,第182页。

等等。司马迁认为古诗一共三千多篇，正是孔子整理精选出三百篇，这即是流传至今的"五经"之一——《诗经》。《论语》中也经常引用《诗》作为教学的内容，正是培养"成人"的体现。孔子推崇学诗的理由不仅在于《诗》包含着丰富的历史文化传统和仁政德治的理念，还在于它能够激发人的想象力和创造力，涵养情感和意志，是"思"的源泉。他用"思无邪"来概括《诗》的全部精华，同时"思"也具有了质的规定性，即"无邪"。"邪"与"正"相对，"无邪"就是"正"，"思无邪"就是思想纯正，没有邪念的意思。朱熹将"思无邪"注解为："凡诗之言，善者可以感发人之善心，恶者可以惩创人之逸志，其用归于使人得其情性之正而已。"① 孔子希望通过"思"而最终达到人的思想归于纯正的目的，这个"思"一定是去伪存真之思、去恶为善之思、去邪扶正之思。否则，投机取巧，偏离正道之思，不仅误己，而且误人。曾子进一步理解孔子对"思"的规定，提出"君子思不出其位"②，说明"思"要从现实出发，立足此"位"，奋发图强，展示创新之思，才能取得成功。最后，体现在他修己安人的主张中。上"田"下"心"为"思"，这一结构包含了两层含义：一是人心上并不是空荡荡的，而是有人们赖以生存的"田"的存在，说明"思"之有物。二是人心上是能够培育万物的"田"，如同将"心"作为种子，种植在"田"里，在浇水施肥后，"心"会由小变大，茁壮成长起来，说明"思"具有无穷的生发力和创新力。人应该"思"什么才能不断开发"思"的潜能呢？孔子认为人无不在思修己之道和安人之道，也就是正己之思和正人之思。人生活在社会中就会不断思考着自己如何生存，

---

① 〔宋〕朱熹：《四书章句集注》，北京：中华书局2012年版，第53页。
② 〔清〕阮元校刻：《十三经注疏·论语注疏》（五），北京：中华书局2009年版，第5458页。

如何提升自己的问题，在人与人交往过程中又会思考怎样帮助他人，使他人也过得好。一般情况下，人之"思"直接影响到众人的所作所为，特别是参与治国理政的人要多为他人而思，用今天的话来说就是"为人民服务"，多思考怎样才能博施济众、安人和安百姓，多做利国利民的事情。孔子为了实现天下有道的追求，通过认真地思考后，看到了人的力量，一生坚持不懈进行德育来影响和提升人的思想。他说过："夷狄之有君，不如诸夏之亡也。"① 华夏子孙人人皆有文化，即使亡国了也会再复兴，因此他一生所有的精力都放在了如何培养人上，孔子之思可谓是高远之思。孔子不提倡人做书呆子，而是教育自己的学生要有想象力和创新能力。人人具有富于创造、创新思维，不但能够创造性地运用自己所学，使之适应时代需要，提升自身，还能够激发社会的活力。因此，孔子提倡的"思"是无邪之思，立足于现实之思，具有多样性和创造性的为己与为人相统一的"思"。郝大维和安乐哲在《通过孔子而思》中评说道："孔子对'思'的理解以一种其他主要哲学观念前所未有的方式避免了规范化思想和自发性思想的割裂。"②

德育向受教育者所传递的信息经过"学"的认知后，如何将其上升到理性认识阶段并转化为正确的行为有待于"思"的进一步拓展与深化，也就是要有去粗取精、去伪存真、由此及彼、由表及里改造创新的功夫。孔子认为"思"的功夫表现在现实生活中的方方面面，提出要"九思"，中国传统文化中九是阳数中最大的，"九思"是对"思"的极高要求，不仅要思得广，把事情的各方面尽量

---

① 〔清〕阮元校刻：《十三经注疏·论语注疏》（五），北京：中华书局2009年版，第5336页。

② 〔美〕郝大维、〔美〕安乐哲：《通过孔子而思》，何金俐译，北京：北京大学出版社2005年版，第46页。

思虑周全，善于阙疑阙殆，还要思得深，思越深邃，越能思透、思清，做到举一反三，闻一知十，由博返约。由此，孔子列举了"思"具体表现的九个方面，即"视思明，听思聪，色思温，貌思恭，言思忠，事思敬，疑思问，忿思难，见得思义"①。其一，"视思明"的意思是人在睁眼看世界时要思考，这样才能看清楚、看透彻、看准确。"视"是眼睛的功能，人们用眼睛了解世间的万物，而世界上的事物又是真真假假、虚虚实实的矛盾统一体，如何透过现象看清事物本质，只有通过"思"才能使人不受假象的蒙蔽，看到真相。"思"就像光线射入人的眼睛并直通心灵，使人看得明白、看得高远、看得真实，否则，不善于思考，人会眼不明心不亮。孔子也曾被自己的双眼蒙蔽，澹台灭明想要投师门下，他看到澹台灭明相貌丑陋，便认为没有君子之才。实际上澹台灭明是一个好学、品德端正、非常有才干的人才。孔子教人识人的方法时就直接指出要"视其所以，观其所由，察其所安，人焉廋哉？人焉廋哉"②，要对一个人的行为、动机、目的等综合分析，才能更加清楚地了解其人。经常思考能够使人的眼睛看到光明，自然会有积极、豁达和乐观的精神。其二，"听思聪"的意思是人在听的时候也要多思考，把该听的听进去，不真实的听出来，才能真正地听清、听懂。"听"是耳朵的功能，人们常说耳聪目明，耳朵是另一种了解世界事物的重要渠道，如何使人的耳朵能够敏锐地获取信息，同样需要通过"思"，这个听进去和听出来的过程就是选择、分析、判断的过程，即是"思"的过程，只有这样才能听得准、听得全、听得懂，做到真正的耳聪。

---

① 〔清〕阮元校刻：《十三经注疏·论语注疏》（五），北京：中华书局2009年版，第5479页。

② 〔清〕阮元校刻：《十三经注疏·论语注疏》（五），北京：中华书局2009年版，第5347页。

孔子曾经十分相信听到的，听到别人说的话就相信一定会去做，后来他发现实际情况有时并不是这样，于是改正了只听其言不思考的毛病，变成了既要听其言，还要观其行。另外，孔子还反对道听途说，随便听到了什么，没有根据不负责任地就传播，这样做是不道德。这也告诫我们听到一件事，多动脑筋在没有弄清楚之前不要随便相信或乱传，俗话说"谣言止于智者"。其三，"色思温"的意思是人的脸色或面部表情由心的思考而变得温和。"温"符合孔子一贯提倡的中庸思想，是人内心平和、宁静的状态，"温"之过就是"热"，不及就是"冷"。俗话说"面由心生"，面部表情过于热情、过于高兴可能会显得轻浮；过于冷淡、过于悲伤又会显得愁眉不展。过冷、过热即是"不温"，给人的感觉都不舒服，如何使人之"色"保持"温"就需要"思"去协调、平衡。用理性的思维去控制人的性格、情绪等，去转变对人和事的看法，才能保持"自尊自信、理性平和、积极向上"的社会心态，这样的人呈现出的气质自然是宠辱不惊，温和安宁。孔子给人的感觉是"温而厉，威而不猛，恭而安"[1]，他的学生子贡说："夫子温、良、恭、俭、让以得之。"[2] 意思是孔子取信于人是凭借温和、善良、恭敬、节俭、谦让这五种美德，其中把"温"放在了第一位。他的学生子夏把"即之也温"[3]作为君子应有的"三变"之一，来表达君子给人温和可亲的感觉。其四，"貌思恭"的意思是人的面貌、仪表、举止经过思考才能表现

---

[1] 〔清〕阮元校刻：《十三经注疏·论语注疏》（五），北京：中华书局2009年版，第5395页。

[2] 〔清〕阮元校刻：《十三经注疏·论语注疏》（五），北京：中华书局2009年版，第5337页。

[3] 〔清〕阮元校刻：《十三经注疏·论语注疏》（五），北京：中华书局2009年版，第5502页。

得恭敬。人与人的初次交往中首先注意到的是人的面貌。面貌是区分人的标志，每一个人的面貌是不同的，即便是双胞胎也不是完全一样的。另外，面貌不仅指人的长相，还指人的仪表、举止、行为等整体的气质和风貌，这种气质和风貌是要通过学习思考才能表现得恰到好处或恭敬得体。离开了"思"，仪表、举止等不受约束而变得放肆、傲慢无礼，在家不懂尊敬长辈，出门不懂尊重他人，势必会给人没有教养、不文明的感觉。孔子所思之恭并不是"足恭"，即装模作样过分地恭顺，而是不假装、不做作、真心诚意地恭敬。他说："能行五者于天下，为仁矣。"① 五者当中将"恭"排在第一位，可见人的行为举止做到真正的恭敬是不容易的，势必要通过"思"才能实现。其五，"言思忠"的意思是人在说话时要想一想，才能言而有信，表达忠诚、得体。能"言"是人与动物的主要区别，也是人嘴巴的主要功能之一，更是了解人的主要渠道，孔子说："不知言，无以知人也"②。根据杨伯峻先生的统计，《论语》中"言"字共出现126次，言语连用出现1次，作为孔子学生言游的姓名出现1次，它的使用频率竟超过了"仁"，足见孔子对"言"的重视，他的学生宰我和子贡通过学习思考成为言语方面优秀代表。"言"对于人的发展和国家的兴衰都极为重要，孔子强调人要慎言、讷言、雅言、言而有信、先行后言，才能不断提升自身，还赞同"一言兴邦"和"一言丧邦"的说法。"言"如此重要怎么能不过脑，想说什么

---

① 〔清〕阮元校刻：《十三经注疏·论语注疏》（五），北京：中华书局2009年版，第5485页。

② 〔清〕阮元校刻：《十三经注疏·论语注疏》（五），北京：中华书局2009年版，第5510页。

就说什么呢？孔子认为"未见颜色而言谓之瞽"①，意思是人不思而言就像瞎子一样。他反对巧言，认为巧言者很难成为仁人，从一定角度来看，思考过度的言语就会变成"巧言"，并不是真言、实言。人只有当言则言，不当言则不言，经过思考后而言才是忠言，不伤己亦不伤人。其六，"事思敬"的意思是人做事要经过思考，才能真正了解热爱、敬重事情本身，进而把事情做好。人要在做事中满足自己吃穿住用等物质生活需要，同时也在做事中满足快乐、成功等精神需要。孔子提倡做事要严肃认真，经过思考后有所创新、取得成功，这样才是对事业的敬重。孔子的学生子路设想如果让老师来指挥三军，问他愿意与谁共事。孔子回答说："暴虎冯河，死而不悔者，吾不与也。必也临事而惧，好谋而成者也。"② 说明孔子不愿意与做事不动脑筋、鲁莽行动的人共事，而提倡与遇事谨慎、深思熟虑后果断作出决策的人共事。其七，"疑思问"的意思是人生活在现实世界中，由于自身认识能力有限就会产生很多疑惑，有了疑惑会促使人不断思考，思考得越深刻，才能激发人的问题意识，提出深刻的问题。从某种意义上说，提问是解惑最直接的办法。"问"就是人在实践中经过学习思考后，有了不知道或不清楚的事去请人来解答，提问其实是人把不懂的、怀疑的经过思考后而提出来的问题。在一定条件下，凡事问的越多越深说明人了解的越多，思考的越透彻，疑惑也会越来越少，如果不学习、不思考，脑袋空空便不知道自己不知道，也不知道问什么，就是我们今天所说的缺少问题意识。孔子提倡人要有探究理论本原的精神，简单地说就是让人多

---

① 〔清〕阮元校刻：《十三经注疏·论语注疏》（五），北京：中华书局2009年版，第5479页。

② 〔清〕阮元校刻：《十三经注疏·论语注疏》（五），北京：中华书局2009年版，第5391页。

问为什么，多思考后做到知其然，知其所以然。他说："不曰'如之何，如之何'者，吾末如之何也已矣。"① 就是希望人能够勤于思考，善于提问，才能答疑解惑，有所作为。其八，"忿思难"的意思是人在忿怒生气的时候要思考会有什么后果，才能学会控制自己的情绪，做情绪的主人。"忿"就是生气的意思，从字形来看是分心，心绪散乱直接导致情绪糟糕，表现为怒或恨。人在"忿"的时候是情绪、情感的感性认识占据上风，若任其发展有可能会伤人，也会把事情办砸。一个人成熟与否的标志之一就是学会做自己情绪的主人，孔子讲的"思"就是用理性去驾驭人情绪、情感，防止其放任自流，保持适度，努力提高自己的情商。其九，"见得思义"的意思是人在名利面前，是要思考是否符合"义"，符合道义的、正当的该得就得，否则，不该得的就不要得。这里的"得"范围很广，既包含了物质上的利，又包含了精神上的名。孔子教人在得失面前学会用仁义的标准来思考，进而作出恰当合理的取舍。他提倡通过自己的劳动而得，只要得到财富是正当的，哪怕是做看门或开路的工作，他也愿意去做，如果是"不义而富且贵，于我如浮云"②。人在得的时候一定要想一想提醒自己是否符合道义，才能避免贪欲的滋生。综观孔子讲的"九思"从人的眼、耳、口主要功能到神色、情绪、心态再到举止行为，又提出了"思"的标准，实而不虚、高而不空，囊括了人们生活中的方方面面，是普遍存在于人们现实生活中的，每一思都非常具体，要真正做到又不是一件易事。

---

① 〔清〕阮元校刻：《十三经注疏·论语注疏》（五），北京：中华书局2009年版，第5469页。

② 〔清〕阮元校刻：《十三经注疏·论语注疏》（五），北京：中华书局2009年版，第5392页。

第四章　孔子关于德育原则与方法的论述

（三）"行"是关键途径

"行"是德育的关键途径。德育不能只停留在认识阶段，而应落实到实际行动上，培养"成人"的根本目标，只有通过实践活动才能够实现。在《尚书·商书·太甲下》中伊尹告诫商王："弗虑胡获，弗为胡成？"① 意思是不经过考虑，怎么能有收获？不去实践，怎么能够成功，用反问的语气肯定了实践的重要性。《说文解字》中把"行"解释为"人之步趋也"②，具有动词践行、践履的意思，《论语》中出现的"行"也大多是描述动作行为的，代表实践。孔子提出"躬行君子"③，说明在塑造理想人格过程中，知易行难，关键在于要通过实践活动来提高人的思想觉悟和认识能力。

"行"为什么是德育的关键途径呢？主要原因在于三方面。其一，人正确思想形成和发展来源于"行"。孔子认为行先知后，主张"行有余力，则以学文"④，人通过"行"才能接触客观事物，不断了解发现事物的本质和规律，进而在头脑中形成对事物的正确反映，即人的思想。离开"行"，就无法认清事物的规律，很难形成正确的思想。孔子年轻的时候做过很多事情，使他清醒地认识到实践的重要作用。其二，人思想认识发展的动力是"行"。人要想获得知识和经验，形成正确的思想认识，必须付诸实践，实践才是真正的永动

---

① 〔清〕阮元校刻：《十三经注疏·尚书正义》（一），北京：中华书局2009年版，第349页。
② 〔汉〕许慎撰、〔宋〕徐铉校定：《说文解字》，北京：中华书局1963年版，第44页。
③ 〔清〕阮元校刻：《十三经注疏·论语注疏》（五），北京：中华书局2009年版，第5395页。
④ 〔清〕阮元校刻：《十三经注疏·论语注疏》（五），北京：中华书局2009年版，第5337页。

机。孔子针对社会现实，不断尝试各种方式推行自己的主张，勇敢地进行"损益"，推动他在德育中进行新探索，形成新思想。"行"的水平越高，人的思维能力越强，通过学习文献知识等将其巩固提升到理论层面，再用于指导实践，这样循环往复，会不断提高人的思想认识境界。其三，"行"才是人思想认识的真理性标准。人的思想认识正确与否，不是靠自己来评判的，而是通过"行"来检验。孔子的学生曾子深刻地领悟到孔子的这一思想，提出每日反省自身的一项就是"传不习乎"①，这里的"习"就是实行、实践的意思，说明了老师传授的正确知识，一定要付诸实践，通过实践来检验，才能成为自己的真知。

  如何做到行之有效呢？首先，"行"要与"学"结合起来。人学到的不仅能表达出来，更要体现在实践行动中，如果只夸夸其谈、花言巧语，不付诸实践，这样的学是没有用处的。"学"与"行"相结合，简单地说就是要学以致用。孔子说："诵《诗》三百，授之以政，不达；使于四方，不能专对。虽多，亦奚以为？"② 表明了他反对学和用分离，告诫学生不要做死读书而无所作为的书呆子，要将所学用于政治、外交等实际活动中，做到学用一致。孔子一生致力于把所学运用到政治上，来实现"天下有道"的局面，他希望能够遇到贤明的君王来启用他，并说"苟有用我者，期月而已可也，三年有成"③。他在仕鲁期间的确做到了学以致用，而且有一定的政

---

① 〔清〕阮元校刻：《十三经注疏·论语注疏》（五），北京：中华书局2009年版，第5336页。

② 〔清〕阮元校刻：《十三经注疏·论语注疏》（五），北京：中华书局2009年版，第5446页。

③ 〔清〕阮元校刻：《十三经注疏·论语注疏》（五），北京：中华书局2009年版，第5447页。

绩,"粥羔豚者弗饰贾;男女行者别于途;途不拾遗;四方之客至乎邑者不求有司,皆予之以归"①。他担任中都宰一年周围各地都效仿他的做法,任大司寇后的政绩引起了齐国的畏惧,认为他若为政必霸。其次,要言行一致。孔子说:"古者言之不出,耻躬之不逮也。"②说明谨慎说话的重要性,人能够做到的就说,做不到的就不要说出来。强调人不空言,说得出做得到,并对自己的言行负责,即"君子名之必可言也,言之必可行也。君子于其言,无所苟而已矣"③。他认为"君子耻其言而过其行"④,讨厌巧言令色、口是心非、信口开河的人,"恶利口之覆邦家者"⑤。他教学生要言行一致,考察一个人既要听他的言论,又要看他的实际行动,能够做到"言必信,行必果"⑥,多做少说。在"言"与"行"的先后上,他主张先行而后言,"行"为"言"先,"言"在"行"后。他的学生宰我曾因为言行不一,白天睡大觉而不将说的付诸实际行动受到孔子严厉批评。最后,要身体力行。孔子认为"力行近乎仁"⑦,重视对人进行习惯的养成和行为的训练。要求人从家庭关系中最亲近的亲人

---

① 〔汉〕司马迁:《史记》(二),北京:中华书局2000年版,第1546页。

② 〔清〕阮元校刻:《十三经注疏·论语注疏》(五),北京:中华书局2009年版,第5368页。

③ 〔清〕阮元校刻:《十三经注疏·论语注疏》(五),北京:中华书局2009年版,第5445页。

④ 〔清〕阮元校刻:《十三经注疏·论语注疏》(五),北京:中华书局2009年版,第5458页。

⑤ 〔清〕阮元校刻:《十三经注疏·论语注疏》(五),北京:中华书局2009年版,第5487页。

⑥ 〔清〕阮元校刻:《十三经注疏·论语注疏》(五),北京:中华书局2009年版,第5448页。

⑦ 〔清〕阮元校刻:《十三经注疏·礼记正义》(三),北京:中华书局2009年版,第3536页。

做起，孝敬父母要尽心尽力，对待弟兄要友爱互助，进而扩大到社会中，与朋友交往要做到诚实守信，在工作中做到认真负责。孔子主张身体力行不是抽象的，而是从孝悌做起，由近及远，循序渐进、切切实实地躬行、敏行，养成良好的道德习惯。孔子培养出很多有才干的学生，他们大多数是实干家，而不是空谈者。他们都尽心竭力践行君子之道，积极地为社会作出了自己的贡献，在《史记·儒林列传》中记载孔子去世后，他的学生们分散在各个诸侯国，"大者为师傅卿相，小者友教士大夫"[1]。

学、思、行是一个互为条件、具有内在联系的统一体。由学而得之于心，强调学思并重，把感性认识推向理性认识，思而后行，把理性认识推向实践。由此可见，学、思的目的是为了指导人们去正确地行动，最终归宿是行，正如荀子所概括的"学至于行而止矣"[2]。学、思、行三方面的途径分别在德育中有各自的作用。"学"对人的思想和行为起到定向引导作用和精神激励作用；"思"对人的思想和行为起到调节、约束和矫正作用；"行"对人的思想形成与发展起到决定、推动和检验作用。人通过学习明确了目标，在实践中不断思考总结，调节自己的思想和行为，取得成功，进而再确立新目标，投入到新的实践活动中去。"博学之、审问之、慎思之、明辨之、笃行之"[3]，由学到思再到行，正是知行合一的动态过程。这三个途径综合起来运用，共同构成了孔子德育的基本途径。

---

[1] 〔汉〕司马迁：《史记》（三），北京：中华书局2000年版，第2369页。

[2] 〔清〕王先谦撰，沈啸寰、王星贤点校：《荀子集解》（上），北京：中华书局1988年版，第142页。

[3] 〔清〕阮元校刻：《十三经注疏·礼记正义》（三），北京：中华书局2009年版，第3542页。

三、孔子德育方法

德育方法就是人对德育规律的科学把握和自觉运用，在实践活动中为达到预期目标所采用的思想方法和工作方法。德育方法不仅是其他要素相互联结的中介，还能够激活和调动其他要素参与到德育过程之中，直接影响德育的实际成效。由此可见，德育方法是实现德育目标的重要手段和保证。人类从事的全部活动都是有明确目的的，为了达成目的，人总会选择或利用一切手段、办法、工具等方法。毛泽东将这些方法形象地比喻为过河的桥和渡河的船，认为"不解决方法问题，任务也只是瞎说一顿"[①]。在进行德育过程中，不讲科学的方法，实现目标就无从谈起，必须根据不同的目标、不同的任务，自觉地选择和灵活地运用科学方法，才能保证目标的顺利实现。德育方法是其他要素联结、互动的中介。德育的有效运行，正是德育方法把目标、内容、原则等各个要素调动起来相互联系、相互作用的结果。同时德育方法有正确和不正确、科学和不科学、适宜和不适宜的分别，科学的德育方法必须合乎人的思想政治品德形成发展规律、符合德育规律。只有选择和运用正确而科学的方法，才有助于教育者和受教者之间良好协调互动，顺利传递德育内容，激活其他要素，最大限度地发挥各自效能，有利于目的达成，产生事半功倍的成效。否则，选择和运用的德育方法不正确、不科学、不适用，则会导致教育者与受教育之间形成对立、互逆、僵化的关系，不利于内容的接受，其他要素效能的发挥，必定同德育预定目标不一致，产生事倍功半的成效，甚至有可能造成严重的失误。因

---

① 《毛泽东选集》第一卷，北京：人民出版社1991年版，第139页。

此，保证德育方法科学，就要从实际出发，有的放矢，综合运用。

孔子的思想理论能够为他的学生笃信力行，为历代各个思想家学习效法，为现代人借鉴弘扬，与他在教育方法上的贡献有很大关系。孔子在长期的实践活动中，遵循一定的原则，选择和运用多种多样的方法对一切人进行德育，探索出了一套富有特色、行之有效的方法。这些方法概括地说有两个方面：一是教化，二是自修。就教化方面而言，孔子提出了循循善诱的疏导教育法、以身作则的榜样教育法、里仁为美的环境教育法。就自修方面而言，孔子主要采取为仁由己的自我教育法。其中循循善诱的疏导教育法是普遍使用的基础方法，以身作则的榜样教育法是突出重点的一般方法，里仁为美的环境教育法是优化外部条件，形成合力的方法，为仁由己的自我教育法是激发人主观能动性的内在方法。四种方法从普遍到特殊、从外部到内部、从个别到整体构成了一个既有针对性又有应用性，立体、多维、动态的方法系统。

（一）循循善诱的疏导教育法

孔子经常运用的疏导教育法是他德育理论中的珍品，至今仍被广泛运用。德育中的疏导教育法就是在解决人的思想认识问题时，既要有效疏通，又要善于引导，进而答疑解惑，舒缓情绪，提高人的思想认识。颜渊曾将孔子的疏导教育法集中概括为"循循善诱"。他深有感慨地说："仰之弥高，钻之弥坚。瞻之在前，忽焉在后。夫子循循然善诱人，博我以文，约我以礼，欲罢不能。"[①] 这里的"循循"就是有次序、有步骤地疏通，"善诱"就是善于启发、诱导、引导。"疏导"一词最初是与治水相关的术语，指疏通堵塞的水道，

---

① 〔清〕阮元校刻：《十三经注疏·论语注疏》（五），北京：中华书局2009年版，第5409页。

使之通畅，变水害为水利。后来广泛地应用于德育之中，具有疏通和引导两方面的含义。疏通是在教育者和受教育者之间广开交流沟通之路，有序地让人敞开思想，畅所欲言。引导是把各种不同的思想认识引向正确的道路。疏导教育法中的"疏"与"导"是辩证的统一，疏通是为了掌握人思想认识形成发展的规律，引导是为了预防错误思想的形成，及时地把人们思想引向正确方向。疏通是引导的前提，只有疏通才能认清现实，防微杜渐，对症下药，进行正确地引导。引导是疏通的继续，只有正确地引导，才不至于让人们的各种思想认识放任自流。在疏通中引导，在引导中疏通，两者高度结合才能保证疏导教育法发挥出最大限度的效用。

孔子采用疏导教育法是在遵循人思想品德形成发展规律的基础上进行的。首先，人的各种思想问题需要疏导的方法去解决。孔子认识到在当时的社会条件下，战争不断，宗法制度解体，礼崩乐坏，从一定程度上来看，正是人们的各种思想认识的紧张冲突通过不同方式、不同渠道的外在表现。人们受到各种束缚和压迫，已经不能再用强制性手段来解决各种矛盾，正如《国语》所说的："防民之口，甚于防川，川壅而溃，伤人必多，民亦如之。是故为川者，决之使导；为民者，宣之使言"①。如果不广开言路，强制压服，民怨得不到疏导，这种危害就比堵塞河川而引发的水患还要严重。故而孔子以"仁"为中心，提出"道之以政，齐之以刑，民免而无耻；道之以德，齐之以礼，有耻且格"②，强调用疏导的方法，让人们畅所欲言，集思广益，再加以引导，才能促进人们形成正确的思想认

---

① 〔春秋〕左丘明著、〔三国〕韦昭注：《国语》，上海：上海古籍出版社2015年版，第7页。
② 〔清〕阮元校刻：《十三经注疏·论语注疏》（五），北京：中华书局2009年版，第5346页。

识，自觉地提升思想政治道德素质。毛泽东在《关于正确处理人民内部矛盾的问题》中明确指出："凡属于思想性质的问题，凡属于人民内部的争论问题，只能用民主的方法去解决，只能用讨论的方法、批评的方法、说服教育的方法去解决，而不能用强制的、压服的方法去解决……企图用行政命令的方法、用强制的方法解决思想问题，是非问题，不但没有效力，而且是有害的。"① 讨论、批评和说服都是疏导教育法。其次，人的思想认识提升是一个循序渐进，逐步向纵深发展变化的过程。正如《大学》中总结的"物有本末，事有终始，知所先后，则近道矣"②，孔子正是运用有本有末、有始有终、有先有后、循序渐进的疏导教育法进行德育的。一方面，他重视培养学生逐渐地、由少到多地积累知识的能力，"三人行，必有我师焉"③，就是在生活中随处都有学习的知识，要广泛地不断积累。另一方面，他认为要由浅入深地进行德育。受教育者对基本的知识理解后，就逐步引向更高的阶段。如果直接传授高深的理论，不利于受教育者的接受和认同，而丧失兴趣。如果只满足于浅显的理论，浅尝辄止，不利于受教育者的进步发展。孔子善于运用疏导教育法把学生引入一层又一层认识的新境界，如子路问君子应该具备哪些素质，孔子认为君子首先要"修己以敬"④，在子路两次追问下，他

---

① 《毛泽东文集》第七卷，北京：人民出版社 1999 年版，第 209 页。
② 〔清〕阮元校刻：《十三经注疏·礼记正义》（三），北京：中华书局 2009 年版，第 3631 页。
③ 〔清〕阮元校刻：《十三经注疏·论语注疏》（五），北京：中华书局 2009 年版，第 5393 页。
④ 〔清〕阮元校刻：《十三经注疏·论语注疏》（五），北京：中华书局 2009 年版，第 5461 页。

深入地提出了"修己以安人""修己以安百姓"①。孔子先从作为君子最起码的"修己"说起，自己能够严格要求自己，不断地努力提升，才能逐渐具备更高的素质。君子不应该仅仅满足于"修己"，还要进一步提高，在此基础上还要达到"安人"和"安百姓"的更高境界。由此可见，孔子是逐层深入地引导子路让他充分理解君子人格。最后，融洽亲密的师生关系是疏导教育法的基本条件。疏导教育法是促进教育者与受教育者之间双向互动，逐渐形成共识，减少甚至消除错误思想和不良行为干扰的一般方法。可以说没有双方良好的互动，就无法进行疏导。教育者与受教育者双方在平等民主的氛围中，能够敞开心扉，沟通思想，交流情感，乐于接受，提高认识。孔子与他的学生之间既是师生关系，又是朋友关系。在整个德育实践活动中，孔子在学生心目中处于传道、授业、解惑的主体地位，但孔子却自觉地以学生为主体，如朋友一般把自己融入学生之中，与学生以诚相待，推心置腹，在对话与谈心中，碰撞思想火花，相互激励和促进，实现教学相长。

孔子运用疏导教育法进行德育具体表现在三个方面。其一，采取个别疏导与集体疏导相结合。个别疏导是针对个别人而进行的疏导，集体疏导是针对多个人而进行的疏导，体现了疏导是普遍性和特殊性的统一。孔子及其弟子在周游列国途中被围困在陈国，与外界无法联系，粮尽援绝，跟随的弟子都病倒了。孔子知道在这样紧急而特殊的情况下，人的思想认识会有所变化，他"讲诵弦歌不衰"②，是为了疏导学生们的情绪，鼓励学生在困难面前要坚强。子

---

① 〔清〕阮元校刻：《十三经注疏·论语注疏》（五），北京：中华书局2009年版，第5461页。

② 〔汉〕司马迁：《史记》（二），北京：中华书局2000年版，第1554页。

路的性情急,直接生气地问孔子说:"君子亦有穷乎?"① 孔子从侧面列举了君子和小人对待困境的不同态度,让子路认识到在困境下也要坚持原则。子路的问题直接反映了学生们共同存在的思想困惑,孔子通过疏导减少了学生之间负面情绪的互相传染。而后,他又分别叫来性情急躁的子路、能干的子贡和好学的颜渊进行疏导,询问他们同样的问题:"《诗》云'匪兕匪虎,率彼旷野'。吾道非邪?吾何为于此?"② 根据他们不同的回答,孔子明确地从正面引导了子路和子贡,使他们深刻认识到人在困难的时候,仍有不畏困难百折不挠的意志,仍坚守自己的节操才是君子的本色。而颜回说出了真谛,因此得到孔子的赞扬。孔子在危难时刻继续给弟子们讲诵、弦歌,既疏导了学生们害怕、生气、迷茫的情绪,又表明了自己追求理想矢志不渝的精神,把学生们的思想认识引向积极、乐观、坚强的轨道上来。而后又分别找来优秀的学生进行个别疏导,希望他们能够做到君子的操守,为其他同学作出榜样。孔子运用疏导教育法既激励了人,又教会了人在面临困境或突发事件时应有的态度和应对的能力,使他们度过了难关,取得了良好的德育效果。其二,采取启发诱导的方式。孔子是启发诱导教育法的首创者,主张"不愤不启,不悱不发"③。朱熹对此解释是"愤者,心求通而未得之意。悱者,口欲言而未能之貌。启,谓开其意。发,谓达其辞"④,意思是说人在思考后还没有想明白,想说什么还没有整理好的关键时刻,

---

① 〔清〕阮元校刻:《十三经注疏·论语注疏》(五),北京:中华书局2009年版,第5467页。

② 〔汉〕司马迁:《史记》(二),北京:中华书局2000年版,第1555页。

③ 〔清〕阮元校刻:《十三经注疏·论语注疏》(五),北京:中华书局2009年版,第5391页。

④ 〔宋〕朱熹:《四书章句集注》,北京:中华书局2012年版,第95页。

教育者加以适当及时的启发引导，就能使人跨越思维的藩篱，逐渐由不知向知、由知之甚少向知之甚多、由知之错误向知之正确飞跃。启发诱导的方式强调发挥人的主动性和自觉性，是对人充分尊重和相信的体现。孔子鼓励学生多提问，培养问题意识。他本人入太庙就每事问，他的学生曾参对此领悟出"以能问于不能，以多问于寡；有若无，实若虚，犯而不校"①的道理，多向人请教，不耻下问，更易于疏导教育。在回答问题时，孔子更是灵活地运用各种方法使学生获得真知。有时正面说理，直接摆事实讲道理，联系实际，由近及远，由小见大，由具体到抽象讲清、讲实、讲透，使受教育者明辨是非。如子路和子贡都认为管仲没有死于君，不能算是仁人。孔子就事论事列举出管仲使国家统一走上正道，给人民带来益处的事实，既肯定了管仲是仁人，又从爱民惠民的角度诠释了仁，从而消除了学生对"仁"理解的分歧。有时举一反三，由此及彼，由一个问题能联想出其他许多问题，鼓励学生不断拓展思维能力。如他与子贡谈论人对待贫富的态度时，子贡问老师贫穷而不献媚，富贵而不骄奢，这样的人怎么样？孔子认为子贡已经了解了人对待贫富最起码的精神境界，在此基础上深入地引导子贡说："可也。未若贫而乐道，富而好礼者也"②。既肯定了子贡的提法，又进一步提出了"贫而乐道，富而好礼"这样更高的境界。子贡领悟到其中的道理后，联想到《诗经》上的"有匪君子，如切如磋，如琢如磨"③，孔

---

① 〔清〕阮元校刻：《十三经注疏·论语注疏》（五），北京：中华书局2009年版，第5401页。
② 〔清〕阮元校刻：《十三经注疏·论语注疏》（五），北京：中华书局2009年版，第5338页。
③ 〔清〕阮元校刻：《十三经注疏·毛诗正义》（一），北京：中华书局2009年版，第677页。

子听后赞扬子贡"告诸往而知来者"①。有时开展讨论，鼓励学生各抒己见，交流思想，统一看法。孔子善于创设畅所欲言的环境，如他与子路、曾点、冉有、公西华座谈讨论"各言其志"，耐心地听学生的发言，还鼓励曾点谈谈自己的想法。各抒己见后孔子表明自己的看法，及时引导总结。其三，采取心理疏导的方式。心理疏导是以情感为主线的疏导过程，动之以情，以情感人，才能促进人格的完善和发展。德育之所以会无效，其中一个重要的原因就是没有与受教育者建立感情，缺乏情感或情感对立，受教育者对传递的信息就不乐于接受，甚至会反感。孔子热爱学生，对学生感情深厚，凡事都能为学生着想，充分了解每个学生的性格、品德、能力等特征，给予关怀、鼓励和信任。冉伯牛生病了，孔子亲自前往探望；颜渊早亡，孔子痛哭；子路在卫国的内乱中身亡，孔子一病不起，这些都赢得了学生的尊重和信任，他们愿意与老师谈心交流，接受老师的教诲。孔子与学生在一起总是以知己朋友自居，坦诚交流、平等对话，整部《论语》主要记述了孔子与他人的对话，有与君主的交谈，有对学生的教诲，还有生活中无拘无束的谈心，在良好的氛围中，传递出孔子的各种思想主张。

（二）以身作则的榜样教育法

所谓榜样教育法就是以先进典型的人或事为示范来进行德育，从而使人发自内心地仿效，努力提高思想认识、政治觉悟、道德品质的一种方法。在中国，榜样教育的运用程度远胜于任何国家，有着悠久的历史，其渊源可以追溯到孔子，在他的德育中有许多关于榜样教育法的精辟论述。

---

① 〔清〕阮元校刻：《十三经注疏·论语注疏》（五），北京：中华书局2009年版，第5338页。

第四章　孔子关于德育原则与方法的论述

榜样教育法是孔子坚持德育有教无类、因材施教原则的体现，是共性与个性的对立统一。坚持有教无类原则，扩大了德育的范围，有利于从现实生活中的人和事中发现具有普遍共性的先进典型，树立榜样，引领人的价值观，促进人的全面发展。坚持因材施教的原则，遵循了客观事物发展不平衡的规律，认识到人的思想觉悟有高有低，能力有大有小，实际表现有好有坏，因而现实生活中的不同领域总会有各种各样的榜样。榜样教育法与其他方法相比，具有生动、形象、具体的特点，它能将抽象、枯燥的思想理论、政治主张和道德准则等通过现实生活中某个或某些人物的先进思想、先进事迹鲜活地表现出来，从而引起人们思想情感的共鸣，自觉地接受、学习、对照并仿效，努力形成与榜样相一致的思想政治道德品质。榜样体现了积极、健康、向上、向善的力量，榜样教育法在传递"正能量"方面具有重要的作用。首先，榜样教育法能够满足人"见贤思齐焉，见不贤而内自省也"①的精神需要。生活在现实社会中的每个人都会将自己与他人进行对照和比较，并由此产生模仿和从众的心理和行为，但这种模仿与从众的心理和行为不一定是正面积极的，因此就需要运用榜样教育法将其引向积极健康方面，向榜样的优秀品质看齐。此外，每个人都会有积极上进、不甘落后的自尊心和责任感，榜样身上具有让人钦佩的崇高品质，为人们学习和赶超提供了一个参照物，"譬如北辰"②指引人们形成正确的思想认识。其次，榜样教育法能够激发人的内在动力，调动人的能动性和积极性，向着正确目标奋进。榜样是现实生活中具体的人，是活生

---

① 〔清〕阮元校刻：《十三经注疏·论语注疏》（五），北京：中华书局2009年版，第5367页。

② 〔清〕阮元校刻：《十三经注疏·论语注疏》（五），北京：中华书局2009年版，第5346页。

生的教材,"'高山仰止,景行行止。'虽不能至,然心向往之"①,他们身上具有令人仰慕的高尚品行,激励人产生"心向往之"的强烈愿望,自觉地将自己与榜样做比较,从中发现差距,充分发挥能动性努力地学习榜样的优秀之处,达到与榜样在品行上的一致。最后,榜样教育法对于提高人的思想政治道德素质具有导向作用。榜样本身就是先进的体现,反映着人的价值追求,教育者在运用榜样教育法时,其自身也是榜样起着导向的作用。"其身正,不令而行"②,教育者用自身的言行为受教育者作出了示范,潜移默化地影响着受教者,教育者以身作则,身教示范,就会具有很强的说服力,把人的思想认识和行为引向正面、正确的方向,防止消极、错误因素的增长。

孔子运用榜样教育法的目的是让人们认同、接受榜样的品质行为,并自觉地学习提高,完善自身。要达到这一目的,他分为三步来运用榜样教育法。第一步,以身作则,为学生树立榜样。孔子认为教育者理应是受教育者学习的榜样,教育者的一言一行都会潜移默化地在受教育者身上打上印记。他一生言传身教,但更重"身教",他对学生说:"予欲无言","天何言哉?四时行焉,百物生焉。天何言哉?"③ 实际上,他的用意是提醒学生不一定要通过言语才能学到东西,要善于从老师的行动中学习。他的学生子贡赞誉他

---

① 〔汉〕司马迁:《史记》(二),北京:中华书局2000年版,第1566页。
② 〔清〕阮元校刻:《十三经注疏·论语注疏》(五),北京:中华书局2009年版,第5446页。
③ 〔清〕阮元校刻:《十三经注疏·论语注疏》(五),北京:中华书局2009年版,第5487页。

说:"仲尼,日月也"①,他被历代统治者尊为"至圣先师""万世师表",正是因为他将师德贯注在德育方法之中。他一生严于律己,以身作则,对国家忠诚、对百姓关切、对学生关心,正是毛泽东提倡的"对自己,'学而不厌',对人家,'诲人不倦'"②,是教师中的典范。他要求学生对君主尽忠,他自己先这么做,如"君命召,不俟驾行矣"③;他要求学生爱人,他自己时刻以爱众为先,"子食于有丧者之侧,未尝饱也"④,恪守哀乐不同日,都表现出他与人同悲伤的感情;他要求学生好学,他自己首先学不厌。他时时处处身先示范,为学生树立了好榜样,学生自然乐于接受他的教诲。第二步,选择和确定榜样。孔子经常联系实际,选择和确定榜样,向人阐发自己的思想,取得榜样教育法的最佳效果。他选择和确定的榜样一般具有政治性、超越性、权威性和亲近性。孔子强调榜样教育法的政治教化功能,具有明显的政治色彩。他主张"祖述尧舜,宪章文武"⑤,推崇古代帝王为榜样实现"天下有道""天下为公"的大同社会。特别强调治国理政的人所起到的榜样作用,他说:"政者,正也,子帅以正,孰敢不正?"⑥ 所谓榜样的超越性就是榜样在某些方

---

① 〔清〕阮元校刻:《十三经注疏·论语注疏》(五),北京:中华书局2009年版,第5504页。

② 《毛泽东选集》第二卷,北京:人民出版社1991年版,第535页。

③ 〔清〕阮元校刻:《十三经注疏·论语注疏》(五),北京:中华书局2009年版,第5420页。

④ 〔清〕阮元校刻:《十三经注疏·论语注疏》(五),北京:中华书局2009年版,第5391页。

⑤ 〔清〕阮元校刻:《十三经注疏·礼记正义》(三),北京:中华书局2009年版,第3547页。

⑥ 〔清〕阮元校刻:《十三经注疏·论语注疏》(五),北京:中华书局2009年版,第5439页。

面是出类拔萃的,超过一般人的,从而使人钦佩和向往。榜样的超越性与现实性之间的距离,并不是遥不可及的,而是通过人不断努力是可以实现的。如他说:"巍巍乎,舜、禹之有天下也而不与焉"①,虞舜和大禹虽然富有天下,但能够没有私心,一心为民、为公是人们应该学习的榜样。所谓榜样的权威性是指榜样具有的品行是众所公认的,能够赢得他人的敬仰。孔子以大禹为榜样,因为"禹,吾无间然矣。菲饮食而致孝乎鬼神,恶衣服而致美乎黻冕,卑宫室而尽力乎沟洫"②,大禹为天下修治沟渠水利的功绩是社会认可并弘扬的。所谓榜样的亲近性就是榜样来源于平常人,并不是高不可攀的,而是适于人们效仿的。孔子在众多的学生中选择颜渊作为他们学习的榜样,说明了榜样就在身边。"三人行,必有我师焉;择其善者而从之,其不善者而改之"③,只要用心人人皆可成为榜样,善于学习他人的长处和优点。此外,孔子选择和确定的榜样也是有层次性的,上至尧、舜、禹、汤、文、武、周公等,下至微子、箕子、比干、子产、管仲、史鱼和蘧伯玉等大臣以及孔子的弟子,逐渐使人们形成具体的榜样崇拜观念,进而由崇拜而去追求、效仿、提升,还可以促进形成良好的社会舆论和风气。第三步,宣传和培养榜样。孔子非常善于宣传榜样,介绍并评论榜样及榜样的事迹,表达他自己的思想以实现育人的目的。在宣传榜样时,他特别重视榜样的真实性,推崇的都是对社会、对人民有大功或品德高尚且真

---

① 〔清〕阮元校刻:《十三经注疏·论语注疏》(五),北京:中华书局2009年版,第5402页。

② 〔清〕阮元校刻:《十三经注疏·论语注疏》(五),北京:中华书局2009年版,第5404页。

③ 〔清〕阮元校刻:《十三经注疏·论语注疏》(五),北京:中华书局2009年版,第5393页。

第四章 孔子关于德育原则与方法的论述

实存在的人。榜样只有是真实可信的，不是经过美化、虚构的，才会具有吸引力和感召力，让人们乐于学习和仿效。孔子本人是一个实事求是的人，他在选择和宣传榜样时严格遵守真实性原则，不弄虚作假、张冠李戴，如实考察后才会发表评论。有一次他的学生子贡提出"乡人皆好之"和"乡人皆恶之"① 两种观点，评判一个人的好坏善恶不能从众，只看表面，要真实、公正、客观。所以，孔子认为两种做法都不可取，真正的贤者应该是"乡人之善者好之，其不善者恶之"②，善者认同并喜欢他，不善者远离并厌恶他。这种对人实事求是的价值判断意识，至今仍有借鉴意义。他在宣传评论榜样过程中，不仅介绍榜样的事迹，还联系榜样自身成长经历，不避讳其缺点和弱点。这样不仅不会降低榜样的可信度，反而使人们与榜样更加亲近，寻着榜样的足迹一步一步提升自己。孔子介绍泰伯，称他是"至德"的榜样，因为泰伯作为周太王的长子，非常赏识他三弟季历的儿子，后来的文王，于是"三以天下让，民无得而称焉"③。孔子清楚地知道人无完人，榜样也并非是十全十美的人，既要宣传光彩照人的一面，也不能忌讳其缺点和弱点的一面。如他认为颜渊是弟子中最好学的，称赞他："贤哉回也！一箪食，一瓢饮，在陋巷，人不堪其忧，回也不改其乐"④。但是他也毫不避讳地

---

① 〔清〕阮元校刻：《十三经注疏·论语注疏》（五），北京：中华书局2009年版，第5449页。
② 〔清〕阮元校刻：《十三经注疏·论语注疏》（五），北京：中华书局2009年版，第5449页。
③ 〔清〕阮元校刻：《十三经注疏·论语注疏》（五），北京：中华书局2009年版，第5400页。
④ 〔清〕阮元校刻：《十三经注疏·论语注疏》（五），北京：中华书局2009年版，第5383页。

直接指出颜渊的弱点,他说:"回也,非助我者也,于吾言无所不说"①。这句话既有遗憾又有赞许,指出了颜渊缺少质疑精神。他以仁许管仲,但指出管仲器小、不知礼、不节俭的缺点。通过对榜样的真实客观的介绍和宣传,培养了人的分辨能力,有效地抵制和消除错误思想认识的影响,培养出更多的榜样。孔子的确培养出了众多值得人们学习的榜样,如德行方面的榜样有颜渊、闵子骞、冉伯牛和仲弓;言语方面的榜样有宰我和子贡;政事方面的榜样有冉有和子路;文学方面的榜样有子游和子夏。

(三)里仁为美的环境教育法

现实社会中的人无时无刻不生活在一定的环境中,其思想行为的形成和发展也是在环境中进行的。马克思科学地总结了人与环境的唯物辩证关系,提出"人创造环境,同样,环境也创造人"②,环境会影响人的活动,而人在环境面前也不是被动的,能够通过实践活动改变环境。德育的环境教育法就是在德育过程中努力创设或营造一个健康、积极、向上的教育和人文环境,帮助人们在日常生活中提升思想政治道德素养的方法。简单地说就是通过环境达到育人的目的,这里的环境包括有形的自然环境,也包括无形的文化环境和人际环境,这一方法具有广泛性、渗透性、创造性,侧重从客观的外部因素入手,潜移默化地影响提高德育的效果。古今中外都十分关注环境对人的影响,在我国古代一些思想家对此都有过论述,

---

① 〔清〕阮元校刻:《十三经注疏·论语注疏》(五),北京:中华书局2009年版,第5426页。

② 《马克思恩格斯文集》第1卷,北京:人民出版社2009年版,第545页。

第四章 孔子关于德育原则与方法的论述

管子认为"仓廪实则知礼节,衣食足则知荣辱"①,墨子认为"染于苍则苍,染于黄则黄"②。儒家的创始人孔子认为外部的环境,特别是人文环境对人的发展有重要影响,提出"里仁为美"。孔子的继承者孟子也提出:"富岁,子弟多赖;凶岁,子弟多暴,非天之降才尔殊也,其所以陷溺其心者然也。"③ 他的母亲为了给孟子选择和营造一个良好的环境,培养他成才,曾四年之内三次搬家,"昔孟母,择邻处"编入《三字经》而广为流传。荀子认为"蓬生麻中,不扶而直"④。归纳起来,这些思想家一致认为人思想品德的形成、发展与外部的环境密切相关,通过改善环境,使德育渗透到社会生活中的各个方面,实现育人的目的。孔子尤为重视人文社会环境对人思想和行为的影响。良好的教育环境和人文社会环境的作用是不可低估的,主要体现在三个方面。其一,运用环境教育法可以发挥同化作用。生活在一定环境中的人,容易被环境同化,习染上这一环境的特质。孔子认为"性相近也,习相远也"⑤,说明通过后天教育和营造良好环境可以影响人、同化人、改造人,肯定了环境教育方法的决定作用。其二,运用环境教育法可以发挥陶冶作用。环境教育法是寓教于境、寓教于情、寓教于乐、寓教于行的统一,努力营造一

---

① 黎翔凤撰、梁运华整理:《管子校注》(上),北京:中华书局2004年版,第2页。

② 吴毓江撰、孙启治点校:《墨子校注》(上),北京:中华书局2006年版,第16页。

③ 〔清〕阮元校刻:《十三经注疏·孟子注疏》(五),北京:中华书局2009年版,第5882页。

④ 〔清〕王先谦撰,沈啸寰、王星贤点校:《荀子集解》(上),北京:中华书局1988年版,第5页。

⑤ 〔清〕阮元校刻:《十三经注疏·论语注疏》(五),北京:中华书局2009年版,第5484页。

个良好的环境,能够陶冶人的情感,巩固人正确的行为。否则,环境恶劣可能会滋生消极厌世的悲观情感,作出违背道德和规矩的行为。孔子认为"岁寒然后知松柏之后凋也"①,说明环境可以磨炼人的意志。他还善于借助诗歌、音乐、言语等营造一个积极、和乐、民主的环境来陶冶人的性情。如孔子与弟子倾吐各自理想和抱负时,是在曾皙鼓瑟声中进行的,正是在这样一个如沐春风、亲切愉快的环境中来陶冶人的情操,进而接受理想信念教育。其三,运用环境教育法可以发挥约束作用。环境教育法致力于形成良好的社会秩序和社会风气,对人具有一种无形的约束力量,能够使人感受到什么是真善美,什么是假恶丑,什么应该做,什么不应该做,进而自觉地近贤亲仁,规范自己的行为。孔子认为他的学生子贱是君子,评价说:"君子哉若人!鲁无君子者,斯焉取斯?"② 正因为鲁国有君子,子贱才有机会向有优秀品质的人学习,严格约束自己,成为了君子。这是孔子对鲁国社会环境的肯定,也是说明良好的社会环境能够约束并引导人们成为君子。

既然环境对人的影响如此重要,人们就要积极发挥主观能动性去有效地运用环境教育法将消极因素转化为积极因素,使经济环境、政治环境、文化环境、社会环境得以净化和优化。从某种意义上说,孔子一生都在为实现"天下有道"和"天下归仁"的理想环境而努力奋斗。从优化经济环境来看,大力发展生产力,农业要不违农时,

---

① 〔清〕阮元校刻:《十三经注疏·论语注疏》(五),北京:中华书局2009年版,第5411页。

② 〔清〕阮元校刻:《十三经注疏·论语注疏》(五),北京:中华书局2009年版,第5371页。

第四章 孔子关于德育原则与方法的论述

合理利用土地资源，手工业要"来百工，则财用足"①，商业要废关卡，"谨权量，审法度"②，主张节俭，合理追求个人利益，努力营造一个国强民富的经济环境；从优化政治环境来看，维护华夏统一，坚持德政的治国理念，运用尊美摒恶的从政艺术，德法相济的为政方略，尊重民意，举贤才，努力营造一个有序安定的政治环境；从优化文化环境来看，维护传统文化，整理传承古代优秀文化典籍，并根据社会现实创新发展古代文化，重视教育，全面提高人的道德素养，用诗歌、音乐、舞蹈、体育等丰富人的精神文化生活，努力营造一个"郁郁乎文"的文化环境；从优化社会环境来看，加强社会管理，以民为本，努力使"老安""朋信""少怀"，构建出"人不独亲其亲，不独子其子。使老有所终，壮有所用，幼有所长，矜寡孤独废疾者，皆有所养"③的和谐社会环境。从优化自然环境来看，热爱了解大自然，反对破坏自然生态环境的平衡，主张"钓而不纲，弋不射宿"，保护自然的可持续发展。

（四）为仁由己的自我教育法

自我教育法自古以来就是德育的重要方法，是指人自己教育自己的方法，是人在自我意识支配下，自我主动提高和完善自身思想政治道德素质和行为习惯的方法。在孔子的德育方法中，"为仁由

---

① 〔清〕阮元校刻：《十三经注疏·礼记正义》（三），北京：中华书局2009年版，第3536页。
② 〔清〕阮元校刻：《十三经注疏·论语注疏》（五），北京：中华书局2009年版，第5508页。
③ 〔清〕阮元校刻：《十三经注疏·礼记正义》（三），北京：中华书局2009年版，第3062页。

己"① 是自我教育法的一种表达，它是人形成正确思想和正确选择自己行为所必须采取的方法。孔子开启了儒家运用教育与自我教育相结合综合方法的先河，强调在德育的过程中既包括教育者的传授、教育，又包括受教者的自我教育。教育是为了实现受教者的自我教育，而自我教育不是放任自流的，需要教育的指导。从受教者接受教育的过程来看，教育是外因，自我教育是内因，外因通过内因而起作用，受教育者愿意接受德育，也就是愿意主动地将"他教"转化为"自教"，才能增强和巩固德育的效果。否则，如果受教者拒绝自我教育，德育就会失去作用而达不到预期效果。孔子强调运用"为仁由己"的自我教育法，重在充分发挥人内在自觉性、主动性和创造性，对于如何运用自我教育法提出了清晰严谨而行之有效的理路。

　　自我教育的根本目的是使人达到做人的标准，成为真正的人。为仁由己的自我教育法在孔子进行德育的过程中发挥着不可替代的作用。第一，有助于人自我意识的形成和发展。自我意识是人对自己的认识、评价和监控。正是由于人具有自我意识，才使人同其他动物区别开来，不与鸟兽同群，在人己关系中保持每一个人的独立。在孔子德育理论体系中，"仁"既是人的本质，还是美好品德的总称。"为仁由己"强调人要认识自己，成为仁人不能指望他人，要靠自己，通过自我教育不断使人独立，提高自我认识、自我评价和自我监控等方面的能力。"仁远乎哉？我欲仁，斯仁至矣"②，运用自我教育法会促进人自我意识的健康发展，能够正确地认识自己，有

---

① 〔清〕阮元校刻：《十三经注疏·论语注疏》（五），北京：中华书局2009年版，第5436页。

② 〔清〕阮元校刻：《十三经注疏·论语注疏》（五），北京：中华书局2009年版，第5394页。

第四章 孔子关于德育原则与方法的论述

自知之明，能够保持自己独立的见解，能够客观、全面地评价自己和他人，能够监督和调适自己的思想和行为。第二，有助于发挥人的主观能动性。德育的对象是有意识的、具体的人，人不同于自然自在的客体，是具有认识世界和改造世界的主观能动性的。人的主观能动性主要表现在：一是具有自我驱动的能力，"天行健，君子以自强不息"①，让自己在不断认识和改造世界的过程中，满足自己的需要，并改造自己的主观世界。二是具有反观内省的能力，只有人能够把自己本身作为认识对象，省察自己的思想和行为，进行"内自讼"而形成自我控制能力。三是具有内在的价值尺度，人总是根据自己的需要进行认识和实践，以自己内在的价值尺度去选择、评价对象，使之符合自己的目的。人主观能动性的发挥，需要通过为仁由己的自我教育去尊重和发现，人根据自己的实际需要和认识水平，发挥自己的潜能。自我教育法能够使外在的压力变为内在的动力，使人感受到自身的自觉性、自主性、独立性和创造性。第三，有助于巩固和增强德育的效果。孔子提出"为仁由己，而由人乎哉"②，就是强调受教育者能够不依赖外在的力量而是凭借内在的力量，根据社会和自己的需要，自觉地提高和完善自己。这个过程通过受教者自身思想的矛盾运动进行的，认同、接受先进的外部教育因素，进而将其转化为外在的行动。在这样由外向内，又由内而外的过程中，自我教育发挥着关键作用，如果没有自我教育，所有的外在教育因素只能停留在外部，不被认同就不能实现德育知行合一的最佳效果。

---

① 〔清〕阮元校刻：《十三经注疏·周易正义》（一），北京：中华书局2009年版，第24页。

② 〔清〕阮元校刻：《十三经注疏·论语注疏》（五），北京：中华书局2009年版，第5436页。

孔子运用为仁由己的自我教育法主要有自我认识、自我反省、自我改造、自我管理四种形式。首先，正确地认识自己。自我认识是进行自我教育的前提，东西方文化中都非常重视自我认知，古希腊时期提出"认识你自己"，孔子认为人在社会关系中区分"己"与"人"来"为己""修己"。"古之学者为己，今之学者为人"①，指明"为己"和"为人"两种截然不同的为学目的，朱熹引用二程对"为己"和"为人"的解释是"为己，欲得之于己也。为人，欲见知于人也"②。孔子本人好古，认为只有实事求是深入地了解自己，才能不断完善自己，进而更好地"爱人""安人"。荀子进一步发展了孔子的这一观点，认为为学是为了不断地认识自己、修养自己、完善自己，而不是为了取悦于人，即"君子之学也，以美其身；小人之学也，以为禽犊"③。孔子告诫人们要不断地了解自己，修养自己，提高自己的能力，"不患无位，患所以立。不患莫己知，求为可知也"④，不要担心自己没有职位和地位，而要担心自己是否有足够的学问、修养和才能，强调人要先内求于己，向自己的内心用功，了解自己的思想和行为与"仁人""成人"之间的差距。自我的独立和修养也是在人际关系中形成的，"三人行，必有我师焉：择其善者而从之，其不善者而改之"⑤，通过他人对自己的评价以及观察他

---

① 〔清〕阮元校刻：《十三经注疏·论语注疏》（五），北京：中华书局2009年版，第5458页。

② 〔宋〕朱熹：《四书章句集注》，北京：中华书局2012年版，第156页。

③ 〔清〕王先谦撰，沈啸寰、王星贤点校：《荀子集解》（上），北京：中华书局1988年版，第13页。

④ 〔清〕阮元校刻：《十三经注疏·论语注疏》（五），北京：中华书局2009年版，第5367页。

⑤ 〔清〕阮元校刻：《十三经注疏·论语注疏》（五），北京：中华书局2009年版，第5393页。

第四章　孔子关于德育原则与方法的论述

人身上的优缺点，自己对自己有了更加清醒的认知。"为己"与"为人"是相互统一的，"己欲立而立人，己欲达而达人"①，正确而客观地认识自己、提升自己后能够帮助他人，在"立人""达人"中又进一步识己、修己。其次，自觉地反省自己。自我反省是进行自我教育的重要环节，自我反省是人对自己的思想和行为进行系统检查、总结和评判的理性思考，能够促进人追求更高的理想和目标，提高自我教育的实效。孔子提出"见贤思齐焉，见不贤而内自省也"②的修己方法，强调在提升自身过程中，自省的重要性。人在改造主观世界时，要不断塑造自己的内心世界，使真善美的力量增长，除去假恶丑的不良念头，这个过程离不开自省。因为"内省不疚，夫何忧何惧"③，不疚、不忧、不惧正是知、仁、勇的表现，只有勤于自我反省才能使人具备"三达德"，不断发展自己。"见贤"是为自己找到一个榜样，而自觉地找到榜样与自己的差距，并努力追赶；"见不贤"就是以反面典型做镜鉴，反观自己身上是不是也存在这样的不足或缺点，有则改之，无则加勉。孔子还将能否自觉地进行自我反思作为划分"君子"和"小人"的标准，认为"君子求诸己，小人求诸人"④。在处理人己矛盾时，他提倡"躬自厚而薄责

---

① 〔清〕阮元校刻：《十三经注疏·论语注疏》（五），北京：中华书局2009年版，第5385页。
② 〔清〕阮元校刻：《十三经注疏·论语注疏》（五），北京：中华书局2009年版，第5367页。
③ 〔清〕阮元校刻：《十三经注疏·论语注疏》（五），北京：中华书局2009年版，第5436页。
④ 〔清〕阮元校刻：《十三经注疏·论语注疏》（五），北京：中华书局2009年版，第5470页。

于人"①，也就是严于律己，宽以待人，不要一味指责别人，而要多反躬自省，从自身找原因，善于自我批评，自然就会避免他人的怨恨。孔子的学生曾子领会老师自省、内省的方法，提出"吾日三省吾身"②，认为要反复经常地反思自己。第三，主动地改造自己。改造自己侧重于将自我教育落实在实践中，脱离实践来谈自我改造，就会导致改造自我陷入纯粹的主观思辨的困境。毛泽东曾指出："改造客观世界，也改造自己的主观世界——改造自己的认识能力，改造主观世界同客观世界的关系。"③改造自己要敢于拿起自我批评的武器，捍卫真理。自我批评是一个较深刻自我改造的过程，人们在面对自己的缺点和错误时，一般会有两种表现：一种是不愿意承认，不以为然；另一种是自己千方百计地找各种开脱的借口，即文过饰非。真正能够做到自我批评是很难的，所以孔子才感叹道："已矣乎！吾未见能见其过而内自讼者也"④，主要是在鼓励和引导人们要善于"内自讼"，即自我裁判。如果发现自己犯错，要勇于承认，"改之为贵"⑤，自觉主动地以正确的思想和行为为标准进行自我批评并积极改正错误，才能不断提高自己的政治水平、思想水平、道德水平和文化水平，也就在改过的实践中，清醒地认识自己，认真地反思自己，达到了自我改造的目的。孔子说："丘也幸，苟有过，

———————————

① 〔清〕阮元校刻：《十三经注疏·论语注疏》（五），北京：中华书局2009年版，第5469页。

② 〔清〕阮元校刻：《十三经注疏·论语注疏》（五），北京：中华书局2009年版，第5336页。

③ 《毛泽东选集》第一卷，北京：人民出版社1991年版，第296页。

④ 〔清〕阮元校刻：《十三经注疏·论语注疏》（五），北京：中华书局2009年版，第5376页。

⑤ 〔清〕阮元校刻：《十三经注疏·论语注疏》（五），北京：中华书局2009年版，第5410页。

第四章 孔子关于德育原则与方法的论述

人必知之"①,表明了他诚恳、乐于接受别人的批评,能够严肃对待自己的过错,有勇气面对并改正自己的缺点和错误。他最担忧"德之不修,学之不讲,闻义不能徙,不善不能改"②,所以经常鼓励学生要"过则勿惮改"③,正视它,改正它。他的学生颜渊谨遵教诲,能够做到及时改正错误而不再犯,得到"不迁怒,不贰过"④的称赞。最后,理智地管理自己。人生活在社会中不能为所欲为,必然会受到一定的监督和约束,自我教育的过程也是人自觉地用规章制度、规范习俗等约束、调控自己的言行的管理过程。孔子提出"克己复礼"⑤,"克己"就是要加强自我约束和自我调控。一方面,人要用"礼"来约束自己,把自己的言行限制在"仁"和"礼"的规范之内。如果三心二意,缺乏自我约束力,欲望就会膨胀,内心必然浮躁,难以提高自己。因此,人要有坚定的意志,不受外界影响,时刻保持沉着、冷静、理性,约束自己,不被一时的私欲和利益所迷惑。孔子进一步指出自我约束具体表现在视、听、言、动四个方面,要做到"非礼勿视,非礼勿听,非礼勿言,非礼勿动"⑥。

---

① 〔清〕阮元校刻:《十三经注疏·论语注疏》(五),北京:中华书局2009年版,第5394页。

② 〔清〕阮元校刻:《十三经注疏·论语注疏》(五),北京:中华书局2009年版,第5390页。

③ 〔清〕阮元校刻:《十三经注疏·论语注疏》(五),北京:中华书局2009年版,第5411页。

④ 〔清〕阮元校刻:《十三经注疏·论语注疏》(五),北京:中华书局2009年版,第5381页。

⑤ 〔清〕阮元校刻:《十三经注疏·论语注疏》(五),北京:中华书局2009年版,第5436页。

⑥ 〔清〕阮元校刻:《十三经注疏·论语注疏》(五),北京:中华书局2009年版,第5436页。

在《大学》中进一步提出"君子必慎其独也"①，慎独就是自律的体现，在没有规范、礼制等限制和没有人监督的情况下，凭借人高度的自制力，依旧能够按照规范行事。另一方面，人要学会自我调控的能力。每一个社会中的人要自觉地控制自己、检查自己、调适自己，正确地处理人自身、人与人、人与社会、人与自然之间的关系。要以正确的思想行为去战胜自己错误的思想行为，使自己的言行不逾越，保持正确，如果逾越了，及时克制、调适，使之重新回到正确的轨道上来。孔子称赞南容说："邦有道，不废；邦无道，免于刑戮"②，说明南容能够进退自如，是一个有自控能力的人。在为人处事中也要积极地调适自己，做到宠辱不惊，保持平和心境，方能既不失人，也不失言。

---

① 〔清〕阮元校刻：《十三经注疏·礼记正义》（三），北京：中华书局2009年版，第3631页。

② 〔清〕阮元校刻：《十三经注疏·论语注疏》（五），北京：中华书局2009年版，第5371页。

第五章 孔子德育理论的价值与启示

孔子德育理论从目标、内容到原则、途径和方法初步形成了一个完整的体系，这一体系影响着各个历史时代不同思想家们的德育理论。将孔子德育理论放在历史长河中探寻出独具匠心、具有创新性和民族性的珍宝，客观地称量其历史价值，深入挖掘出今日仍可借鉴的资源，从而形成一脉相承、与时俱进的德育理论。

一、孔子德育理论的贡献

孔子德育理论产生于春秋战国时期，之后一直以无与伦比的深度和广度影响着中国古代德育理论的走向，至今已长达两千五百多年，新时期的德育理论仍在借鉴其宝贵的资源。列宁曾说过："判断历史的功绩，不是根据历史活动家没有提供现代所要求的东西，而是根据他们比他们的前辈提供了新的东西。"① 孔子在德育理论方面的确是总结了前人的经验，提出了一些对今人仍然有着深刻影响的新东西。习近平总书记在中共中央政治局第十八次集体学习时强调："我们要对传统文化进行科学分析，对有益的东西、好的东西予以继

---

① 《列宁全集》第二卷，北京：人民出版社1984年版，第154页。

承和发扬,对负面的、不好的东西加以抵御和克服,取其精华、去其糟粕,而不能采取全盘接受或者全盘抛弃的绝对主义态度。"① 只有客观地挖掘、梳理、分析孔子德育理论中的精华,剔除其糟粕,才能发挥出在当今的历史贡献。

(一) 确立德育至上地位

德育的至上地位也就是德育居于首位。从物理时空上来理解"地位",是指人或物所处的位置,通常这一位置的确定需要有一定的参照系或坐标系;从价值时空上来理解"地位",是指人或物的所处位置对其一定主体的重要程度。通常所说的德育地位较为侧重从价值时空所理解的重要性来界定的,但一般情况下是同时包含了其具体方位和重要程度的统一,"至上地位"就是如此,分别从具体方位上和重要性的程度上强调了德育的意义。德育至上的原因表现在三个方面。首先,有位是为了有为。孔子主张"正名",提出"名不正,则言不顺;言不顺,则事不成"②,给予德育适当的地位,才能名副其实,名正言顺。其次,有位才能有为。德育有了一定的地位就要求承当相应的职责,职责明确,方能便于操作。孔子主张"不在其位,不谋其政"③,德育也不要越界,尽量集中精力稳固、提升自身。最后,有位要求有为,有为才能有位。德育地位提高了、明确了,才便于其充分发挥出应有的作用,同时也只有作用发挥得好,地位才能更高更重要。地位和作用相辅相成、互为条件,进而

---

① 《牢记历史经验历史教训历史警示 为国家治理能力现代化提供有益借鉴》,载《人民日报》,2014年10月14日,第1版。
② 〔清〕阮元校刻:《十三经注疏·论语注疏》(五),北京:中华书局2009年版,第5445页。
③ 〔清〕阮元校刻:《十三经注疏·论语注疏》(五),北京:中华书局2009年版,第5402页。

第五章 孔子德育理论的价值与启示

形成一个良性的循环。孔子将德育放在了至上地位，形成了我国以育人为中心，德育至上的德育传统。

孔子将德育摆在了整个教育体系中的第一位。其一，在国家层面，孔子提倡德政是治国理政的根本，把加强德育放在了治理国家的首位。他认为德育有其显著的政治性，直接为统治阶级治理国家服务，"道之以政，齐之以刑，民免而无耻；道之以德，齐之以礼，有耻且格"①，加强德育对人的引导、教化和提升，才能从根本上化解"礼崩乐坏""周文疲弊"的时代性难题，实现国家的长治久安。其二，在社会层面，孔子把德育看成是整个社会的运行系统中的重要环节，由社会经济政治制度所决定又为其服务。孔子路过卫国时提出的社会在"庶之""富之"之后最重要的就是要"教之"，这正反映了文化、政治和经济之间的辩证关系，德育同样是以一定的政治和经济为依据并为其服务的。只有加强德育才能帮助人们形成正确思想，促进社会风气的转变，实现天下有道的大同社会。其三，在个人层面，孔子把德育作为人才培养的中心环节。孔子强调人要能动地去发现自己、反省自己、提升自己，怀有仁爱之心去爱众、济众，努力做一个正真的人，一个全面发展的人。他以德育为中心来开展他的教育实践活动，从家庭到社会提出做人要"弟子入则孝，出则悌，谨而信，泛爱众，而亲仁。行有余力，则以学文"②，显然将德育放在了中心地位，进而开展文化知识教育，力主培养人才首先要育德先行。

---

① 〔清〕阮元校刻：《十三经注疏·论语注疏》（五），北京：中华书局2009年版，第5346页。

② 〔清〕阮元校刻：《十三经注疏·论语注疏》（五），北京：中华书局2009年版，第5337页。

（二）奠定了德育理论基础

孔子作为中国古代德育理论体系的奠基人，他对于德育的目标、内容、原则、途径和方法等问题都有相关论述，奠定了德育理论形成与发展的基础。

孔子以他的天命观、人性论和中庸观作为理论基础，肯定了德育的必要性，以人为本将培养"成人"作为根本目标，制定了以"为政以德"为核心的政治教育、以"传道闻道"为根本的思想教育和以"志道尚德"为基础的道德教育。这样一个动态而丰富的内容系统，在长期的实践中探寻出有教无类、因材施教、尚中贵和带有规律性和指导性的原则，通过学、思、行三种途径，灵活地运用循循善诱的疏导教育法、以身作则的榜样教育法、里仁为美的环境教育法和为仁由己的自我教育法，实现人的全面发展，达到社会大同、"天下有道"的理想局面。因而孔子关于德育的一系列思想观点，奠定了历代德育理论发展的基础，同时也对历代德育的建设具有深远的影响。

孔子在四十多年的德育实践经验和总结前人及同时代人的优秀教育成果基础上，对德育目标、内容、原则和方法的论述十分精辟、深刻和系统，达到了当时德育的最高水平，形成了自身德育的特色。首先，孔子关于德育目标的论述。他没有盲目地确定目标，而是根据时代发展的趋势、社会现实和对人的深刻反思而自觉地确定了一个统一且多层次的目标体系。这一体系实现了培养目标和服务目标两方面的统一，以培养目标为重心，将培养"成人"作为根本目标，针对个人从低到高提出了士、君子和圣人三种不同类型和层次的个体目标。针对德育要为社会服务的目标来说，促进社会政治清明、经济发展、文化繁荣，实现天下有道的局面。其次，孔子关于德育内容的论述。他以人为中心设定了一个动态、丰富的内容体系，包括为政以德的政治教育、传道闻道的思想教育、志道尚德的道德教育。其中政治教育是最核心的内容，主要包括为政以德的治国路线教育、惠民教民的民本观教育和孝亲报国的爱国主义教育。思想教育是最经常的内容，主要包括不论鬼神的世界观教育、积极救世的人生观教育和见利思义的价值观教育。道德教育是最基础的内容，崇尚道德，依于仁而展开了关于修身、齐家、治国、平天下的"四德"教育，与今天我们提倡的个人品德教育、家庭美德教育、社会公德教育和职业道德教育相一致。最后，孔子关于德育原则、途径与方法的论述。他在长期的教育和宣传政治主张的实践中，探索出一套带有规律性、富于时代性和实效性的原则与方法。遵循这些原则，德育就会取得好的成效，违背这些原则，德育效果就会大打折扣。孔子具有大胆的改革精神，打破官学垄断的旧制，遵循有教无类的原则，创办了历史上第一所大规模的私学。在承认人的个体差异基础上，坚持因材施教原则，有针对性地进行德育，使人能够扬长避短，全面发展。同时他还善于从较高的哲学范畴把握尚中贵和原则，将其运用在德育的各个方面，以求维护德育系统内部各个环节的协调发展，最终实现人的和谐发展。孔子在坚持三大原则的基础上，提出德育要通过学、思、行三位一体的途径才能有效地实施，并在现实的教育活动中提炼和总结出一些行之有效的方法，如循循善诱的疏导教育法、以身作则的榜样教育法、为仁由己的自我教育法和里仁为美的环境教育法。

孔子在德育理论的贡献，影响着孟子、荀子、董仲舒、韩愈、程颢、程颐、朱熹、王夫之、康有为、谭嗣同等思想家。他们站在孔子奠定的这块基石上从不同角度，在不同的深度和广度上继承、补充、丰富和发展了孔子德育理论。事实上，至今孔子的德育理论在当代仍被援引和运用，是当代德育理论和实践最珍贵的资源。当前加强德育的学科建设，这显然是一项具有战略意义的系统工程。

借鉴孔子关于德育理论体系的优秀成果,剔除其糟粕,正如恩格斯指出的:"问题绝不是要简单地抛弃这两千多年的全部思想内容,而是要对它们进行批判,要把那些在错误的、但对那个时代和发展过程本身来说不可避免的唯心主义的形式内获得的成果,从这种暂时的形式中剥取出来。"① 也就是要结合时代特点,与时俱进将孔子德育思想进行现代转换,更好地揭示和把握新时代德育规律,才能以人为本明确目标、充实内容、坚持原则、开辟新途径、运用新方法,进一步发展、完善新时代德育理论体系,更好地发挥出它在治国理政、理论创新、资政育人等方面的作用。

(三) 形成了志士仁人的独特精神

孔子德育理论最核心的特征在于对人的培育。无论其目标的设定、内容的选择、原则与方法的运用,始终围绕着人而展开,并将其辐射到各个层面,影响着中华民族的民族品格和民族精神。纵观历史上涌现的无数杰出人物和志士仁人身上的品格和精神,无不受到孔子德育理论与实践的影响。

孔子以培养全面发展的"成人"为根本目标,着重塑造人的心理品质、思想品质、政治品质和道德品质,提出华夏统一的爱国精神、爱人爱众的仁爱精神、杀身成仁的奉献精神、立志好学的自强不息精神、见利思义的尚义精神、积极奋进的乐观精神、见贤思齐的独立反省精神、和而不同的和谐精神等潜移默化地影响着中国人的思维方式和行为方式,成为中国精神的源泉。习近平总书记在北京大学师生座谈会上的讲话中列举了许多孔子首创的闪光思想,并认为"像这样的思想和理念,不论过去还是现在,都有其鲜明的民

---

① 《马克思恩格斯文集》第 9 卷,北京:人民出版社 2009 年版,第 458 页。

第五章 孔子德育理论的价值与启示

族特色,都有其永不褪色的时代价值。这些思想和理念,既随着时间推移和时代变迁而不断与时俱进,又有其自身的连续性和稳定性。我们生而为中国人,最根本的是我们有中国人的独特精神,有百姓日用而不觉的价值观"①。

孔子经常用古代或同时代的优秀人物作为榜样进行德育,目的是号召、引导人们学习他们的为人之道、人格魅力。他重视人的独立人格,强调"三军可夺帅也,匹夫不可夺志也"②,要求人坚定自己的志向"笃信好学,守死善道"③,不轻易改变,"志士仁人,无求生以害人,有杀生以成仁"④,以顽强的意志经受住各种艰难困苦的考验,成就了"居天下之广居,立天下之正位,行天下之大道。得志,与民由之;不得志,独行其道。富贵不能淫,贫贱不能移、威武不能屈"⑤ 的民族气节。在《论语》中,孔子经常提到的杰出人物有贤明的君主诸侯尧、舜、禹、周文王、周武王、周公、齐桓公,忠诚能干臣子皋陶、伊尹、微子、箕子、比干、管仲、子产、左丘明、蘧伯玉,隐居却出类拔萃的人才有"伯夷、叔齐、虞仲、夷逸、朱张、柳下惠、少连"⑥,从孔子对这些优秀人物的评价中可

---

① 习近平:《习近平谈治国理政》,北京:外文出版社 2014 年版,第 171 页。
② 〔清〕阮元校刻:《十三经注疏·论语注疏》(五),北京:中华书局 2009 年版,第 5411 页。
③ 〔清〕阮元校刻:《十三经注疏·论语注疏》(五),北京:中华书局 2009 年版,第 5402 页。
④ 〔清〕阮元校刻:《十三经注疏·论语注疏》(五),北京:中华书局 2009 年版,第 5466 页。
⑤ 〔清〕阮元校刻:《十三经注疏·孟子注疏》(五),北京:中华书局 2009 年版,第 5894 页。
⑥ 〔清〕阮元校刻:《十三经注疏·论语注疏》(五),北京:中华书局 2009 年版,第 5496 页。

以看出他希望培养出能以天下为己任，德才兼备，高风亮节的志士仁人，他们汇集中华精神、大道正义、民族正气于一身，是真善美的统一，能够忠于国家，忠于人民，忠于真理。从古至今，在中华民族的历史长河中，涌现出无数志士仁人，有"究天人之际，通古今之变，成一家之言"的司马迁，"鞠躬尽瘁，死而后已"的诸葛亮，犯颜直谏、忠心辅国的魏征，忧乐天下的范仲淹，勇于牺牲的文天祥，以天下为己任的顾炎武，以国家利益至上的林则徐，等等。一代又一代志士仁人前赴后继，他们都受到孔子人格的激励和感召，用自己的实际行动谱写出壮丽的中华民族的历史，开创了中华民族美好而幸福的未来。特别是在中国共产党的领导下，无数革命志士、仁人志士为祖国的革命、建设和改革努力奋斗、锐意进取，这些人恰是鲁迅先生所说的"中国的脊梁"。新时期，亿万中华儿女从孔子的君子人格中汲取精神营养，用自己的实际行动为实现"两个一百年"奋斗目标、实现中华民族伟大复兴的中国梦而不断奋斗。这些都与孔子德育理论与实践密不可分，是要好好传承的精神财富。

二、孔子德育理论的局限

孔子德育理论整体上是优秀的，在今天仍然有借鉴意义，同时也不可避免地有局限性。由于他的德育理论形成于春秋时期，必然要受到那个时代和阶级的局限，主要表现在德育理论维护等级观念，混同公德私德，轻视社会生产劳动三个方面。这些也是今天进行德育过程中仍要审慎对待的问题。

（一）维护等级观念

孔子生活在一个从奴隶制向封建制过渡的时代，整个社会处于无序混战的状态。传统的宗法分封等级制虽然受到破坏，走向解体，

第五章 孔子德育理论的价值与启示

但社会的各个方面依然受到这一制度的影响。孔子在这样一个"天下无道"的时期,回过头从历史中探寻精神资源以解决时代的难题,这一做法是他的一大创造,为人们在社会动荡和变革时期冷静反思,寻找到一条救世的出路。孔子的德育理论正是在前人的基础上总结和发展而来的,受到时代的制约必然带有那个时代所处社会制度的限制。

孔子发现了人,重视人、尊重人,维护人民的利益,但他希望所处的礼崩乐坏、无道的社会能够恢复到周朝时期安定有序、繁荣统一的局面。孔子自称"述而不作,信而好古"① 是因为:一方面,他认为周朝的社会制度是当时最完备的。"周监于二代,郁郁乎文哉!吾从周"②,周朝的社会制度借鉴了夏和商两代两千多年的文明成果,又有所损益创造了属于自己比较完备的社会制度,无论从形式还是内容上,周代的社会制度都比前朝完善。另一方面,孔子非常欣赏周公的德才。"如有周公之才之美,使骄且吝,其余不足观也已"③,他以梦见周公来表达愿意继承周公的遗志。尽管孔子述古、信古、好古激励着人们尊重历史,学会从历史中借鉴宝贵的资源,但同时也存在被历史捆绑而少有超越和创新的弊端。孔子的确主张要对周朝的社会制度有所损益,但事实上也只是在原有的框架内的修修补补,少有现代意义上的革命和改革的精神。因而他的德育理论依然是在宗法等级观念下运行,这主要表现在三个方面。第一,孔子过于重视周礼。历史上曾对孔子重礼给予了过度的批判,认为

---

① 〔清〕阮元校刻:《十三经注疏·论语注疏》(五),北京:中华书局2009年版,第5390页。
② 〔清〕阮元校刻:《十三经注疏·论语注疏》(五),北京:中华书局2009年版,第5358页。
③ 〔清〕阮元校刻:《十三经注疏·论语注疏》(五),北京:中华书局2009年版,第5401页。

是吃人的礼教,以至于人们不再谈礼。"礼"在中国历史上的确发挥了不可替代的作用,从维护社会秩序,培养人的道德规范角度来看"维礼"是正确的。但礼也的确限制了人民的积极性,对中华民族文化产生过消极影响。尽管孔子不曾有过压迫人民、愚弄人民的思想,但重礼即重视等级观念、等级制度和等级道德规范,对不同等级的人有不同的要求,客观上压制了人个性的发展。第二,孔子过于看重君主的地位。他的德育目标在于培养"内圣外王"的"成人",这是鼓励人人都要有所修养、有所作为,进而才能全面发展,但也包含着要求人民服从某个或少数圣人的思想。在孔子德育理论中,成为圣人、君子或士后就要在政治上有所作为,特别是他认为君主作为政治上的最高统治者,他们的意志和价值准则理应成为指导国家、社会和人民的准则。尽管他对君主的要求十分严格,但当君主昏庸、残暴、背道而驰的时候,他只能选择辞官。孔子周游列国到楚国后,当时的令尹子担心他有犯上作乱的心思,劝阻楚昭王封赏孔子封地,理由就是"楚之祖封于周,号为子男五十里。今孔丘述三五之法,明周召之业,王若用之,则楚安得世世堂堂方数千里乎?夫文王在丰,武王在镐,百里之君卒王天下。今孔丘得据土壤,贤弟子为佐,非楚之福也"①。他过于"忠君尊王"的思想被历代封建统治者利用,出现了董仲舒的"三纲五常",明朝更是造出了"君让臣死,臣不得不死;父让子亡,子不得不亡"的荒唐言论等,这些封建制度的糟粕要毫不保留地予以铲除。第三,孔子过于重视名位。春秋时期出现的臣弑君、子弑父等破坏社会秩序的行为屡屡发生,孔子认为改变这样混乱的局面首要的就是正名,因为"名不正,则言不顺;言不顺,则事不成;事不成,则礼乐不兴;礼乐不兴,

---

① 〔汉〕司马迁:《史记》(二),北京:中华书局2000年版,第1556页。

则刑罚不中；刑罚不中，则民无所措手足"①。希望君要像君，享有君的权利；臣要像臣，履行臣的责任；父要像父，拥有父的慈爱；子要像子，尽到子的孝道。他主张"不在其位，不谋其政"②，虽然职责明确但却阻碍了各组织、部分的联合行动。另外，孔子时刻以大夫的标准来要求自己，当最喜爱的弟子颜渊去世后，颜路希望孔子能将他的车子卖掉为颜渊置办椁，孔子不愿意并说："以吾从大夫之后，不可徒行也"③。尽管这是他反对厚葬的思想，但也有过于看重自己的名位的嫌疑，其主要根源在于他还是在维护宗法等级制度的一些旧传统，希望恢复政令出于天子的人治社会。

孔子德育理论中维护宗法等级的内容，被后世统治者利用，助长了愚忠愚孝观念形成，当今的德育要摒弃等级观念，肃清这种思想的影响。

(二) 混同公德私德

孔子德育理论遵循着宗法等级制度，强调国家、君王、社会和个人贯通为一体，也就是家国同构或家国一体，这一思想直接导致公德与私德不分的倾向。中国古代先有"公"字，后有"私"字。甲骨文中"公"字早已存在，指"先公"，西周时期"公"开始指人的身份或具有抽象的公共性的含义，如周公、公邑等。"私"表示人的身份和性情，具有了属己性的意义，如私人、私田等。《诗经》

---

① 〔清〕阮元校刻：《十三经注疏·论语注疏》（五），北京：中华书局2009年版，第5445页。
② 〔清〕阮元校刻：《十三经注疏·论语注疏》（五），北京：中华书局2009年版，第5402页。
③ 〔清〕阮元校刻：《十三经注疏·论语注疏》（五），北京：中华书局2009年版，第5427页。

中说:"雨我公田,遂及我私。"①以公有和私有的概念使公私相对。孔子尚公,在构想的大同社会中就提到了"天下为公",在治理国家中要"宽则得众,信则民任焉,敏则有功,公则说"②。孔子大多是在国家、社会、政治生活的领域内使用"公"字。同时他也讲"私",他称赞颜回是学思结合的典范,能够"退而省其私,亦足以发"③。孔子出使他国时"私觌,愉愉如也"④,"私"表达的是私人生活领域。孔子德育不仅重视私德,还重视公德,"己所不欲,勿施于人"就是私德与公德兼顾的表现,但公共领域与私人领域,私德和公德常常互相交错,并不能十分明确地划分清楚。尽管孔子十分重视人与人交往相处要仁爱、循礼,还要友善地对待自然等公德的教育,但受当时经济和政治的影响及"修身齐家治国平天下"的思维主导,仍然将公德寄于私德上,与此同时,当时君王与国家没有明确的区分,君王的私德也被看成是治国理政的公德。

  孔子德育理论还存在重私德而轻公德的倾向。中国古代是以自给自足的自然经济为基础的宗法、血亲社会,人们大多数生活在熟人交往的社会中。从与自己最亲近的家庭成员到关系密切的朋友,在国家事务、社会事务和公共事务中遵循的道德被忽视了,而是将国家社会的一切完全寄希望于个人的道德品质修养上。叶公曾告诉

---

  ① 〔清〕阮元校刻:《十三经注疏·毛诗正义》(一),北京:中华书局2009年版,第1023页。

  ② 〔清〕阮元校刻:《十三经注疏·论语注疏》(五),北京:中华书局2009年版,第5508页。

  ③ 〔清〕阮元校刻:《十三经注疏·论语注疏》(五),北京:中华书局2009年版,第5347页。

  ④ 〔清〕阮元校刻:《十三经注疏·论语注疏》(五),北京:中华书局2009年版,第5417页。

第五章　孔子德育理论的价值与启示

孔子自己家乡有个正直的人，因为他告发了他父亲偷羊的事。孔子明确地说出了自己认为的正直就是"父为子隐，子为父隐"①，父子之间的道德显然要大于其父偷盗对社会公德的影响。正如梁启超先生所指："试观《论语》《孟子》诸书，吾国民之木铎，而道德所从出者也。其中所教，私德居十之九，而公德不及其一焉……若中国之五伦，则惟于家族伦理稍为完整，至社会、国家伦理，不备滋多。此缺憾之必当补者也，皆由重私德、轻公德所生之结果也。"② 按照这种思路进行德育，容易导致两种弊端：一种是过于强调个人品德修养的重要性，把国家社会产生的所有问题完全归咎于个人品德修养上，过多地干预个人行为，从而抑制了人性，束缚人个性的发展。另一种是忽视了社会体制、机制、法制法规体系的建设，导致德育缺乏根本的保障。孔子的德育这一弱点影响深远，中国人至今仍重视人的私德，而缺乏对公德的意识。费孝通先生在《乡土中国》中曾这样描述："在乡村工作者看来，中国乡下佬最大的毛病是'私'。说起私，我们就会想到'各人自扫门前雪，莫管他人屋上霜'的俗语……其实抱有这种态度的并不只是乡下人，就是所谓城里人，何尝不是如此。扫清自己门前雪的还算是了不起的有公德的人，普通人家把垃圾往门口的街道上一倒，就完事了。"一段时期内，我们对公德的重视不够反而影响了私德水平，这并不是完全否定私德建设，而是要求不断加强社会公德、职业道德、家庭美德和个人品德的全面建设。

---

① 〔清〕阮元校刻：《十三经注疏·论语注疏》（五），北京：中华书局2009年版，第5448页。

② 《梁启超选集》，上海：上海人民出版社1984年版，第213—214页。

（三）轻视生产劳动

孔子德育理论对社会的生产劳动重视不够，或者说德育与生产劳动结合得不够紧密。生产劳动既包括体力劳动又包括脑力劳动，一般情况下，侧重于指体力劳动。孔子生活的时代，社会上有文化的人还是极少数的，代表社会知识分子的"士"阶层刚刚兴起，大多数人都从事农业和手工业等生产劳动。孔子敏锐地发现了改变无道之世的着力点是通过德育提升人，进而依靠有知识道德能力的人去改变、推动社会发展。因而孔子根据时代要求集中精力提升人的思想政治品德，这是正确的，但对生产劳动这一社会存在和发展的基础不够重视，直接阻碍了中华民族科技的发展与创新，造成知识分子远离生产劳动的状态持续了二千多年。

孔子德育理论与生产劳动结合不够紧密主要表现在两个方面。一是重道轻艺。孔子德育理论重视对道的追求，他认为自己"朝闻道，夕死可矣"[1]，鼓励学生"谋道不谋食""忧道不忧贫"[2]，因而有儒家"游文于六经之中，留意于仁义之际"[3] 的说法。重道本无可厚非，但将道与艺对立起来，忽视了人与社会生存和发展的基础以及道形成的根源，却是孔子德育中唯心的表现。他的德育包括德、智、体、美广泛而丰富的教育内容，却没有关于生产劳动教育的内容。当他的学生樊迟请教种田、种菜的技能时，他以不如老农和老圃拒绝回答。樊迟走后，他说："小人哉，樊须也！上好礼，则民莫

----

[1] 〔清〕阮元校刻：《十三经注疏·论语注疏》（五），北京：中华书局2009年版，第5367页。

[2] 〔清〕阮元校刻：《十三经注疏·论语注疏》（五），北京：中华书局2009年版，第5470—5471页。

[3] 〔汉〕班固撰、〔唐〕颜师古注：《汉书·艺文志》（二），北京：中华书局1962年版，第1534页。

第五章　孔子德育理论的价值与启示

敢不敬；上好义，则民莫敢不服；上好信，则民莫敢不用情。夫如是，则四方之民襁负其子而至矣，焉用稼?"① 在孔子看来，希望学生能够专心学习文、行、忠恕、仁、义、礼、智、信等，把自己培养成"士"和"君子"，能够有所作为就行了。没有必要学习种田种菜、百家众技的知识和技能这些"鄙事"。他的学生子夏也认为"百工居肆以成其事，君子学以致其道"②，尽管学习一些生产劳动等知识和技能也是"可观"的，但"致远恐泥，是以君子不为也"③。二是学而优则仕。孔子所办的私学的确是一个大的行政学院，为统治阶级和社会输送了大量人才，他也是围绕德治的政治思想进行的德育。"学而优则仕"④ 虽然是他的学生子夏提出来的，但大体上也是他的思想体现，他曾说过："学也，禄在其中矣"⑤。从这点来看，他进行德育的重点不在于培养劳动者，这在当时也是为世人所知的，如当时的隐者荷蓧丈人认为孔子"四体不勤，五谷不分"⑥。孟子更为极端地提出了"劳心者治人，劳力者治于人；治于

---

① 〔清〕阮元校刻：《十三经注疏·论语注疏》（五），北京：中华书局2009年版，第5446页。
② 〔清〕阮元校刻：《十三经注疏·论语注疏》（五），北京：中华书局2009年版，第5501页。
③ 〔清〕阮元校刻：《十三经注疏·论语注疏》（五），北京：中华书局2009年版，第5501页。
④ 〔清〕阮元校刻：《十三经注疏·论语注疏》（五），北京：中华书局2009年版，第5502页。
⑤ 〔清〕阮元校刻：《十三经注疏·论语注疏》（五），北京：中华书局2009年版，第5471页。
⑥ 〔清〕阮元校刻：《十三经注疏·孟子注疏》（五），北京：中华书局2009年版，第5496页。

人者食人，治人者食于人"① 的主张。

　　孔子德育理论是他经过多年的实践经验，站在自己特定的时代总结过去，展望未来而形成的，势必会带有当时时代和阶级的局限性。孔子生活的时代，随着铁器的广泛使用，生产力普遍提高，一批脱离劳动的贵族不仅掌握着国家政权，还剥削奴役普通劳动者的剩余劳动成果，并认为生产劳动是被统治者应该做的低贱的事，所以社会中存在着轻视劳动的思想。如果要求他的德育理论与生产劳动紧密结合起来，也是超越时代实际的事情，我们要客观地正视这一局限性。劳动是人与动物的本质区别，马克思曾说过："劳动首先是人和自然之间的过程，是人以自身的活动来中介、调整和控制人和自然之间的物质变换的过程。人自身作为一种自然力与自然物质相对立。为了在对自身生活有用的形式上占有自然物质，人就使他身上的自然力——臂和腿、头和手运动起来。当他通过这种运动作用于他身外的自然并改变自然时，也就同时改变他自身的自然。他使自身的自然中蕴藏着的潜力发挥出来，并且使这种力的活动受他自己控制。"② 劳动是实践最基本和最主要的形式，新时代德育要全面贯彻"尊重劳动、尊重知识、尊重人才、尊重创造"的方针，以实践为基础将德育与生产实践紧密结合起来，与经济工作和其他一切工作一道在全面建成小康社会，实现中华民族伟大复兴的历史进程中发挥出应有的作用。

---

　　① 〔清〕阮元校刻：《十三经注疏·孟子注疏》（五），北京：中华书局2009年版，第5883页。

　　② 《马克思恩格斯文集》第5卷，北京：人民出版社2009年版，第207—208页。

三、孔子德育理论的现实启示

习近平总书记关于中华优秀传统文化的一系列重要讲话,立足现实充分肯定了中华优秀传统文化是中华民族站稳脚跟的根基,是中国特色所在,重点强调了中华优秀传统文化和中华美德的传承与弘扬对中华民族伟大复兴的重要作用。2013年8月19日,他在全国宣传思想工作会议上指出,在改革开放的今天,意识形态工作是一项极端重要的工作,思想政治工作要宣传阐释中国特色,**必须要做到**"四个讲清楚"。孔子是我国传统文化的奠基者,他的**德育理论**是中华文化重要组成部分,对中国共产党的德育产生过不可磨灭的影响,对全面建成小康社会和实现中华民族伟大复兴仍具有重要的意义。新时代德育能否拥有优势和凸显特色,核心任务要扎根于中华优秀文化的沃土中,正如习近平总书记意味深长地比喻"不论树的影子有多长,根永远扎在土里"[①]。无论时隔多么久远,我们不应该把孔子"作为博物馆的历史收藏物","把他从现实的文化中驱逐出去"[②],而是要结合当前时代特征,坚持古为今用、推陈出新,对孔子德育理论进行系统梳理、现代诠释和创造性转化,承担起新使命,滋养当前德育焕发出强大的生命力和创新力,具体表现为促进德育返本开新,推动德育复归人本,增强德育文化认同三方面。

---

① 中共中央文献研究室编:《习近平关于实现中华民族伟大复兴的中国梦论述摘编》,北京:中央文献出版社2013年版,第42页。

② 〔美〕列文森:《儒教中国及其现代命运》,郑大华等译,北京:中国社会科学出版社2000年版,第338页。

(一) 促进德育返本开新

梁漱溟先生最早提出了"返本开新"的主张,认为中国文化得以重建和复兴就要在老根上发出新芽,"从旧文化中转变出一个新的文化来"①。返本开新就是挖掘、整理中华传统文化中的思想资源,结合时代特征进行综合的、创造性的诠释和现代转化。返本与开新是不可分割的整体,返本是为了开新,绝不是全盘肯定传统文化或不加扬弃地继承,而是为了正本清源,挖掘和提炼出有益创新的思想;开新以返本为基础,绝不是全盘否定传统文化,另起炉灶抛弃传统和根本,割断自己的精神命脉,而是植根在传统文化的沃土中,去其糟粕、取其精华、综合创新。新时代德育重在落实,抓好理论创新、手段创新和基层工作创新,然而如何落实、怎样创新?"不忘本来才能开辟未来,善于继承才能更好创新"②,返本开新是解决创新问题的切入点。所谓德育返本开新就是在马克思主义的指导下,立足于中国特色社会主义和中华民族伟大复兴的实践,根据德育的基本规律,对至今仍有借鉴价值的传统文化进行创造性转化和创新性发展。

随着自媒体和新媒体的出现和普及,当今世界正发生着急速而深刻的变化,德育要适应时代和社会的发展趋势,就要因势而谋、应势而动、顺势而为。在多样文化的影响下,德育理论研究对迅速发展的现实所反映出的深层次问题研究不够,束缚了自己的手脚,进而导致德育的理论视野、研究方法、学术旨趣、话语体系等方面逐渐固化,甚至处于失位、失为、失语的尴尬境地,严重

---

① 中国文化书院学术委员会编:《梁漱溟全集》第一卷,济南:山东人民出版社1989年版,第612页。

② 习近平:《习近平谈治国理政》,北京:外文出版社2014年版,第164页。

第五章 孔子德育理论的价值与启示

阻碍了德育功能的发挥。面对深刻变化的现实，面对人们思想文化道德多样化的局面，面对德育理论固化的倾向，德育领域开始重视研究并挖掘中国传统文化中的宝贵资源，开启了新时代德育的创新之路。孔子是中华文化的奠基人，无论人们喜欢或不喜欢他，事实上都无法掩盖他的思想对中国和世界的影响，德育要创新发展不能割断与孔子的联系，因为他的德育理论是源头活水，具有承上启下、继往开来的特征，穿越时空去了解孔子的德育理论，也就了解了中国古代德育的历史走向，为怎样推进新时代德育创新发展提供了一面镜子。

首先，促进德育理论创新发展，应当返回实践之本。孔子的德育理论并不是于书斋中冥想出来的，而是经过他多年教学实践、出仕、游历各国的经验总结，是他关注社会现实，进而进行"明知不可为而为之"的实践中构建起来的。中国特色的德育理论同样不能离开实践，因为"全部社会生活在本质上是实践的"①，人民群众的实践是德育理论的基础，也只有通过人民群众的实践，德育的实效性才能被检验。

其次，促进德育理论创新发展，应当返回元典之本。元典是经典中的经典，具有理论的穿透力和吸引力。孔子自称"述而不作，信而好古"②，在长期的教育实践中不断收集前三代及当时各诸侯国的文献，经过整理、加工、完善，将《诗》《书》《礼》《乐》《易》《春秋》作为教学的教材。他一边教，一边编，以损益的态度精心选择，经过几十年的时间，才将"六经"编辑出来。对新时代德育理论研究而言，不仅要研究马克思主义经典著作，更要把握马克思主

---

① 《马克思恩格斯文集》第 1 卷，北京：人民出版社 2009 年版，第 501 页。

② 〔清〕阮元校刻：《十三经注疏·论语注疏》（五），北京：中华书局 2009 年版，第 5390 页。

义中国化的历史进程,探究中国特色社会主义理论体系的元典,探究马克思主义与孔子德育共通性,凸显中国特色,更好地为德育理论创新奠定坚实的理论基础。

最后,促进德育理论创新发展,应当返回生活之本。孔子将德育渗透在生活的各个领域中,他与学生之间是平等而民主的,他的一系列主张是在生活中通过与学生的问答和讨论等方式而表达出来的,抑或是对出现在社会生活中的一些问题的积极回应。新时代德育回归生活世界是其社会化的客观要求,只有真正做到贴近生活、贴近群众、贴近实际,才能使人容易接受理解,更好地帮助人发展社会性,成为合格的社会成员。一切实践活动都"只能从对每个时代的个人的现实生活过程和活动的研究中产生"①,德育也不例外,它源于生活,在生活中进行,又重新回到生活,这一循环往复的过程,不断探寻规律,总结经验,进而促进德育的综合创新。

(二) 推动德育复归人本

人本即以人为本。德育复归人本简单地说就是德育由谈人色变重新回到以人为本。也就是以人为出发点和落脚点,凸显人的主体价值,关注人的实际利益和价值追求,充分调动人的积极性、主动性和创造性,满足人的物质需要、精神需要和发展需要,实现人的自由全面发展。德育说到底是以人为工作对象,致力于人的思想和精神世界,其目的在于提升人们的思想政治品德,促进人的自由全面发展的一项人类社会实践活动,是"促进人生存和发展的重要方式,在本原意义上,它仍是服务于人的生存和发展

---

① 《马克思恩格斯文集》第 1 卷,北京:人民出版社 2009 年版,第 526 页。

第五章 孔子德育理论的价值与启示

的"①。新时代，人们的思想观念多样化，自主意识逐渐增强，迫切地需要德育重新总结经验教训，复归于人本身，切实做到尊重人、理解人、关心人。

人是最宝贵的资源和财富，既是生产和历史的主体，同时也是人类社会变革发展的决定力量。德育的最终目的是促进人实现自由而全面的发展，"是通过人并且为了人而对人的本质的真正占有；因此，它是人向自身、也就是向社会的即合乎人性的人的复归，这种复归是完全的复归，是自觉实现并在以往发展的全部财富的范围内实现的复归"②。人自由而全面的发展是每一个现实的人摆脱了各种内在和外在的限制，实现人自身的彻底解放，"人以一种全面的方式，就是说，作为一个完整的人，占有自己的全面的本质"③。同样，以人为重、以人为主也是孔子德育的核心理念，他曾说："古之学者为己，今之学者为人"④。他立足于人之为人的本体意义，普遍地关注、关爱人，并对人进行全面反思，进而形成了以成人、成德为目的的德育理论，成为中国传统文化的基本精神之一。正如杜维明先生认为："中国的特色是对人本身的反省，儒家的特色是考虑何谓人，如何做人的课题。最能代表儒家特色的反思，是修身（self-

---

① 张耀灿、曹清燕：《德育目的的人学思考》，载《广西教育学院学报》，2008年第2期，第3—4页。
② 《马克思恩格斯文集》第1卷，北京：人民出版社2009年版，第185页。
③ 《马克思恩格斯文集》第1卷，北京：人民出版社2009年版，第189页。
④ 〔清〕阮元校刻：《十三经注疏·论语注疏》（五），北京：中华书局2009年版，第5458页。

cultivation）的哲理和实践。我们既是人，又要学做人。"① 具体地说，当前德育在马克思主义的指导下，借鉴孔子重人的德育理论资源，从基本理念、目标、内容、方法等各个方面都要实现以人为本。

首先，德育必须坚持以人为本的基本理念。德育受到工具理性、实用主义和功利主义思想的影响，常常被当成促进人发展、维护社会稳定和谐的工具，忽略了对现实人的真正关切，致使德育出现工具化、功利化和机械化的倾向，直接影响其有效性。因此现实的人应该成为德育的出发点和归宿，成为其基础和根本，因为"人们的社会历史始终只是他们的个体发展的历史，而不管他们是否意识到这一点"②。德育只有树立以人为本的理念，从现实的人出发，尊重人的需要、理解人的个性、关心人的生活、帮助人成为自由自觉的主体，使德育成为人的教育，而不是机器的教育。

其次，德育追求的终极目标是人的自由全面发展。孔子认为德育的最终目标在于培养"成人"，有"臧武仲之知，公绰之不欲，卞庄子之勇，冉求之艺，文之以礼乐"③，"成人"就是全面发展的人，同时"有教无类"和"因材施教"的主张又体现了人的全面发展既是平等自由的，又是自觉自主有个性的，与马克思所说的"自由个性"有相似之处。因为"人是特殊的个体，并且正是人的特殊性使人成为个体，成为现实的、单个的社会存在物，同样，人也是总体，是观念的总体，是被思考和被感知的社会的自为的主体存在，正如人在现实中既作为对社会存在的直观和现实享受而存在，又作

---

① 杜维明：《现代精神与儒家传统》，北京：生活·读书·新知三联书店2013年版，第41页。

② 《马克思恩格斯文集》第10卷，北京：人民出版社2009年版，第43页。

③ 〔清〕阮元校刻：《十三经注疏·论语注疏》（五），北京：中华书局2009年版，第5455页。

为人的生命表现的总体而存在一样"①。德育就是要促进人从片面的、受限的、千篇一律无个性的发展转向全面的、自由的、平等均衡有个性的发展。毛泽东认为我们党保护人的私有财产，着力解除各种束缚人个性发展的枷锁，"保障广大人民能够自由发展其在共同生活中的个性"②。德育只有真正做到关注人的需要、关切人的价值、关怀人的生活、关心人的发展，让人的个性和创造性得到彰显，从而增强德育的生命力、亲和力和导引力。

再次，德育必须依据人的思想政治品德结构的特点和形成发展规律构建内容体系。人是社会中的人，是复杂而多面的存在，德育重点不是研究人的所有方面，关键是研究如何做人、做事的问题，主要目的是摸清人的思想政治品德的产生、变化和发展。思想政治品德是一定社会的思想体系和原则规范在个体意识和行为中表现出来相对稳定的个性心理、思想倾向和行为习惯的总和，是一个多要素的综合系统。在这个系统中主要包含了人的心理品质、思想品质、政治品质和道德品质等社会内容，它们相互联系、相互影响构成了一定的思想政治品德结构。从根本上来说，"人的思想品德结构是一个以世界观、人生观、价值观为核心，由心理、观念、行为三个子系统以一定方式联结起来的三维立体结构。"③ 每一个人的思想政治品德的形成都是从知、情、信、意、行的运动过程开始的，同时又受到人的世界观、人生观、价值观、政治观和道德观的制约和引导。人只有把思想政治品德意识外化为自身恒定持续的行为，才表明他已经形成或具备了某种思想政治品德。因此，只有依据人的思想政

---

① 《马克思恩格斯文集》第1卷，北京：人民出版社2009年版，第188页。

② 《毛泽东选集》第三卷，北京：人民出版社1991年版，第1058页。

③ 熊建生：《德育内容结构论》，北京：中国社会科学出版社2012年版，第85页。

治品德结构的特点和形成发展规律，有选择地设计德育的内容体系，才能帮助人们自觉接受、内化、外化德育的内容，使人的思想政治品德水平与社会所要求的方向一致，促成人的自由全面发展，增强德育的吸引力、感染力和说服力。

最后，德育必须注重人文关怀和心理疏导的方法。方法总是与人的实践活动紧密相连的，是人们达到预期目的所采取的手段、程序、技术和范式的总和。德育方法是联结教育者与受教育者的桥梁和纽带，教育者和受教育者都是人，只有符合人的身心发展特点和思想政治品德形成发展规律，才能更好地传递德育内容、实现德育目标。孔子德育取得的成就得益于他与学生平等、和谐、融洽的师生关系，而这样和谐融洽的师生关系正是他关心人、尊重人、塑造人、发展人、开发人，加强人文关怀的结果。他善于赞扬学生的优点、批评学生的缺点，在生活中时时处处都能够进行心理疏导，重视人的自我教育，充分调动了人的能动性，满足了人的发展需要。当前，在德育方法的运用过程中要时刻注重人文关怀和心理疏导，避免单纯采用"你说我听""我打你通""我压你服"的单向强制的灌输法，这样会使教育对象丧失主体地位，而是要发挥人的主体性，综合运用教育与自我教育相结合的方法；避免忽视人合理需要、缺乏人情味儿的方法，而是要充分尊重人的合理需要，关注人的情感和生活，以理服人，以情感人，动之以情才能晓之以理；忌讳采用整齐划一、千人一面、固定的模式和方法，去面对不同的人和解决不同的问题，而是要因人而异，因人而宜，针对不同的人、不同的事抓住时机、灵活地运用不同方法。此外，德育面对新媒体的迅速发展，要充分利用开发新媒体的教育资源，实现德育方法的现代化。

总之，实现德育基本理念向以人为本的转变，才能带动德育目标、内容、原则和方法等方面相继实现人本化。只有当前德育各个要素都坚持以人为本，才能增强德育的实效性，进而将德育以人为本的基本理念落实到了实处。这些要素和环节相互联系、相互作用，共同凸显出现代德育理论体系以人为本的特色。

（三）增强德育文化认同

认同，属于心理学研究范畴，指的是人在心理、认识和感情上的趋同过程。目前，不同学科开始关注认同问题，同时也大量使用认同一词，一般意义上认同是指人对认同对象在心理、认知和情感上的承认与接受，以求自身言行与认同对象的要求趋于一致的过程。从总体上来看，认同主要包含国家认同、民族认同、文化认同，三者紧密相连，相互渗透、融合，其中文化认同是民族认同和国家认同的最深层次的基础。文化本质上是人生产实践的产物，人创造了文化，同时文化又反过来去塑造、教化、感染、熏陶它的创造者。人与人在生产实践过程中结成一定的社会关系，文化认同是人社会性的表现形式，指的是人们长期生活在一个民族共同体中而逐渐形成的对本民族文化的肯定性体认，其核心在于对本民族基本价值的认同。德育属于文化传播活动，是以文化化人进而实现政治目的，同时兼具政治性与文化性的实践活动，是"社会或社会集团用一定的思想观念、道德规范对其成员施加有目的、有计划、有组织的影响，使他们形成符合一定社会或一定阶级所需要的思想品德的社会实践活动。这里讲的'思想观念，道德规范'就是一种文化，一种特殊形式的文化，即政治文化、伦理文化"[①]。文化既是德育的基本载体，又是德育创新发展的动力，增强德育文化认同尤为必要。德育文化认同作为德育领域的一种具体现象，具有自身的特殊规定性，它与文化认同既相互联系，又相互区别。一般意义上来说，德育文

---

① 张耀灿、郑永廷、吴潜涛等：《现代德育学》，北京：人民出版社 2006 年版，第 181 页。

化认同是人们对以文化化人、育人来实现政治目的德育在心理、认知和情感上的承认与接受，并以求自身言行与德育所传递的文化要求趋于一致的过程。增强德育文化认同能够提升德育文化价值，发挥德育引领社会主流文化的作用，进而提高国家文化软实力，找准我国在世界文化格局中的定位，朝着建设社会主义文化强国不断前进。

增强德育文化认同的重要前提就是人们对于本民族传统文化的认同。中华文明是世界上唯一从未中断、延续发展几千年的文明，中华文化是中华民族区别于其他民族独特的本色标识，积淀着中华民族最深刻的精神追求，是中国人的文化血脉。德育承担着文以载道、文以化人、文以育人的历史使命，同时德育具有中国特色也正是因为其重视研究并挖掘中华民族优秀传统文化的资源。回顾历史，中华民族历经磨难而绵延不绝，一个重要的原因就是我们始终受到中华优秀文化的深刻影响。孔子是儒家的创始人，儒家文化是中华文化的主流，同时他还对中华文化的承上启下发挥出不可磨灭的贡献。他的思想以重人、爱人、育人为核心，包含着天人合一的精神、以和为贵的和合精神、大同世界的统一精神、为政以德的德治精神、富民教民的民本精神、自强不息的进取精神、见利思义的义利精神、杀身成仁的献身精神、学以致用的实用理性精神、知常达变的求实创新精神等，在历史的积淀中逐渐形成了中华民族共同的文化心理、价值取向和民族性格，蕴含着中国特色的人文基因和文化价值，促进着中华民族团结统一。当今时代，文化的兴盛越来越成为一个国家、一个民族强盛的支撑。然而，进入新时代，在复杂的国际国内各种文化思潮的影响下，中华文化认同受到前所未有的挑战，具体表现在国际国内社会发生的一系列变化上。从国际环境来看，否认和捧杀中华文化并存，文化渗透的力度有增无减。从国内环境来看，反传统的后遗症"造成了'断裂的一代'、'数典忘祖的一代'、'西

第五章 孔子德育理论的价值与启示

化的一代'，造成了对传统文化没有温情和敬意的无知无畏失落麻木的一代人"①。社会急速转型造成一部分人世界观、人生观、价值观扭曲，出现了意识形态多元化，是非不分、善恶不明，理想平庸、信念动摇、信仰危机等思想错乱的情况。中华人民共和国成立后，特别是进入20世纪90年代，党和政府对传统文化作出了科学而正确的政治选择，"优秀传统文化是一个国家、一个民族传承和发展的根本，如果丢掉了，就割断了精神命脉"。② 德育能够为国家、民族和社会构筑一个思想支点和精神凝聚的世界，坚持马克思主义的指导，坚持社会主义方向，批判地继承中国传统文化，"要使中华民族最基本的文化基因与当代文化相适应、与现代社会相协调，以人们喜闻乐见、具有广泛参与性的方式推广开来，把跨越时空超越国度、富有永恒魅力、具有当代价值的文化精神弘扬起来，把继承传统优秀文化又弘扬时代精神、立足本国又面向世界的当代中国文化创新成果传播出去"③。德育既是宣传和传播马克思主义理论的主阵地，也是传承与弘扬中华优秀文化的主阵地，肩负着提升人们对中国特色社会主义文化自觉、文化自尊、文化自信和文化自立的重任。

增强德育文化认同需要关注德育的文化性。德育与文化密切相关，正如黄钊先生为沈壮海教授《德育的文化视野》一书序中写道："一方面，一定社会的德育理论、内容以及人们所达到的思想政治素质，是该社会的文化含量的重要组成部分，德育的发展，必将把社

---

① 王杰：《党校要重视对优秀传统文化的宣传和弘扬》，载《党政干部文摘》，2006年第11期，第31—32页。

② 习近平：《在纪念孔子诞辰2565周年国际学术研讨会暨国际儒学联合会第五届会员大会开幕会上的讲话》，载《人民日报》，2014年9月24日，第2版。

③ 中共中央宣传部编：《习近平总书记系列重要讲话读本》，北京：学习出版社、人民出版社2014年版，第104页。

会的文化含量推向新的水平；另一方面，一定的文化环境，又为德育的发展创造条件，离开了特定的文化环境，德育就失去了最主要的载体及特定支撑。"① 新时代德育文化性应做好两方面的工作。一是要注重传承与拓展文化资源，不断地吸收、融合、编整、改造同德育目的相一致的文化因子，使其成为德育体系中的有机组成部分，充实文化内涵，提升文化品质。这就需要在马克思主义的指导下，结合新的实践和时代要求，从中华优秀传统文化中汲取营养，对西方文化合理学习，借鉴一切有利于中国特色社会主义主流文化传播与认同的文化因子，从而推动中国特色社会主义文化大发展、大繁荣。二是要优化德育文化生态。20世纪50年代，美国学者J.斯图尔特最早提出了"文化生态"的概念，旨在通过人类所处的自然和社会环境说明文化的产生和发展规律。德育文化生态就是在一定历史时期，一定国家和社会的德育在各种文化样式之间的交互作用中的状态。德育必须在社会文化大背景下开展，这就需要整个社会营造一种弘扬优秀文化、抵制消极和落后文化的氛围，为德育的发展创造良好文化环境。当今社会除了主流文化以外，还有各种各样文化形态，在如此宏阔、多元、开放的文化生态环境中，德育要秉持着中华文化"厚德载物、求同存异、和而不同"的心态，坚持社会主义属性，寻求中华传统文化与马克思主义的共通性，批判地继承、创新地改造、综合地运用古今中外一切文化资源，优化德育文化生态。

增强德育文化认同需要发挥德育的文化功能。德育对社会文化的形成与发展所发挥出的作用就是德育的文化功能。列宁曾指出："由于实行新经济政策，应当不断宣传这样一种思想：政治教育务必

---

① 沈壮海：《德育的文化视野》，北京：人民出版社2005年版，第1页。

要能提高文化水平。"① 说明德育不仅承担着提升人的思想政治道德素质的任务，同时还承担着提高人的科学文化素质的任务。第一，德育要积极引领思想文化传播的方向。也就是说，德育始终坚持社会主义先进文化的前进方向，弘扬主旋律，传播正能量。当今世界，思想文化的交流、交融、交锋日益频繁，不同意识形态的斗争与较量不可回避，确保国家文化安全是一项尤为重要的工作。德育是积极向上健康的思想文化传播的重要渠道。巩固马克思主义在意识形态领域的指导地位，巩固全党全国人民团结奋斗的共同思想基础，积极培育和践行社会主义核心价值观是社会主义文化建设的重要任务。德育在维护国家文化安全，保证中国特色社会主义方向，抵御消极腐朽没落思想文化的侵蚀，发展民族的、科学的、大众的社会主义文化等方面所起的作用是深远而持久的。第二，德育要促进文化的传承与创新。德育在促进人的全面发展的过程中，同时也包含着传承与创新文化的重任，没有德育，各种文化形态只能被收藏或陈列在"博物馆"中，难以被人们在实际生活中掌握和运用。只有通过德育才能让"收藏在禁宫里的文物、陈列在广阔大地上的遗产、书写在古籍里的文字都活起来"②，立足于中国特色社会主义伟大事业，顺应当今文化发展的时代潮流，在"四个全面"战略布局、"五位一体"总体布局中有扬弃地继承、取长补短、推陈出新，将社会主义主流文化渗透到社会生活的各个方面，为建设社会主义文化强国服务。第三，德育帮助人们树立高度的文化自觉和文化自信。目前，一部分人在一定程度上存在着文化底蕴不足和文化历史视野狭窄的问题，盲目地追捧和迷恋西方文化，而对自己本民族文化则

---

① 《列宁专题文集·论社会主义》，北京：人民出版社2009年版，第264页。
② 中共中央宣传部编：《习近平总书记系列重要讲话读本》，北京：学习出版社、人民出版社2014年版，第104页。

缺乏自觉与自信。德育的使命之一就是提高人的主体意识，提升对中国特色社会主义文化的自觉和自信，能够正视当代文化软实力方面的机遇与挑战，自觉地加强对中华民族传统文化的传承与创造性地转化，辩证地借鉴外来文化，结合中国在革命和建设以及改革开放进程中积淀的新文化，用中国建设和发展所取得的成就来说明文化的感召力和凝聚力，全面提升全民思想道德素质和科学文化素质，培养具有高度文化自觉与自信的中国公民。全民文明程度的提升又会凸显德育的成效，进而有助于人们对德育自身的认可与赞同。

结　语

　　孔子自身所处的特殊家境，动荡变革、礼崩乐坏的特殊社会历史条件和所接受的上古三代传统文化的熏陶，决定了他的德育理论独具特色。孔子本为殷人的后裔，三岁丧父，脱离了自己的宗族，过着孤贫艰辛的生活，因此他说自己"少也贱，故多能鄙事"①。这样的出身和家境使他摆脱了宗法关系的羁绊，了解到百姓生活疾苦，进而对其德育理论形成基础性的影响。自幼孤贫的生活并没有埋没孔子好学上进的心，他生活、成长在礼乐文化传统深厚的鲁国，自幼习礼为嬉，一生热爱、学习、传授礼乐文化，并搜集、整理、编次古代历史文献和文化典籍而作成传于后世的"六经"，传承和延续了中华文化传统的命脉，也开启了影响中华两千多年文化思想的道路。传统文化的熏陶使孔子的德育理论体现出中国的和合精神和中庸之道，一生鞠躬尽瘁从事的政治活动和教育活动更体现了德育的实践性。在大动荡、大变革的时代背景下，孔子心怀天下、忧世悯人，为了救世育人，自觉地对春秋时代的时空特征进行反思，直接决定了他德育理论的基本形成。

---

① 〔清〕阮元校刻：《十三经注疏·论语注疏》（五），北京：中华书局2009年版，第5408页。

孔子进行德育与他的政治理想和政治活动密切相关。春秋时期王室衰微，诸侯割据，政局动荡，孔子自觉承担了参与社会变革的历史使命，主动参与社会政治活动，为实现"天下有道"积极探寻治国理政的良方。在这一过程中，他将粮食充足、军用无缺、人民信任看作是治理国家非常重要的三件事，而把人民的信任看成是最应该重视的事情。他对不同人进行德育时，始终同他的政治理想和政治活动交织在一起。他建议为政者要端正自己，不断提升素养，希望学生们学有所成后，能够参与社会政治活动，承担匡世济民、复兴礼乐文化的历史使命。

　　孔子把人作为德育的出发点和落脚点。在征伐割据、横征暴敛的春秋时代，百姓生活艰辛，孔子没有将改变这一现状的希望寄托于天命、鬼神，而是寄托在人自身上，并对人进行全面反思。孔子认为人是天地万物中最宝贵的，肯定了人的地位和主体价值。人具有主体自觉性，民意和民众力量对国家社会的兴衰具有决定作用，他所追求的有道之世是通过人自身的努力来改变和完善的人类社会。孔子认为与生俱来的人性是相近的，在德育过程中，人是教育者和受教育者的统一，教育者和受教育者之间是平等的双向互动的关系。孔子认为德育最直接的功能在于人的改变。使人成为人，成为完美的人、成为全面发展的人是德育的根本目标，德育在多大程度上促进政治清明、经济繁荣、文化昌盛、社会和谐，主要是看德育在多大程度上促进了人的全面发展。孔子认为通过德育能够促进人的自身完善和发展，故而把一生的精力花在了如何培育人的崇高事业上。

　　孔子德育理论的研究，对新时代德育有重要的现实启示：一是加强人文关怀。德育创新发展的动力是人，脱离了对人的关照和关怀，会严重阻碍德育的有效开展，孔子德育的出发点是人，其归宿点还是人，对人的普遍关切、关爱，教人成人成德，这些仍然具有借鉴意义。二是德育者要不断提升自身的综合素质。孔子在不同人的心目中有不同的形象，有人认为他是"哭泣的哲人"，有人说他是一位"沟通大师""人格完善的圣人"，也有人把他看成是"流浪的君子"，等等。当我们剥去后人给他装扮的神圣外衣，理清后人给他的贬损之辞，展现在我们面前的是一位具有人格魅力的德育工作者。他怀有崇高理想，热心政治，宽厚博爱，积极进取，不断学习、提升和完善自己，为后人参政议政、为学为师开辟了道路，执着追求理想社会的到来，并通过自己的言论和行动展现出自身美好的德行和卓越的品质，既是学问之师，也是品行之师，是真正的师德典范。

三是尊重历史，增强文化认同。孔子德育独具特色离不开对上古三代历史与文化传统的继往开来。他好古敏求激发了对理想社会的追求与拨乱反正的治国理政诉求，在中华文明孕育和形成的关键时期，对于增强古代中国人的文化自觉和文化认同发挥了关键作用。如果孔子没有对古代历史与思想道德文化的传承与创新，没有对人的重视，没有对思想政治道德的匡正，恐怕中华文明在某些方面早就中断了，中华民族的共同心理和民族性格的形成与塑造，恐怕也要延后一段时间。因而德育的创新发展离不开历史资源的滋养，要重视历史研究，特别是中国古代德育史的研究，在系统梳理时结合时代特点吸取精华进行综合创新，预防人们出现历史断裂感，提升中国人的文化自觉与文化自信。

参考文献

一、文献资料类

1.《马克思恩格斯文集》(1—10卷),北京:人民出版社2009年版。

2.《列宁专题文集》,北京:人民出版社2009年版。

3.《毛泽东选集》(1—4卷),北京:人民出版社1991年版。

4.《邓小平文选》(1—3卷),北京:人民出版社2001年版。

5. 胡锦涛:《高举中国特色社会主义伟大旗帜 为夺取全面建设小康社会新胜利而奋斗——在中国共产党第十七次全国代表大会上的报告》,北京:人民出版社2007年版。

6. 胡锦涛:《坚定不移沿着中国特色社会主义道路前进 为全面建成小康社会而奋斗——在中国共产党第十八次全国代表大会上的报告》,北京:人民出版社2012年版。

7. 习近平:《习近平谈治国理政》,北京:外文出版社2014年版。

8. 习近平:《决胜全面建成小康社会 夺取新时代中国特色社会主义伟大胜利——在中国共产党第十九次全国代表大会上的报告》,北京:人民出版社2017年版。

9. 习近平:《习近平谈治国理政》(第二卷),北京:外文出版社 2017 年版。

10. 习近平:《习近平谈治国理政》(第三卷),北京:外文出版社 2020 年版。

11. 习近平:《在纪念孔子诞辰 2565 周年国际学术研讨会暨国际儒学联合会第五届会员大会开幕会上的讲话》,北京:人民出版社 2014 年版。

12. 中共中央文献研究室编:《十八大以来重要文献选编》(上),北京:中央文献出版社 2014 年版。

13. 中共中央文献研究室编:《十八大以来重要文献选编》(中),北京:中央文献出版社 2016 年版。

14. 中共中央文献研究室编:《十八大以来重要文献选编》(下),北京:中央文献出版社 2018 年版。

15. 中共中央宣传部编:《毛泽东邓小平江泽民论世界观人生观价值观》,北京:人民出版社 1997 年版。

16. 中共中央宣传部编:《毛泽东邓小平江泽民论思想政治工作》,北京:学习出版社 2000 年版。

17.《中共中央关于构建社会主义和谐社会若干重大问题的决定》,北京:人民出版社 2006 年版。

18.《中共中央关于深化文化体制改革推动社会主义文化大发展大繁荣若干重大问题的决定》,北京:人民出版社 2011 年版。

19. 中共中央宣传部编:《毛泽东邓小平江泽民论社会主义道德建设》,北京:学习出版社 2001 年版。

20.《中共中央关于全面深化改革若干重大问题的决定》,北京:人民出版社 2013 年版。

21. 中共中央文献研究室编:《习近平关于全面深化改革论述摘编》,北京:中央文献出版社 2014 年版。

22.《新时代公民道德建设实施纲要》,北京:人民出版社 2019 年版。

23. 何晏等:《四部要籍注疏丛刊:论语》(上、中、下),北京:中华书局 1998 年版。

24.〔清〕阮元校刻:《十三经注疏》,北京:中华书局 2009 年版。

25.〔宋〕朱熹:《四书章句集注》,北京:中华书局 2012 年版。

26.〔清〕刘宝楠撰、高流水点校:《论语正义》,北京:中华书局 1990 年版。

27. 程树德:《论语集释》,北京:中华书局 1990 年版。

28. 杨伯峻:《论语译注》,北京:中华书局 1980 年版。

二、学术专著类

1. 邓球柏:《中国传统文化与思想政治教育》,北京:首都师范大学出版社 1999 年版。

2. 隋淑芬:《中国古代思想教育史》,北京:红旗出版社 2005 年版。

3. 赵康太、李英华主编:《中国传统思想政治教育理论史》,武汉:华中师范大学 2006 年版。

4. 吴文华:《中国思想政治教育史纲》,北京:中央文献出版社 2008 年版。

5. 张世欣:《中国古代思想道德教育史》,杭州:浙江大学出版社 2010 年版。

6. 黄钊:《中国古代德育思想史论》,北京:中国社会科学出版社 2011 年版。

7. 张耀灿、陈万柏主编:《思想政治教育学原理》,北京:高等教育出版社 1999 年版。

8. 刘建军、曹一建：《思想理论教育原理新探》，北京：高等教育出版社 2006 年版。

9. 郑永廷：《思想政治教育方法论》，北京：高等教育出版社 1999 年版。

10. 祖嘉合：《思想政治教育方法教程》，北京：北京大学出版社 2004 年版。

11. 张耀灿等：《现代思想政治教育学》，北京：人民出版社 2006 年版。

12. 王瑞荪主编：《比较思想政治教育学》，北京：高等教育出版社 2001 年版。

13. 高峰：《比较思想政治教育专题研究》，北京：红旗出版社 2005 年版。

14. 王学俭编著：《现代思想政治教育前沿问题研究》，北京：人民出版社 2008 年版。

15. 沈壮海：《思想政治教育有效性研究》，武汉：武汉大学出版社 2001 年版。

16. 项久雨：《思想政治教育价值论》，北京：中国社会科学出版社 2003 年版。

17. 雷骥：《现代思想政治教育的人性基础研究》，北京：人民出版社 2008 年版。

18. 冯刚、沈壮海主编：《思想政治教育发展报告 2012》，北京：高等教育出版社 2012 年版。

19. 罗洪铁、周琪、王斌：《思想政治教育学学科理论体系演变研究》，北京：中国社会科学出版社 2012 年版。

20. 刘建军：《寻找思想政治教育的独特视角》，北京：中国人民大学出版社 2016 年版。

21. 王易：《传统文化与思想政治教育创新》，北京：中国人民大学出版社 2018 年版。

22. 冯友兰：《中国哲学史新编》，北京：人民出版社 1998 年版。

23. 张岱年：《中国哲学大纲》，北京：中国社会科学出版社 1982 年版。

24. 任继愈主编：《中国哲学发展史》（先秦卷），北京：人民出版社 1983 年版。

25. 李泽厚：《中国古代思想史论》，北京：人民出版社 1986 年版。

26. 方立天：《中国古代哲学问题发展史》，北京：中华书局 1990 年版。

27. 郭沫若：《十批判书》，北京：人民出版社 2012 年版。

28. 钱穆：《国史大纲》，北京：商务印书馆 1996 年版。

29. 钱穆：《孔子传》，北京：生活·读书·新知三联书店 2002 年版。

30. 童书业：《春秋史》，上海：上海古籍出版社 2003 年版。

31. 童书业著、童教英校订：《春秋左传研究》（校订本），北京：中华书局 2006 年版。

32. 匡亚明：《孔子评传》，南京：南京大学出版社 2011 年版。

33. 金景芳、吕绍纲、吕文郁：《孔子新传》，长春：长春出版社 2006 年版。

34. 张秉楠：《孔子传》，长春：吉林文史出版社 1989 年版。

35. 张其昀：《孔子新转》，台北：中国文化大学华岗出版部 2006 年版。

36. 孔健：《孔子全集》，北京：东方出版社 2012 年版。

37. 张岂之：《中国儒学思想史》，西安：陕西人民出版社 1990 年版。

38. 张岱年：《孔子大辞典》，上海：上海辞书出版社 1993 年版。

39. 钟肇鹏：《孔子研究》，北京：中国社会科学出版社 1983 年版。

40. 杜任之、高树帜：《孔子学说精华体系》，太原：山西人民出版社 1985 年版。

41. 王棣棠：《孔子思想新论》，兰州：兰州大学出版社 1988 年版。

42. 蔡尚思：《孔子思想体系》，上海：上海人民出版社 1982 年版。

43. 潘富恩、徐洪兴、朱志凯主编：《孔子思想研究》，上海：上海古籍出版社 1999 年版。

44. 李启谦：《孔门弟子研究》，济南：齐鲁书社 1989 年版。

45. 梁启超：《先秦政治思想史》，上海：上海古籍出版社 2013 年版。

46. 王杰：《先秦儒家政治思想论稿》，北京：人民出版社 2011 年版。

47. 傅永聚、任怀国：《儒家政治理论及其现代价值》，北京：中华书局 2011 年版。

48. 冯友兰：《中国哲学史》，上海：华东师范大学出版社 2001 年版。

49. 任继愈：《中国哲学史论》，上海：上海人民出版社 1981 年版。

50. 严北溟：《孔子的哲学思想》，上海：上海人民出版社 1959 年版。

51. 陈景磐：《孔子的教育思想》，武汉：湖北人民出版社 1957 年版。

52. 杨荣春：《先秦教育思想史》，广州：广东教育出版社 1991 年版。

53. 王炳照、阎国华：《中国教育思想通史》，长沙：湖南教育出版社 1994 年版。

54. 朱贻庭主编：《中国传统伦理思想史》（增订本），上海：华东师范大学出版社 2003 年版。

55. 王世明：《孔子思想钩沉》，兰州：甘肃文化出版社 2007 年版。

56. 刘和忠：《孔子道德教育思想研究》，北京：高等教育出版社 2003 年版。

57. 俞家菊：《孔子教育学说》，北京：首都师范大学出版社 2010 年版。

58. 康仲德：《我读〈论语〉之孔子的教育思想与教学实践》，长沙：湖南人民出版社 2008 年版。

59. 潘萱蔚：《论语论教育——道德理性的人文教育》，香港：香港教育图书公司 2005 年版。

60. 杨焕英编著：《孔子思想在国外的传播和影响》，北京：教育科学出版社 1987 年版。

61. 伍晓明：《吾道一以贯之：重读孔子》，北京：北京大学出版社 2013 年版。

62. 游唤民：《孔子思想及其现代意义》，长沙：岳麓书社 1994 年版。

63. 尹砥廷：《承传与超越——现代视野中的孔子思想研究》，兰州：甘肃人民出版社 2005 年版。

64. 王琨：《孔子与二十世纪中国思想》，济南：齐鲁书社出版社 2006 年版。

65. 林甘泉主编：《孔子与 20 世纪中国》，北京：中国社会科学出版社 2008 年版。

66. 陈来、甘阳主编：《孔子与当代中国》，北京：生活·读书·新知三联书店 2008 年版。

67. 〔美〕本杰明·史华兹：《古代中国的思想世界》，程钢译，南京：江苏人民出版社 2004 年版。

68. 〔美〕郝大维、〔美〕安乐哲著：《通过孔子而思》，何金俐译，北京：北京大学出版社 2005 年版。

69. 〔德〕卡尔·雅斯贝尔斯：《苏格拉底、佛陀、孔子和耶稣》，李瑜青、胡学东译，安徽：安徽文艺出版社 1991 年版。

三、论文集

1. 中央教育科学研究所教育史研究室编：《孔子教育思想论文选（1949—1980）》，北京：教育科学出版社 1981 年版。

2. 中华孔子研究所编：《孔子研究论文集》，北京：教育科学出版社 1987 年版。

3. 曲阜师范大学孔子研究所编：《孔子思想研究论文集》，济南：齐鲁书社 1987 年版。

4. 中国孔子基金会编：《孔子诞辰 2540 周年纪念与学术讨论会论文集》，上海：三联书店 1992 年版。

5. 中国孔子基金会编：《儒学与二十一世纪——纪念孔子诞辰 2545 周年暨国际儒学讨论会会议文集》，北京：华夏出版社 1996 年版。

四、期刊报纸类

1. 邓球柏：《简论〈论语〉的思想政治教育途径》，载《武陵学刊》，1996 年第 5 期。

2. 邓球柏：《〈论语〉思想政治教育原则初析》，载《湘潭大学学报（哲学社会科学版）》，1996 年第 6 期。

3. 邓球柏：《〈论语〉与思想政治教育》，载《长沙大学学报》，2008 年第 3 期。

4. 邓球柏：《孔孟的人格论——三大德（仁智勇）与大丈夫》，载《哲学研究》，2001 年第 12 期。

5. 吴潜涛：《发掘和弘扬中华民族古代优秀思想道德传统》，载《学校党建与思想教育》，2006 年第 3 期。

6. 刘建军：《关于思想政治教育的学科内涵及建设的思考》，载《思想理论教育导刊》，2007 年第 3 期。

7. 田国秀：《试论教育目的的属性》，载《首都师范大学学报（社会科学版）》，1997 年第 2 期。

8. 王淑芹：《"以德治国"与制度伦理》，载《教学与研究》，2008 年第 8 期。

9. 杨芷英：《孔子社会心理思想的特点及其现代价值》，载《山东大学学报（哲学社会科学版）》，2004 年第 3 期。

10. 王树荫：《思想政治教育史学科建设构想》，载《高校理论战线》，2012 年第 1 期。

11. 江沈红：《孔子思想政治教育内涵初探》，载《理论月刊》，2012 年第 12 期。

12. 庞朴：《孔子思想的再评价》，载《历史研究》，1978 年第 8 期。

13. 杨伯峻：《试论孔子》，载《东岳论丛》，1980 年第 2 期。

14. 严北溟：《要正确评价孔子》，载《齐鲁学刊》，1980 年第 6 期。

15. 匡亚明：《对孔子进行再研究和再评价》，载《光明日报》，1982 年 9 月 13 日。

16. 杜任之、高树帜：《孔子哲学思想精华探索》，载《青海师范学院学报（哲学社会科学版）》，1983 年第 4 期。

17. 张岱年：《儒学与现代化》，载《东岳论丛》，1988 年第 6 期。

18. 冯友兰：《对于孔子所讲的仁的进一步理解和体会》，载《孔子研究》，1989 年第 3 期。

19. 陈鼓应：《老子与孔子思想比较研究》，载《哲学研究》，1989 年第 8 期。

20. 金景芳：《论孔子思想的两个核心》，载《历史研究》，1990 年第 5 期。

21. 钱逊：《孔子仁礼关系新释》，载《孔子研究》，1990 年第 4 期。

22. 唐明轩：《孔子哲学思想的再研究》，载《山东师范大学学报（人文社会科学版）》，1990 年第 4 期。

23. 王杰：《论孔子的天命、人性及政治价值依据》，载《孔子研究》，2005 年第 6 期。

24. 高家方：《以马克思的辩证方法释孔子的哲学走向》，载《广州大学学报（社会科学版）》，2006 年第 12 期。

25. 魏书胜、胡海波：《马克思哲学与孔子哲学的内在契合》，载《社会科学战线》，2009 年第 4 期。

26. 刘立林：《孔子政治思想剖析》，载《湖南社会科学》，1995 年第 4 期。

27. 杨爱民：《孔子政治思想小议》，载《孔学研究》，1995 年第 1 期。

28. 裴传永：《试论孔子的政治理想》，载《东岳论丛》，1999 年第 3 期。

29. 方尔加：《浅谈孔子的政治思想》，载《光明日报》，2003 年 7 月 8 日。

30. 王向群：《从中国社会主义现代化看孔子政治思想体系》，载《东北师大学报（哲学社会科学版）》，1989年第5期。

31. 赵玉芝：《简析孔子与亚里士多德政治思想的相同点》，载《齐鲁学刊》，1997年第3期。

32. 俞荣根：《孔子伦理法律思想再议》，载《法学杂志》，1985年第1期。

33. 郭默兰：《孔子经济思想体系论略》，载《东岳论丛》，1988年第1期。

34. 何寿昌：《关于研究孔子教育思想的几个问题》，载《东北师大学报》，1981年第1期。

35. 傅永聚、任怀国：《孔子人才思想论析》，载《齐鲁学刊》，2003年第2期。

36. 杨柱：《孔子教育思想对当代素质教育的启示》，载《孔子研究》，2007年第1期。

37. 汤一介：《孔子思想与"全球伦理"问题》，载《中国哲学史》，2000年第4期。

38. 陈德述：《论孔子思想的现实价值》，载《社会科学研究》，1990年第5期。

五、硕博论文类

1. 杨松贺：《德在孔子思想体系中的地位》，华中师范大学博士学位论文，2002年。

2. 贾景峰：《孔子政治思想的基础》，吉林大学博士学位论文，2005年。

3. 高书文：《孔子成德思想研究》，北京师范大学博士学位论文，2008年。

4. 贝尔库：《孔子与亚里士多德的道德和政治关系比较研究》，

复旦大学博士学位论文，2008 年。

5. 张力红：《孔子道德教育思想研究》，河北师范大学博士学位论文，2009 年。

6. 高连福：《孔子与马克思的人学思想及其会通》，首都师范大学博士学位论文，2011 年。

7. 吴广庆：《德育的文化融入研究》，中共中央党校博士学位论文，2013 年。

8. 〔韩〕张静互：《先秦儒家礼教思想研究》，北京师范大学博士学位论文，2001 年。

9. 江沈红：《孔子、孟子、荀子思想与德育初探》，武汉理工大学硕士学位论文，2004 年。

10. 史磊：《孔子德育思想及其现代意义》，华中师范大学硕士学位论文，2005 年。

11. 宋雪莲：《孔子教育方法与当代德育方法创新研究》，长安大学硕士学位论文，2007 年。

12. 郭清：《论孔子思想中的和谐理念》，天津师范大学硕士学位论文，2007 年。

13. 牛冠恒：《孔子教育目标的再审视》，中共中央党校硕士学位论文，2009 年。

14. 郑婷：《孔子的教育思想与当代德育》，河北科技大学硕士学位论文，2009 年。

15. 邱士伟：《孔子教育思想对思想政治课教学作用的研究》，华东师范大学硕士学位论文，2010 年。

16. 王贞玉：《孔子论"为政"》，浙江大学硕士学位论文，2012 年。

后 记

不忘本来才能开辟未来，善于继承方能更好创新。本书围绕孔子的德育理论展开研究，希望为中国古代思想政治教育史的学科发展提供教学资源。

我读博期间，跟随邓球柏先生学习中国传统文化与思想政治教育这一专业方向。邓先生根据我的实际情况帮我指定了论文的选题，并悉心指导，耐心解答，时刻给予鼓励，为我的论文尽心竭力，对此，我永远感谢邓先生的收徒之恩和教诲之情。

感谢刘建军老师从硕士到博士一直以来的悉心指导，给我听课的机会，使我掌握了科学研究的方法，感谢吴潜涛老师在开题时给予的建设性意见，感谢王淑芹老师从入学到开题，再到预答辩、答辩给予的帮助和指点，感谢田国秀老师、高峰老师、杨芷英老师对论文提出的宝贵意见。

特别感谢我的父母，从读书到工作，再到读书，他们默默地支持我，全心全意地、无怨无悔地为我付出，只有他们最了解我读博过程中的艰辛苦楚，也正是他们的爱，让我增添了前行的勇气。感谢我爱人的支持，他的包容和爱给我了很多温暖。科学研究的道路

后　记

艰辛曲折，我曾多次想要放弃，最终坚持下来得益于心中那颗为学、为师的火种，愿今后能披荆斩棘，坚持不懈，厚积薄发。

　　本书能够出版非常感谢北京中医药大学领导和同事们的关心和支持。特别感谢中央编译出版社编辑们的帮助。